1　後鳥羽上皇肖像　水無瀬神宮所蔵

文武に秀でた英邁な君主であったが，承久の乱を起こし，幕府によって隠岐に流された後鳥羽院（第1章3参照）.

この画像は院の寵臣であった藤原信成の子の親成が水無瀬殿（離宮）の跡に設けた御影堂に奉安したものといい，のちに水無瀬神宮の御神体として秘蔵されてきたもの．鎌倉時代の似絵の代表的作例の一つ.

2　焼け残った土倉　『春日権現験記絵』巻第十四，宮内庁三の丸尚蔵館所蔵
春日大社の祭神の神徳を描いた絵巻にみえる，京都における大火災の場面．中世の「土倉《どそう》」の様子を伝える唯一の絵画史料．火災の後で，焼け残った塗り籠めの倉に仮屋を設けて復興を急いでいる様子は，京都の商人たちのエネルギーを感じさせる．原本は14世紀の作であるが，『明月記』天福2年（1234）8月5日条の記事を彷彿とさせる（第9章2参照）．

3　七条わたりの借上の女　『病草紙』，画像提供：福岡市美術館/DNPartcom

『病草紙《やまいのそうし》』（12世紀後半）にみえる肥満の借上《かしあげ》（金融業者）の女．中世前期の京都でもっとも殷賑を極めた七条町（現在の京都駅北側のあたり）には，金融業を営んで巨利をむさぼる者たちがいた（第9章2参照）．一方，ここから東にわずか1kmほどの鴨川の河原には，飢餓に苦しむ人たちが暮らしていた．

4　法住寺殿跡の武将墓から検出された鍬形と鏡轡　木下美術館所蔵

法住寺殿跡の発掘調査で十三世紀はじめごろの武将墓から出土した。鉄雲《てつうん》龍文銅象嵌金銀鍍鍬形《りゅうもんどうぞうがんきんぎんとくわがた》（左）は金銀象嵌で左右対称に雲龍紋を表してある。鍬形のついた兜は上級武士の象徴であった。墓には兜の鉢（ヘルメット部分）は一つものこされていなかったが、鉢の左右・後方につけて首から襟の防御とする𩊱《しころ》が五例検出されている。後白河院に仕えた有力な武将の用いたものと考えられる。鉄鶴文銅象嵌金銀鍍鏡轡《てつつるもんどうぞうがんきんぎんとかがみくつわ》（下）は馬にくわえさせる喰《はみ》の左右に円形の鏡板を取り付けたもので、鏡板には黄金色に輝く翼を大きく広げた鶴の絵模様が施されている。鍬形とともに、この時代における金工品の白眉とされる（第一章コラム1参照）。

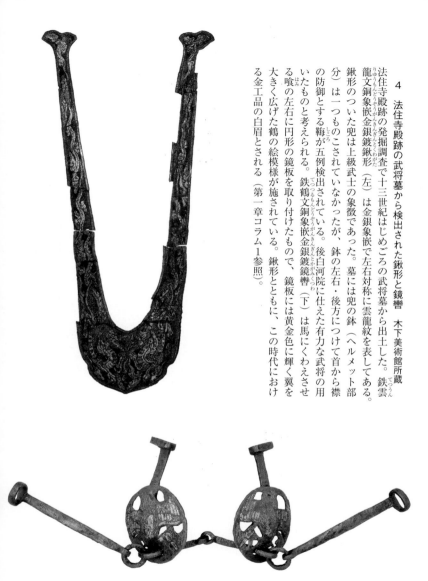

京都の中世史 3

野口 実
長村祥知
坂口太郎

公武政権の競合と協調

吉川弘文館

刊行のことば

『京都の中世史』という新たな通史を刊行することとなった。

このタイトルには、二つの意味が込められている。一つは、いうまでもなく、中世において京都という都市がたどった歴史である。

対象とする時代は、摂関政治の全盛期から始まり、院政と荘園領主権門の勃興、公武政権の併存、南北朝動乱と室町幕府、そして天下人の時代に至る、およそ六百年間の歴史である。その間、京都は政治・経済・文化の中心として繁栄したが、一方で源平争乱、南北朝の動乱、そして応仁の乱と再三の戦乱を経験し、放火、略奪の惨禍を蒙ってきた。

為政者の変化と連動した都市構造の変容、文化の受容と発展、そして戦禍を乗り越え脱皮してゆく京都の姿を描いてゆく。また、中世考古学の成果を導入することが本シリーズの大きな特徴となる。これによって、斬新な中世都市京都の姿を明らかにするとともに、現代への影響にも言及することにしたい。

もう一つの意味は、中世日本の首都としての京都の歴史である。京都は中世を通して、つねに全国に対し政治・経済・文化の諸分野で大きな影響を与え、同時に地方の動きも京都に波及していた。京都と各地域の歴史とは、密接に連動するのである。

中世における京都の役割、地方との関係を検証することで、ややもすれば東国偏重、あるいは地域完結的な見方に陥りがちであった、従来の中世史研究を乗り越えたい。そして、日本全体を俯瞰する視点を確立することで、新たな日本中世史像の構築を目指している。

以上のように、このシリーズは、最新の成果に基づいて京都の歴史を描くとともに、京都を中心として、日本中世史を捉え直すことを企図するものである。

二〇二一年五月

元木泰雄

目次

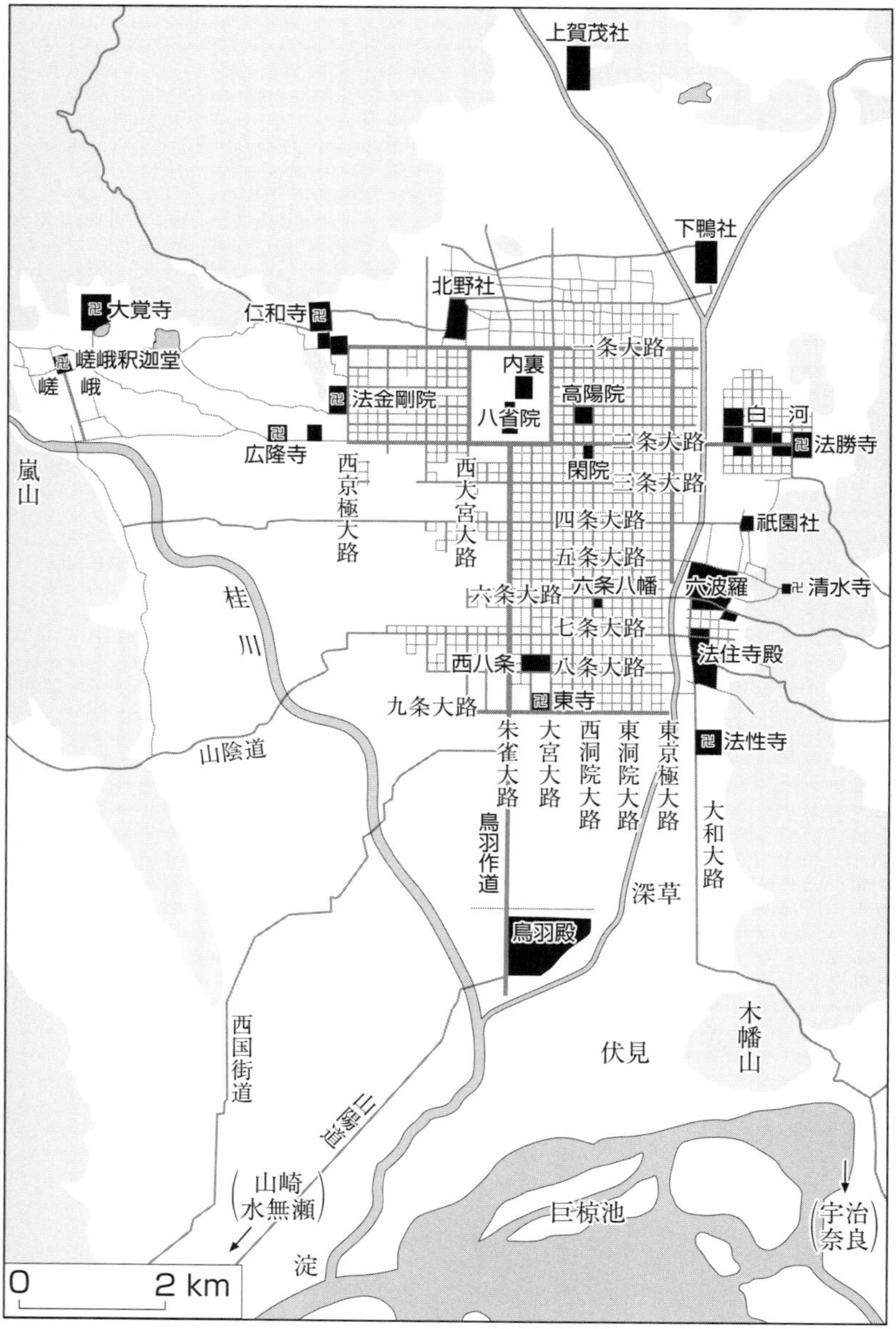

1　鎌倉時代前期の京都　山田邦和作成

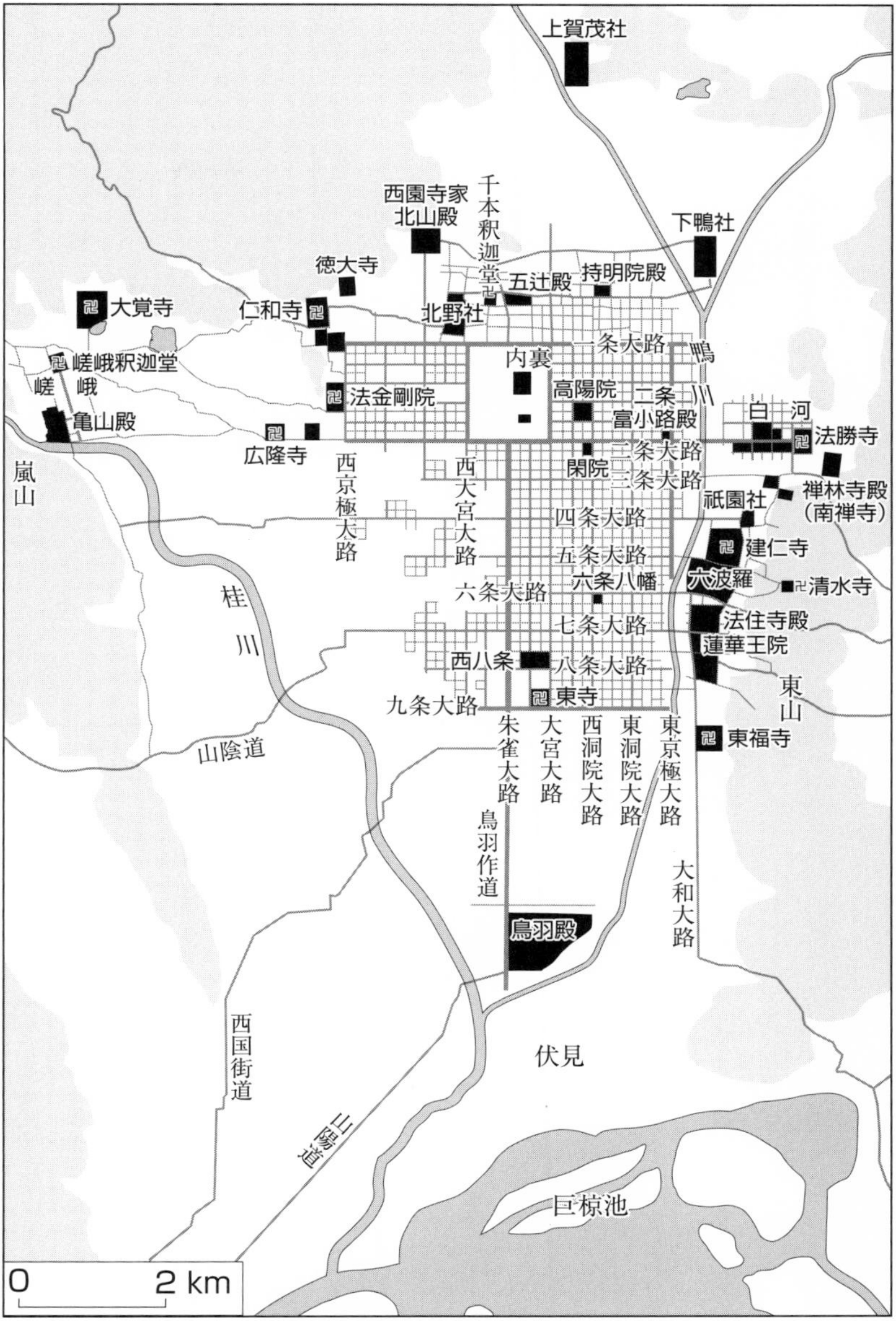

2 鎌倉時代後期の京都 山田邦和作成

鎌倉時代の京都を語る意味——プロローグ

本書は、いわゆる「鎌倉幕府」の成立時点とされる十二世紀末から鎌倉幕府の滅亡する十四世紀初頭までを守備範囲とする。前後の巻と接続する部分については時期的に重複し、異なった評価が示されることもあろうかと思うが、そこに歴史叙述の面白さを見いだしていただければ幸いである。なお、本書は三名の分担執筆によるものなので、体裁は整えてあっても、語調はもとより見解を異にする部分もあろうことをまずお断りしておかなければならない。このプロローグや巻末のエピローグやあとがきも個人の執筆になるものであって、文責はすべて野口に帰することになる。

鎌倉時代の少ない京都の歴史

古代・中世の日本史は畿内《きない》を中心に語られていて、それとは相当異なった展開を見せる九州や東国《とうごく》の歴史は無視されているという指摘をしばしば耳にするが、そのとおりだと思う。班田収授など、南九州の薩摩《さつま》ではほとんどなされていないし、関東における中世の終幕も秀吉《ひでよし》の小田原北条氏《おだわらほうじょうし》征討をまたなければならないだろう。網野善彦氏の『東と西の語る日本の歴史』（そしえて、一九八二年）はそのアンチテーゼとして一般向きに書かれた名著である。わたしもこれを大学のテキストに使ったことがある。

ところが、十二世紀末から十三世紀初めまでの、いわゆる「鎌倉時代」では畿内は隅に追いやられてしまう。時代の呼称が示すように鎌倉が日本史の舞台の中心に躍り出るのである。つまり、この時代の歴史は鎌倉幕府の公的史書である『吾妻鏡《あずまかがみ》』をベースとして鎌倉を中心に論じられ、幕府の動きが日本の政治史として語られるのである。

このことを痛切に実感したのは、京都府京都文化博物館が一九八八年秋の開館に至るまでの一、二年ほどの間、歴史展示の製作に携わって、まさに中世に相当する「武者《むしゃ》の世に」というコーナーを担当したときのことであった。すでに展示構想は固まっていたのだが、鎌倉時代の扱いがあまりにも小さく、発信する情報も宗教や狭義の文化に関する部分ばかりなのである。京都では一般市民のみならず、日本史研究者も鎌倉時代をあたかも京都が関東に占領された時代のように意識していて、その主体性を評価しない傾向が見受けられた。

鎌倉幕府の成立を相対化する

そんなとき、我が意を得たりと思う発言に接することができた。当時京都大学におられた上横手雅敬氏が札幌の高校日本史教員を対象に行った講演の記録においてである（網野善彦・石井進・上横手雅敬・大隅和雄・勝俣鎮夫　一九八八）。鎌倉幕府の成立を「武家の世」のはじまりという歴史の大きなエポックとしてとらえ、武士の樹立した政権である鎌倉幕府の動きを追うことが、この時代の日本の政治史だという理解が一般化している現状を批判して、鎌倉幕府と公家《くげ》政権の動向を総合的に論じるべきだという上横手氏の主張には大いに得心させられたものであった。

その後の実証的な研究の積み重ねによって、ようやく近年に至り、研究者の間では、源頼朝《みなもとのよりとも》による政権樹立の革命性を相対化して、治承《じしょう》・寿永《じゅえい》内乱後も院による武士組織や軍事動員の体制の同質性や連続する側面が論じられるようになってきた（長村祥知 二〇一五）。また、『吾妻鏡』が戦後歴史学の思潮に合致し、在野の地方史家たちのよりどころとして機能していた事情も指摘されるようになった（藪本勝治 二〇一六）。しかし一方、その反動によるものか、あるいは、わかりやすい「軟弱な都の貴族VS健全な地方武士」という在来の図式による一般ウケを狙ったマスメディアの商業主義によるものか、巷間では中世成立期（前期）の武士（幕府）と貴族（朝廷）をことさら対立的にとらえようとする見方も強まっているようである。

本書冒頭の「刊行の言葉」には、つぎのような一節がある。

中世における京都の役割、地方との関係を検証することで、ややもすれば東国偏重、あるいは地域完結的な見方に陥りがちであった、従来の中世史研究を乗り越えたい。

鎌倉幕府の成立からその滅亡に至る時代を守備範囲とする本巻は、この課題の克服をもっとも担わざるをえないことになろう。

上横手氏は公家政権が鎌倉時代になっても院政という政治形態のもとで国家を支配し、幕府はその下で軍事・警察を担う立場にあったことを述べているが（上横手雅敬 一九九一）、治承・寿永内乱の画期性を主張する論者の多い関東の研究者のなかにあって、これに似た論を展開したのが貫達人氏であった。

貫氏は頼朝の挙兵について、東国武士による擁立という階級闘争的な理解を「歴史の深読み」と断じ、彼らは棟梁《とうりょう》や公家の催促によって起ち上がったに過ぎず、各地で蹶起した棟梁の一人であった頼朝が最終的勝者となることができたのは、彼が源氏《げんじ》一族のなかでもっとも高い官位についた経歴をもつ存在であったからであるとする（貫達人 一九九六）。そして、「幕府」が家人統御のために私権を行使するための機関でも、地方政権でも、たんなる軍事政権でもなく、室町・江戸幕府と本質的に同じものを含む権力としてとらえるならば、その成立は承久《じょうきゅう》の乱を待たねばならないことを論じた（貫達人 一九六九）。すなわち、貫氏も治承・寿永内乱を画期とは見ていないのである。

貫氏が承久の乱を鎌倉幕府の成立の時点としたのは、室町・江戸幕府と同じように実質的な皇位や摂関の任命権を含んでいることを重視して、幕府を「征夷大将軍を首長とする武権政府で、国家的存在としては、治天の君の権限を行使するもの」と概念規定したことによる。一方、上横手氏は、幕府が公家政権下にあることを前提にしたうえで、その成立時点を、頼朝が国家的軍事・警察機能を果たす体制を確立させ、上洛して院から諸国守護権を確認された建久元年（一一九〇）とする（上横手雅敬 一九九一）。そして、皇位決定権が幕府に移ったのは承久の乱の直後ではなく、その実現を得宗《とくそう》専制期にまで降らせている。

いずれにしても、鎌倉幕府成立の契機を十二世紀末の治承・寿永内乱として、それ以後を鎌倉時代とする通説とは異なる理解であり、私もこれに同調する。政治権力における内乱前後の連続性は近年の軍制史研究（国家的な軍事・警察制度・機能にかんする研究）などであらためて確認されていることだが

（長村祥知 二〇一八など）、この時代の都市京都が空間的規模や人口のみならず経済・宗教・文化・芸術など、その機能において鎌倉をしのぐ役割を果たしていたことは自明のことであった。そしてここが、天皇の居所、すなわち王権の所在する首都であったことを忘れてはならない。

かつて鎌倉幕府を東国に樹立された中世的な国家であるという理解を前提にして、鎌倉将軍に王権を見いだそうという議論が提起されたこともあったが、その「王権」は文化人類学的な範疇で語ることは可能でも、法制史的に認めることは不可能と言わざるをえない（野口実 二〇〇四）。鎌倉幕府の御《ご》家人《けにん》に課されたもっとも重要な負担が天皇の居所と王都の守護を担う内裏《だいり》大番役《おおばんやく》であったことで、それは一目瞭然のことであろう。しかも、それを担うことが職業身分としての「武士」たる表象となっていたのである（髙橋昌明 一九九九）。

「京・鎌倉時代」の提唱

縷々私見を述べてきたが、これは本書全体の構成を設定した際の方針に齟齬するものではないと思う。タイトルについても、当初は「公武権力の競合」という案が示されていたが、従来の公武関係対立の図式を前提とした理解を相対化する目的から「協調」の二字を加えた経緯がある。

「刊行のことば」に従来の日本中世史にたいする理解が東国に偏重していたという指摘があったが、これは裏を返すと、対象とする空間が東国に限られた自己完結的なもので、たとえば東国武士の京都・西国《さいごく》とのかかわりが軽視されていたということにほかならない。とくに京都は、政治的な敵地であるということだけでなく、文化的には常に地方を見下す存在と受けとめられて、意図的に視野の外に置こうとするような傾向もみられた。それが顕著なのは、とくに武士の成立にかんする研究のジャンルにおいてである。

従来の地方武士、とりわけ東国武士にたいする認識は、あまりに東国の辺境性、草深さと、そこに住む彼らの純朴、野卑を強調し過ぎたものではなかったろうか。事実を見るならば、たとえば相模《さがみ》の山内首藤氏《やまのうちすどうし》や波多野氏《はたのし》は頼朝挙兵以前からさかんに都に出仕して京官《きょうかん》を得ており、波多野氏の一族からは勅撰歌人も出ているのである。

このような、東国武士と京都とのかかわりは、鎌倉幕府の成立によって飛躍的に拡大することになる。そこで、従来とられがちであった鎌倉幕府と公家政権というパラダイムにとらわれた見方から離れて、個々の東国武士＝幕府（関東）御家人が京都とどのようなかかわりをもっていたのかという視角から、鎌倉幕府と京都との関係、京都文化と東国文化の交錯について考えてみることも重要であろう。本書では地方から京都に集った人たちの活動にも目を向けたい。

また、朝廷と幕府の関係は首都である京都の空間構造にも反映されることになるから、平安遷都以来の権威空間である大内裏《だいだいり》や、平家政権の成立と軌を一にして王家正邸の機能を担いはじめた閑院内裏《かんいんのだいり》、そして六波羅《ろくはら》をはじめとする武家の京中・京郊の拠点についても紙幅を使うことになるだろう。承久の乱や鎌倉時代後期の宗教問題や両統迭立期の思想状況などについては共著者の長村氏、坂口氏が、それぞれの専門の成果を反映させて斬新な論を展開している。

地域の歴史で取りあげられるのは、その地の産業や文化、それを築きあげた人々の生活、地名の由来や顕彰すべき人物などであろうが、かつて王都（首都）であった京都の場合はそれらを踏まえつつ、日本史総体のなかでの役割や、他地域との関係に論を及ぼさなければならない。鎌倉時代の京都はそこに住む人たちからも等閑にされ、閑却されてきた。まずもって本書の目的はその克服に資することにある。本書を読んで、この時代を「鎌倉時代」と呼ぶことに違和感を感じていただければ、私たちの試みは成功したことになるのだと思う。国家最高権力の所在地で時代区分がなされるのならば、私は「京・鎌倉時代」が相応しいと考えている。そんな提言を発してプロローグを閉じることとする。

それでは、どうぞ本論をお楽しみください。

一　後鳥羽院政の成立と鎌倉の政変

1　源頼朝の死

建久十年（一一九九）正月十三日、源頼朝《みなもとのよりとも》は死んだ。享年五十三。後白河院《ごしらかわいん》の近臣かつ武家の棟梁であった源義朝《よしとも》の嫡子として少年時代を京都で過ごし、上西門院《じょうさいもんいん》や二条天皇《にじょう》に仕えたが、平治《へいじ》の乱で父が敗れたことによって伊豆《いず》に配流。二十年を経た治承四年（一一八〇）、平家打倒の兵を挙げ、その後、十年にして北は陸奥《むつ》、南は薩摩《さつま》に至る国家領域のすべてを軍事的に制圧し、のちに「幕府」と概念化される国家的軍事権力を樹立するという波乱に満ちた人生であった。

「鎌倉幕府」の評価

源頼朝の開いた鎌倉幕府にたいする評価を大まかにとらえると、①東国武士を統率した「征夷《せいい》」大《たい》将軍《しょうぐん》の政権、つまり、京都の王朝政府（朝廷）にたいするもう一つの国家権力であるという見方と、②鎌倉右大将家《うだいしょうけ》の家政機関、すなわち、頼朝は関東に駐在するが貴族社会の一員で、国家の軍事・警察権を担当する権門に過ぎないという見方がある。

このうち、一般に通用しているのは①の見方であろう。質実剛健で健全な東国武士が奢侈を事とする退廃・堕落した貴族を駆逐するという戦前以来の図式は、戦後歴史学でも、古代から中世への転換という世界史の法則のなかに位置づけられたからである。

しかし、幕府成立後の幕政の担い手を見ると、鎌倉幕府が本当に東国武士の政権であるのか、疑問を呈さざるをえないところがある。政権運営の中核を担った大江広元《おおえのひろもと》・三善康信《みよしやすのぶ》・二階堂行政《にかいどうゆきまさ》らは京下り吏僚、北条氏《ほうじょう》・熱田大宮司家《あつただいぐうじけ》関係者らは頼朝の姻戚、比企氏《ひき》らは乳母関係者、また陸奥留守職《るすしき》を担った伊沢《いさわ》（留守）氏はもとより、諸国の守護に補された佐々木・武藤（少弐）・中原（大友）・惟宗《これむね》（島津《しまづ》）・後藤氏らも東国を本貫としない武士たちであった。

そもそも、東国武士たちにも主体的に国家体制の変革を企図しようとした形跡は見当たらない。むしろ、三浦氏《みうら》や千葉氏《ちば》ら東国武士たちが頼朝の挙兵に加担した背景としては、彼らが中央の政治情勢に敏感に対応し、平家による後白河院の幽閉を不当なものと認識していたことが想定できる。そして、幕府を構成する政所《まんどころ》や侍所《さむらいどころ》は、まさしく京都の公卿家の家政機関そのものであり、鎌倉には源氏《げんじ》将軍家の公卿としての威儀を整えるために多くの貴族・官人が京都から下向していたのである。

また、頼朝の鎌倉居住についても、彼が、はたしてこの地を永続的な本拠と考えていたのかを問うてみる必要が認められるであろう。王朝政府は、頼朝をかつて平家の担っていた国家守護権を継承する存在と認識していた。在京しない武家の棟梁の前例としては、福原《ふくはら》に居住した平清盛《たいらのきよもり》の例があり、頼朝はそのメリットを踏襲したものとみられ（髙橋昌明 二〇一三）、また公卿家としての蓄積をもたな

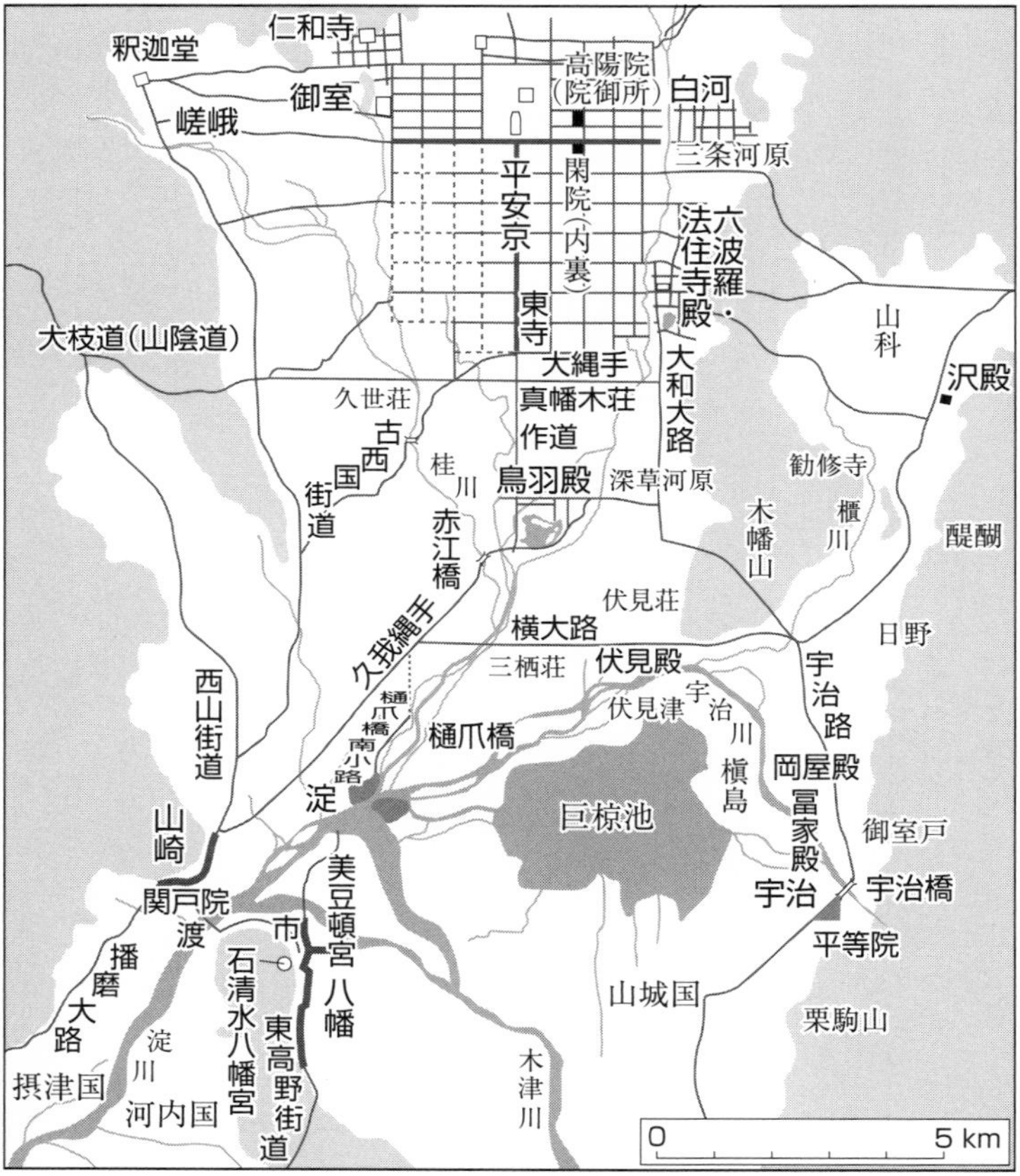

図１　京都周辺の交通網

古閑正浩「平安京南郊の交通網と路辺」『日本史研究』第551号，2008年「第７図　平安時代末の交通網」をベースに，一部改変し，情報を付加して作成

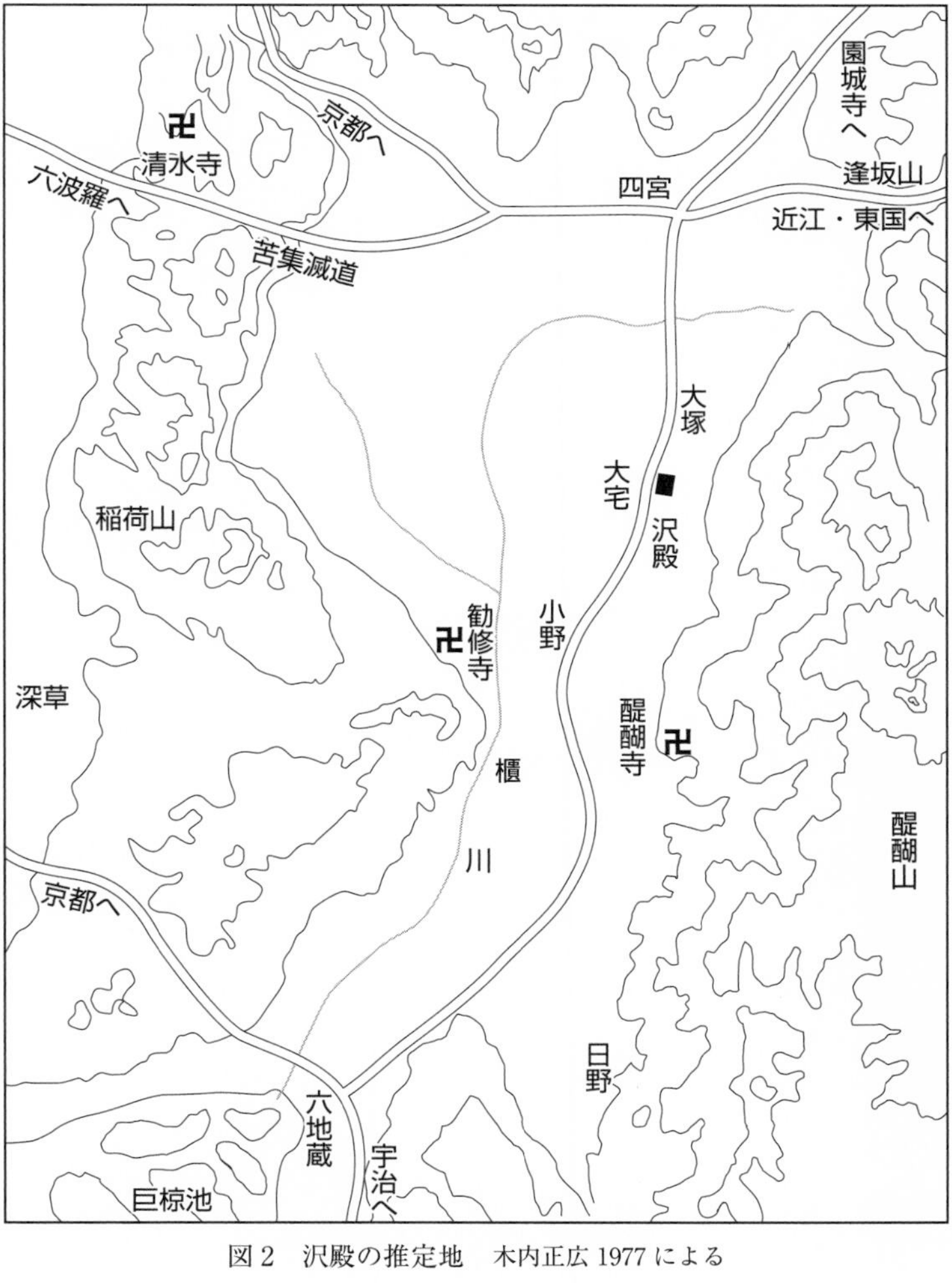

図2　沢殿の推定地　木内正広 1977 による

い頼朝には、在京しても実際の政務（儀式）運営に関与することは困難だったという点も考慮しなければならない（松薗斉　一九九七）。

源氏の在京拠点と頼朝の「御亭」

摂関・院政期、在京武力の代表として活動した河内《かわち》源氏（頼朝の先祖たち）の邸宅・拠点はどこにあったのだろうか。

前九年の合戦で活躍した頼義《よりよし》から保元《ほうげん》の乱に敗れた為義《ためよし》の時代、河内源氏の本邸として諸書に登場するのが「六条堀河亭《ろくじょうほりかわてい》」である。平家討滅の後、京都の治安維持に活躍した義《よし》経《つね》もここに入っており、さらに頼朝は、この地に、京都における幕府のイデオロギー的中心としての意味をもつ六条若宮八幡宮《わかみやはちまんぐう》を造営している。

ちなみに、為義は摂関家《せっかんけ》に仕えていたことから宇治《うじ》にも宿所を有しており、保元の乱のときには、現在の南禅寺《なんぜんじ》付近にあった円覚寺《えんがくじ》を拠点としたことが知られる。また、義朝は平治の乱の直前に伏見《ふしみ》で軍事訓練を行った形跡があり、船岡山《ふなおかやま》の周辺にも拠点をもっていたらしい（元木泰雄　二〇〇四、保立道久　二〇〇四）。

三章で詳述するが、平家滅亡後、頼朝の上洛が企図されるようになったとき、その宿営地として第一候補に挙げられたのは後白河院の別業の一つ「山科沢殿《やましなさわどの》」であった。

ここはその名のとおり、山科盆地に位置し、三方を山に囲まれて洛中〜東国の幹線道路が通る、まさに京都の死命を制するところである（所在地は現在の京都市山科区大宅沢に比定）。後白河院としては、もし、ここに頼朝の亭が構えられれば、その家人が駐屯して城塞化する可能性があり、京都への道路をふさいで人と物資の供給を止めることを可能にしてしまう。院はこうしたことを危惧したのであろう、アッサリとこの申し出を拒絶している。また、この時点では頼朝に叛して逃亡した義経捜索の問題などが存在したために、頼朝上洛の客観的条件は整わず、話は立ち消えになった（木内正広 一九七七）。

結局、平泉《ひらいずみ》藤原氏を討滅した後、建久元年（一一九〇）に頼朝が上洛するに際し、その亭が営まれたのは、かつて平家が本拠とした六波羅であった。頼朝は「平家没官領」として、この地を手中におさめていたからである。

建久元年（一一九〇）七月、頼朝の「上洛御亭」新造のために法橋昌寛《ほっきょうしょうかん》が上洛している。頼朝は院にたいして「宿所」と「家人共の屋形《やかた》」を構えるために「東路之辺」に「広らかな」土地を要求しているから、恒常的ないしは定期的な居住を目的にしていたことが明らかである。頼朝の亭はかつて平頼盛《よりもり》の住んだ六波羅池殿（平家一門中最大規模の邸宅）跡地に造営され、家人どもの屋形の用地として六波羅ならびに東洞院《ひがしのとういん》以東、四条《しじょう》・五条《ごじょう》辺の洛中東部の地が用意された。かくして、この年の十一月、上洛した頼朝は、南北二町を占める「六波羅新造亭」に入ったのである。

六波羅御所の留守居役と京都守護

頼朝の関東下向後、この六波羅亭には頼朝の同母妹と一条能保《いちじょうよしやす》との間に生まれた高能《たかよし》が居住し、建久六年（一一九五）に再び頼朝が上洛した際にも使用されている。同九年、高能が死去すると、大江広元の兄で京都守護をつとめる中原《なかはら》親能《ちかよし》が留守役になっている。親能は頼朝と幼少のころから昵懇の関係にあり（義朝の猶子《ゆうし》とも伝えられる)、頼朝の娘三幡《さんまん》の乳母夫をつとめていた。この六波羅御所は頼朝の近親者によって守られていたのである。建仁二年(一二〇二)には、日本臨済宗《りんざいしゅう》の祖といわれる栄西《えいさい》が二代将軍頼家《よりいえ》の外護によってこの御所の北側に建仁寺《けんにんじ》を建立している。このとき朝廷は宣旨によって真言《しんごん》・止観《しかん》(天台)・禅の三宗を併置させているが、それは戒律を重視し、密禅併修をめざした栄西本人の意志に沿うものであったようである(中野良信 二〇一四)。

ところで、文治元年(一一八五)、それまで京都の守護と畿内《きない》近国の軍政を担当していた義経が頼朝に敵対して京都を退去したのに代わって北条時政《ときまさ》が上洛したが、それは時政が平頼盛(時政の妻牧の方は母方の従姉妹にあたり、彼女の父宗親《むねちか》は頼盛領駿河《するが》国大岡庄の預所であった)や院の近臣吉田《よしだ》経房《つねふさ》(かつて伊豆守に任じていた際に、在庁官人である時政の信望を得ていた)と私的な関係をもつことによる臨時的な措置であり、頼朝としては、最終的には畿内の軍政を含めた京都守護の権限を妹婿の一条能保に委ねる計画をもっていたようである(佐伯智広 二〇〇六)。

頼朝の娘の入内工作

平家を討ち、義経が京都を退去してからの頼朝は自己の権力の安定と継続をはかる方策を考えるようになり、奥羽平定ののちには、そのための施策として、長女大姫《おおひめ》の入内が最大の政治的課題となった。

その実現をはかるにあたって、頼朝が交渉相手としたのは後白河院の寵姫丹後局《たんごのつぼね》(高階栄子《たかしなのえいし》)であった。彼女は養和元年(一一八一)に皇女覲子《きんし》を産み、建久元年(一一九〇)、覲子は宣陽門院《せんようもんいん》の号を授けられ、局も従二位となった。このとき、宣陽門院庁の別当《べっとう》に任じたのが村上《むらかみ》源氏の源通親《みちちか》である。

鎌倉幕府の初代政所別当として知られる大江（中原）広元は、このころ、在京して朝廷との交渉にあたっていたのだが、この過程で通親と親交を深めたらしく、少しのちのことであるが、その嫡子親広《ちかひろ》は通親の猶子となって源姓を称するほどの関係を結ぶに至っている。通親は摂関家の九条兼実《くじようかねざね》の政敵であり、しかも兼実は娘の任子《にんし》を後鳥羽《ごとば》の後宮に入れていたうえに、親頼朝の公卿吉田（藤原）経房ともソリが合わなかったから（藤本元啓　一九八二）、頼朝は丹後局・源通親を対朝廷の交渉相手とするようになった。

建久三年三月、後白河院が六条西洞院《にしのとういん》御所（六条殿）において六十六歳で死去すると、関白兼実は形式上は廟堂に君臨する立場を得たが、故院の近臣勢力は通親を中心に反兼実の勢力を形成しはじめる。そして、その結果生じた事件が、いわゆる「建久七年の政変」、すなわち九条兼実の失脚である。その翌年七月、頼朝の娘大姫が長い闘病ののちに鎌倉で亡くなり、これに続くようにして京都の一条能保も生涯を閉じる。しかし、頼朝は次女三幡をもって入内工作を続け、その方針は頼家にも受け継がれるが、三幡の夭折によって実現されることはなかった。

京中の院御所六条殿

ところで、後白河院の最後の御所となった六条殿は、六条北・西洞院西、現在の京都市下京区天使突抜《てんしつきぬけ》四丁目あたりに位置した。ここは院の近臣左馬権頭《さまのごんのかみ》平業忠《なりただ》の所有する面積四分一町という狭小な宅であった。ちなみに業忠の家系は、元来伊勢平氏《いせへいし》の庶流に属し、彼も久寿二年八月に後白河天皇の滝口《たきぐち》に加えられた程度の京武者《きようむしや》に過ぎなかったが、姉の坊門局《ぼうもんのつぼね》が院の寵愛を受けたことによって異常な栄達を遂げ、従四位上大膳大夫《だいぜんのだいぶ》に至っていたのであ

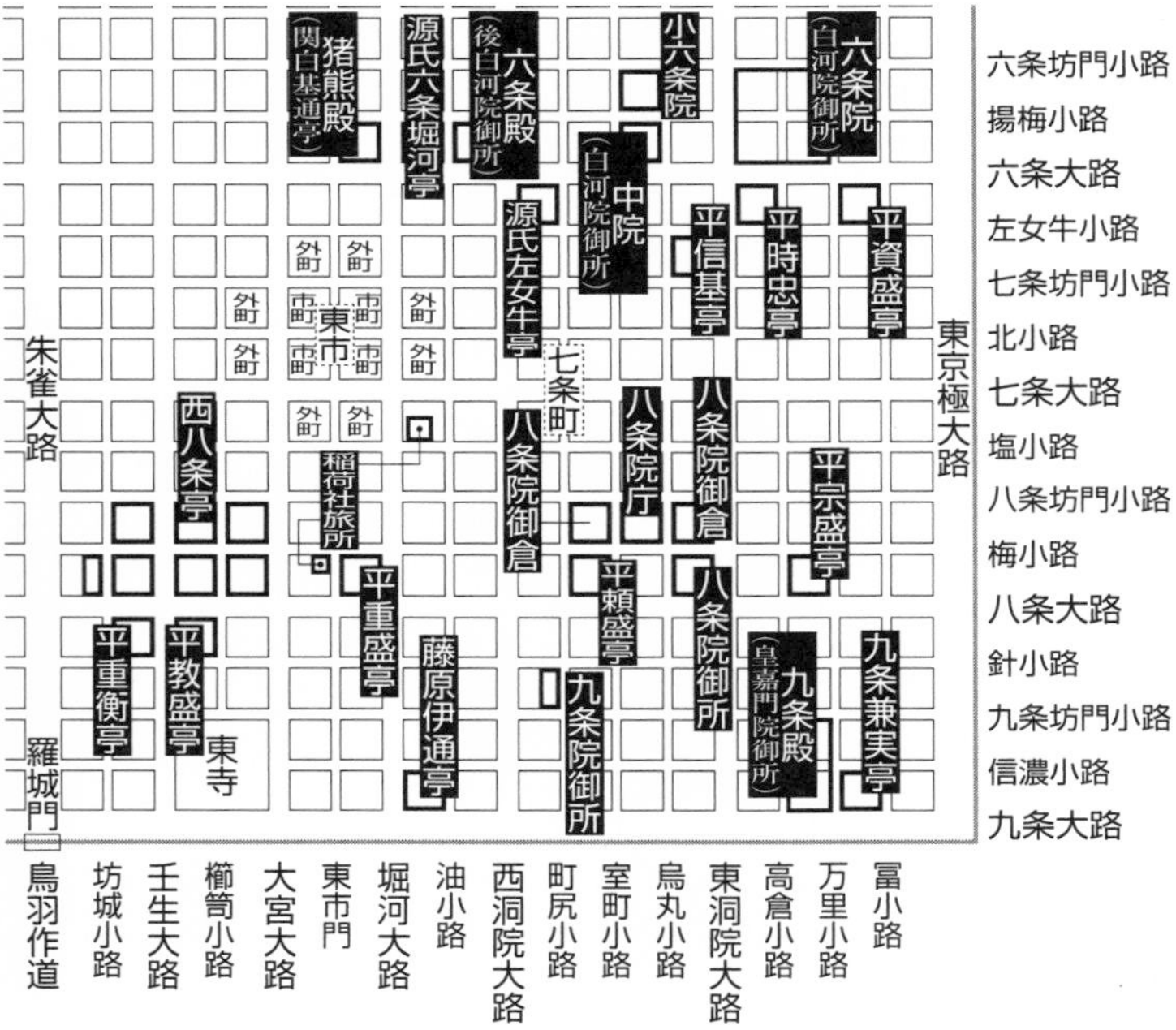

図3　左京六～九条の院御所と貴族邸

る（米谷豊之祐 一九九三）。

後白河院はもともと平清盛との提携によって院政をはじめ、六波羅に隣接する法住寺《ほうじゅうじ》殿を本御所としたのだが、寿永二年（一一八三）十一月、木曽《きそ》義仲《よしなか》によってここを焼かれたため、いったん左京六条三坊十六町に位置する摂政近《この》衛《え》基通《もとみち》の五条殿（五条東洞院亭）に入ったのであるが、ここには「怪異」があるという理由で、この六条殿（六条西洞院亭・六条二坊十三町）に身を置くようになった。『延慶本《えんきょうぼん》平家物語《へいけものがたり》』（第三末）によると、この亭は院から木曽義仲に宿所として与えられていたところであった。

その後、文治四年四月、六条殿は焼亡したのだが、まもなく再建に着手して方一町の規模に拡張したのである。建久二年（一一九一）、源頼朝によって法住寺殿が再建されたにもかかわらず、院はこの六条殿を本拠とし続けたのであった。

院がここを居所とした理由は、幼少で、しかも平家とともに西海に落ちた安徳《あんとく》に代わって即位した後鳥羽の祖父として、治天の権力を行使するためには京域内に御所を設営する方が有利であったこと、またこの御所の周辺には木曽義仲の宿所ともなっていた関白近衛基通の六条堀河殿（猪熊殿《いのくま》）や清和《せいわ》源氏が代々京中の居所とした六条堀河館があるなど、政治的に有利な空間に位置していたことが挙げられるであろう。

さらに注目されるのが、この六条殿の真北（十四町）に院近臣源仲国《なかくに》の亭があったことである。仲国は妻が後白河院の寵姫丹後局（高階栄子）と縁者であったことから、父の光遠ら一族をあげて院の近習《きんじゆう》となっていたのである（斉賀万智 二〇一四）。

後白河院が亡くなると、この亭は丹後局の所生である宣陽門院覲子内親王に伝領されている。また、京域を離れ東山《ひがしやま》を越えた山科盆地に仁安二年（一一六七）七月までに造営されていた院御所沢殿（山科御所）と山科小野庄は丹後局に与えられ、その後、彼女と先夫平業房《なりふさ》との間に生まれた教成《のりなり》に伝領され、その子孫は山科を家号とすることとなる（西井芳子 一九九三）。

2　源通親と鎌倉御家人

「源博陸」通親

この丹後局に接近して絶大な権力を振るったのが村上源氏嫡流の公卿で、文治元年（一一八五）十二月、源頼朝が廟堂改革を要求した際に議奏公卿一〇名のうちの一人に選ばれた源通親《みちちか》である。彼は宣陽門院の別当となり、後鳥羽の乳母であった高倉範子《たかくらはんし》を妻として乳母夫の立場からも源頼朝の娘の入内計画に協力した。これは、後鳥羽の中宮に娘の任子を立てていた関白九条兼実にとっては脅威であり、兼実は頼朝とも距離を置く関係となる。建久六年（一一九五）三月、頼朝は妻政子《まさこ》・大姫を伴って上洛し、六波羅亭に丹後局を招いて入内の地ならしをもくろんだが、ちょうどこのころは任子が懐妊中で、兼実が男子の誕生を祈っていた時期に重なる。しかし、八月、生まれたのは女子（昇子《しょうし》内親王・のちの春華門院《しゅんかもんいん》）であった。その一方、通親の妻範子の連れ子で、彼の養女として後宮に入っていた在子《ざいし》は、同年十一月に男子を出産。一躍、政界における求心力を高めることとなる。

翌年、通親は、この機に乗じて兼実の失脚をはかり、任子も内裏を退出させられ、関白には前摂政の近衛基通が就任した。いわゆる「建久七年の政変」である。

建久八年七月、頼朝の長女大姫が夭折した。通親はこの機に臨んで後鳥羽の譲位《じょうい》をはかる。頼朝もこれを渋々ながら容認することになる。通親は頼朝政権における対朝廷交渉の中心的存在であった中原（大江）広元をみずからの知行国《ちぎょうこく》である因幡《いなば》の国守《こくしゅ》としたり、広元の嫡子である親広を養子とするような深い関係にあったから、このことが功を奏したのであろう。建久九年正月、後鳥羽天皇の第一皇子でまだ親王宣下《しんのうせんげ》も受けていない四歳の為仁《ためひと》が践祚《せんそ》した。土御門《つちみかど》天皇である。新天皇の母は通親の養女であるから、彼は後鳥羽院の院司《いんじ》別当の上首のみならず天皇外祖父の地位を手に入れたことになり、これをもって世の人々は通親を「源博陸《げんはくりく》」（博陸は関白の異称）と呼んだ。

三左衛門の変

そのちょうど一年後の正月十三日、鎌倉で源頼朝が急死した。この情報が伝わると京都政界は不穏な空気に包まれ、世上に兵乱の噂が立つ。源通親が一条家の郎等《ろうとう》である後藤基清《ごとうもときよ》・中原政経《なかはらまさつね》・小野義成《おののよしなり》の襲撃を怖れて、院御所に立て籠もったというのである。

一条家は能保が頼朝の同母妹を妻としたことから、貴族社会での地位を向上させ、能保は京都守護を担いつつ鎌倉と京都の架け橋として活躍した。能保は頼朝妹の死去後に源通親の養女在子の姉妹である信子を正妻に迎え、女子の一人は通親の子息道方《みちかた》と婚しており、建久七年の政変の直後に嫡子高能が参議に昇進したことをみても、通親と一条家の関係は悪くはなかった。通親の策した為仁（土御門天皇）への譲位についても、信子が為仁の乳母であったことなどから反対はしなかった。しかし、鎌倉の頼朝は、長女大姫が夭折した後も次女三幡の入内をはかっていたから、幼主の即位は期待を損なうものであったはずである。譲位は建久八年十月、能保が死んだのを一つの契機として進められたのかもしれない。その翌年九月には高能も亡くなっている。これによって一条家とその関係者は通親からの冷遇を余儀なくされていたらしい。頼朝の死は、それに拍車をかけることが予感されたのであ

図4　王家と有力貴族家との関係　塩原浩二〇一二の図1「一条家関係系図」による

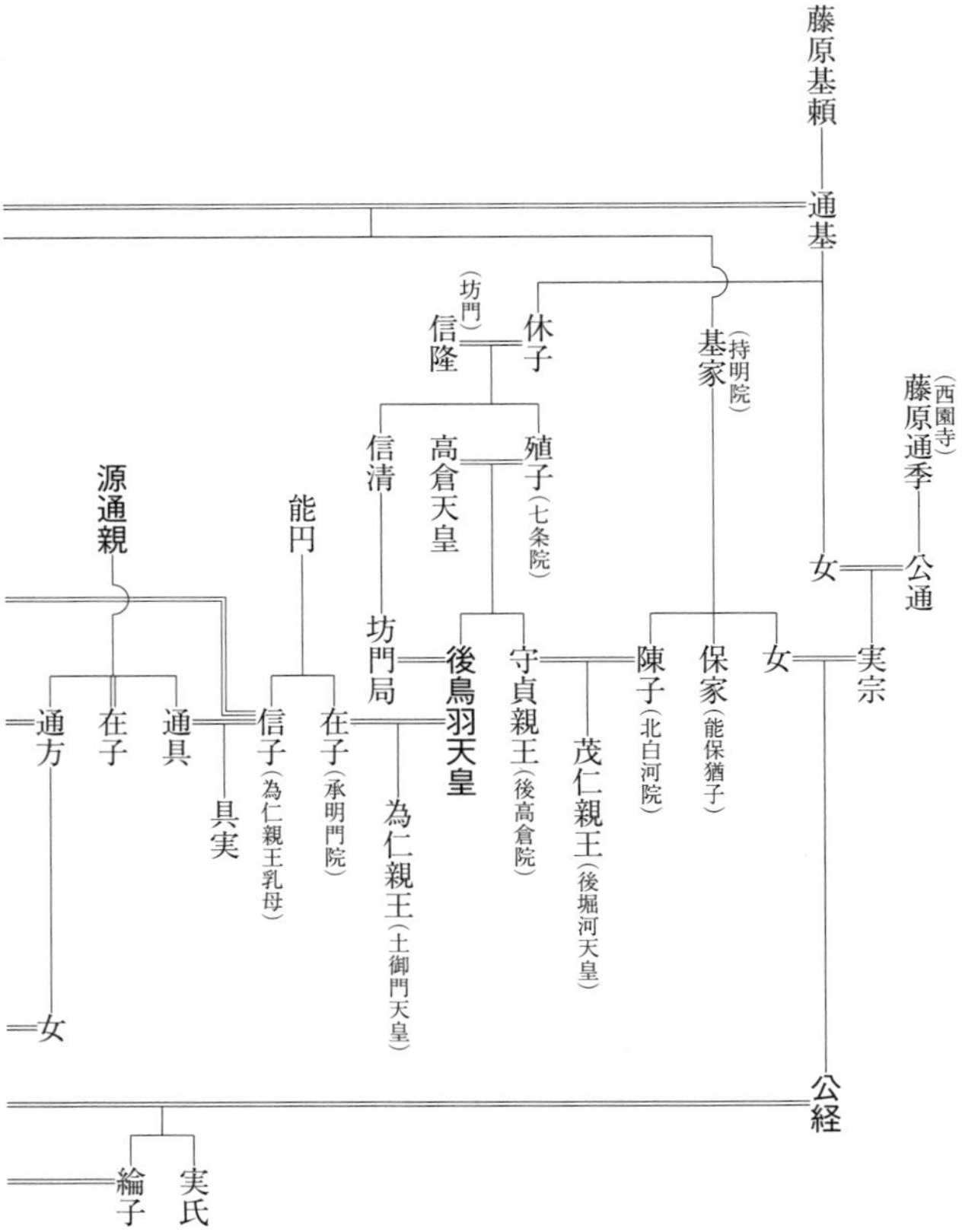

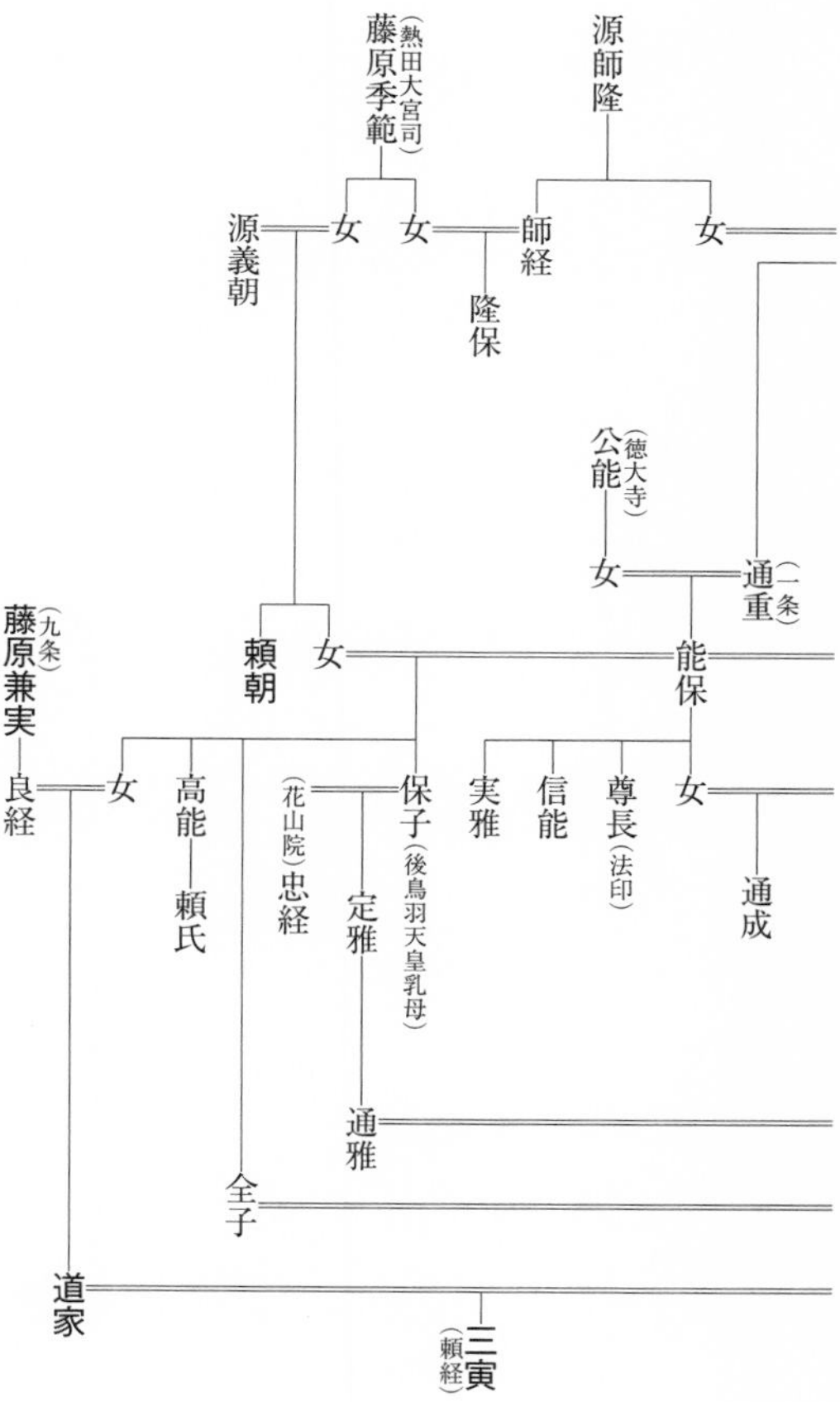

ろう。

事件は即座に鎌倉に通報され、幕府は通親を支持して在京の武士に一条家の郎等を逮捕させ、さらに一条家の縁者である参議西園寺《さいおんじ》公経《きんつね》らが出仕を停められることとなる。

とくに能保に目をかけられていた左馬頭《さまのかみ》源隆保《たかやす》は、武士を招集して謀議をはかったという容疑をかけられて土佐《とさ》に流されている。この事件は、上記の一条家郎等三人がそろって左衛門尉《さえもんのじょう》の官を帯びていたため、「三左衛門事件」とか「三左衛門の変」と呼ばれる。

当時、幕府の対京都政策の中心にいたのは大江広元であり、前述のように広元は通親と密接な関係にあった。ちなみに、三左衛門の構成を見ると、後藤基清は讃岐《さぬき》国の守護をつとめる在京御家人ではあるが、先代の実基《さねもと》のころから一条家に仕えていたことの明らかな京武者であり、中原政経は後鳥羽院の院庁《いんのちょう》で主典代《しゅてんだい》（下級職員の上首）をつとめる文官、小野義成だけが武蔵《むさし》国を本貫とする東国武士で、彼も在京御家人として尾張《おわり》の守護をつとめていた（塩原浩 二〇一二）。

梶原景時排斥事件

源頼朝の急死に際して、なによりも急がれたのは後継者の確定であった。朝廷の実権を掌握した源通親は、為仁の登極にたいする頼朝の不満を和らげる目的もあって、継嗣頼家の官職《かんしょく》を右少将《うしょうしょう》から左中将《さちゅうじょう》に昇任させようと策していたが、そこに頼朝死去の知らせが届いたのである。通親は頼朝の死が公表されない間にこの人事を断行し、さらに頼家が父の跡を継いで諸国守護を奉行すべき旨の宣下《せんげ》を行った。これらも彼と大江広元ら幕府の主要御家人との密接な連絡の成果といえるものであった。こうして通親の立場は盤石なものとなり、彼は同年六月に至って内大臣に昇ることとなる。

鎌倉では頼家が将軍職を継いで、一応の平穏が保たれはしたものの、頼朝の反対を押し切って後鳥羽の譲位が行われたことに対するしこりはのこっており、このことは幕府重臣同士の対立に反映されることになった。「三左衛門事件」もこれと無縁ではあるまい。

正治元年（一一九九）四月、鎌倉では頼家を補佐する形で北条時政・義時《よしとき》父子の主導のもと、十三人の有力御家人による合議制がとられるようになった。この十三人については三浦義澄《みうらよしずみ》・梶原景時《かじわらかげとき》らっ東国生え抜きの有力御家人と中原広元・三善康信・中原親能・二階堂行政ら京下りの文筆吏僚層によって構成されたとものと理解されているが、要するに公卿である鎌倉殿と空間を共有できる貴族的ないしはそれに準ずる身分を有する御家人とその一族と考えた方がスッキリする。梶原景時も頼朝挙兵以前から有力権門である徳大寺家《とくだいじけ》に祗候《しこう》しており、彼の子息景季《かげすえ》はすでに左衛門尉に任官していた。ちなみに、景時の京都における亭は五条坊門面にあった。

景時は吏僚としても有能で、教養も豊かであったことから頼朝の「一ノ郎等」(『愚管抄』巻第六)として重用され、御家人にたいする監察官的な役割を担い、頼朝死後も頼家の乳母夫・側近として独自の立場を築いていた。しかるに、カリスマ的存在であった頼朝には従順だった御家人たちも、その独裁権力を引き継ごうとした頼家には不満や反発を隠さなくなり、それは側近の景時に向けられた。景時は京都の貴族からも「鎌倉ノ本躰ノ武士」(同)と高く評価されていたのだが、建久二年閏十二月、彼の後ろ盾になっていた有力貴族徳大寺実定《さねさだ》が死去したことも彼の立場を悪化させたであろう。また、乳母関係のみならず、頼家の外戚としての関係から権力を伸長する比企氏に対して警戒を強めていた北条氏にとって、景時の失脚は止めるべきことではなかった。

これらの要素が重なったことによって御家人たちから孤立した景時は、結城朝光《ゆうきともみつ》が頼朝への追慕の情をもって発した言葉を、頼家にたいするの謀反《むほん》であるかのように讒訴《ざんそ》したという理由で御家人たちから糾弾され、ついには鎌倉から追放されることとなる。頼家が景時を守らずに見捨てたことについて、京都にあった慈円《じえん》（右大臣九条兼実の弟）は『愚管抄《ぐかんしょう》』に「頼家ガ不覚」と記している。

正治二年正月、景時は一族とともに相模《さがみ》国一宮の居館を出立した。彼は甲斐《かい》源氏の武田《たけだ》有義《ありよし》を大将軍に押し立てると称し、九州の武士たちにたいして、朝廷から鎮西管領《ちんぜいかんれい》の宣旨を得るから京都に参集するようにもとめ、京都ではこれに呼応するかのように、内裏あるいは仙洞御所《せんとうごしょ》で五壇御修法《ごだんのみすほ》（五大尊ノ法）が行われたという。しかし、幕府の対応は早く、景時の一行は駿河国清見関《きよみがせき》（静岡市清水区）の近くで現地の御家人たちの軍勢に行く手を阻まれ、討滅されることとなる。

ここで注目したいのは、九条兼実が、源通親を秦《しん》の宦官趙高《かんがんちょうこう》になぞらえ、景時に連座して失脚するのを期待するような文言を日記に記していることである（『玉葉』二月二日条、橋本義彦 一九九二）。事件の過程で、通親と関係の深い大江広元が御家人たちからの景時の弾劾状を頼家に取り次ぐことを渋っているから、景時も通親と繋がりがあったのかもしれない。そういえば、『愚管抄』（巻第六）には、景時の長男景季が「三左衛門事件」の三人の当事者たちによる悪口を通親に告げ口したというような記事もみえる。

図5　後鳥羽院関係系図　曽我部愛「後宮からみた後鳥羽王権の構造」（野口実編『承久の乱の構造と展開　転換する朝廷と幕府の権力』戎光祥出版、二〇一九年より

城長茂の騒擾事件

梶原景時は内乱期に頼朝の代官として活動する過程で、その職務のゆえからも、敵対した武士の身柄を預かって庇護を加えたうえ、御家人への推挙に力を尽くすことがあった。そうした景親の恩義に応えるかのよ

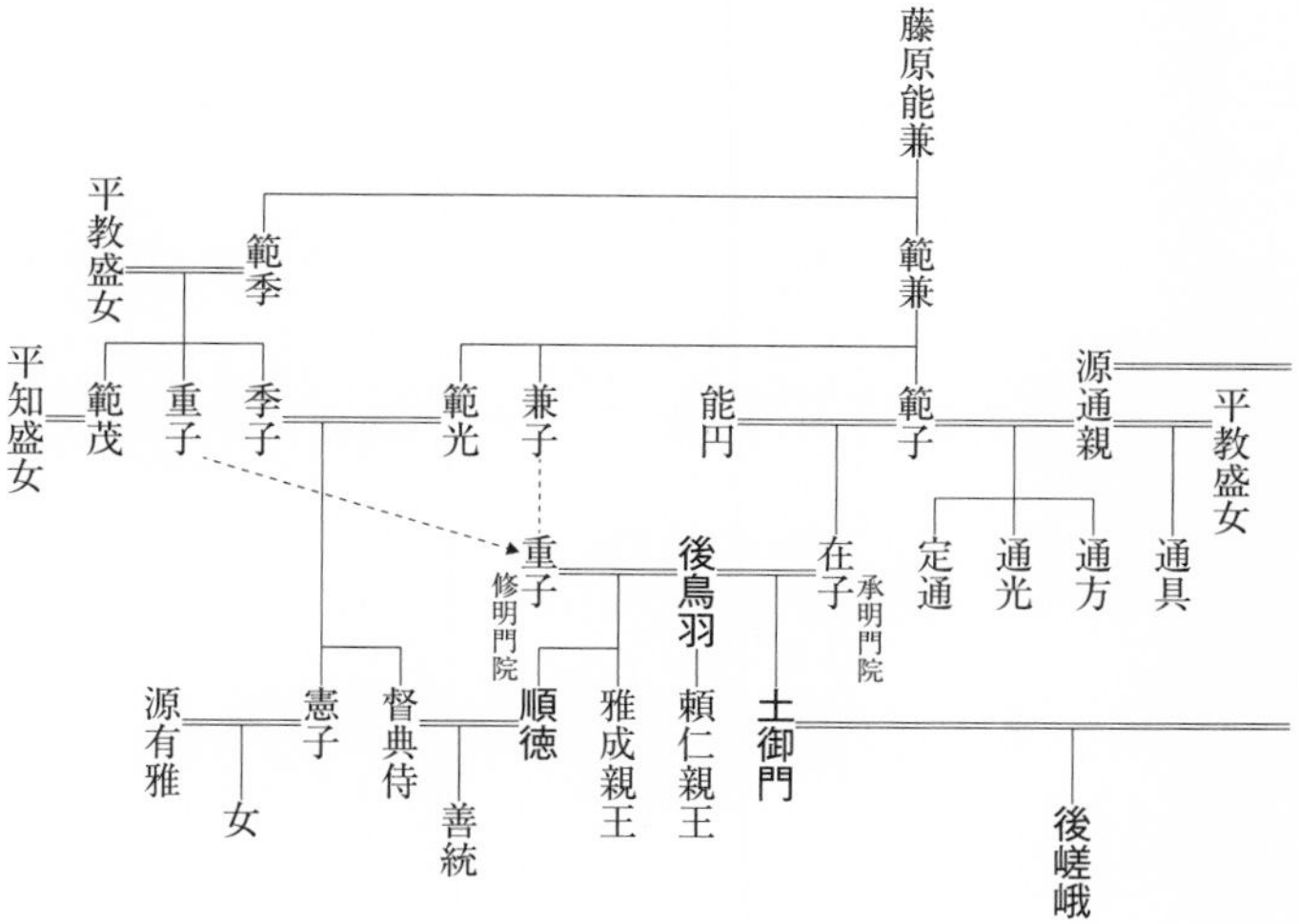

うに蹶起《けつき》したのが越後《えちご》平氏の城長茂《じようながもち》（資職《すけもと》）である。

長茂は、治承四年（一一八〇）、平家が反乱勢力の討滅をはかるべく諸国の有力豪族を受領《ずりよう》に登用する策を用いたとき従五位下越後守に叙任され、養和元年（一一八一）六月、信濃《しなの》横田河原で木曽義仲と戦ったが大敗を喫した。その後、頼朝に降って梶原景時に預けられ、頼朝の臣下に甘んじることを潔しとしないでいたが、文治五年（一一八九）の奥州合戦に景時の推挙によって従軍。このとき、離散していた大勢の郎従《ろうじゆう》たちが長茂のもとに参向したことなどにより、その立場を復活しつつあった。

建仁元年（一二〇一）正月二十三日夜、京都に現れた長茂は軍兵を率いて、検非違使《けびいし》左衛門尉（判《ほう》官《がん》）として在京していた有力御家人小山朝政《おやまともまさ》の三条東洞院の宿所を襲撃。朝政が院御所である二条殿への行幸《ぎようこう》に供奉《ぐぶ》して不在であることを知ると、二条殿に押し寄せて「関東」追討の宣旨を要求したが、果たせずに清水坂方面に逐電《ちくでん》。二月二十二日に至って吉野で誅せられることとなる。まさに、景時の意志を引き継いだ行動のようにもとれるが、先んじて小山朝政を襲撃したのは、彼が景時滅亡の端緒をつくった結城朝光の兄で、事件後、景時の帯していた播磨《はりま》国の守護職《しゅごしき》を手に入れていたことにたいする私怨からであろう。景時追放事件は、結城朝光の友であった三浦義村、その伯父で侍所別当の職務を景時に奪われたことに恨みを抱いていた和田義盛《わだよしもり》ら、幕府有力御家人の反感、すなわち、幕府内部の権力闘争としてのみ理解されがちであるが、景時と長茂が朝廷から幕府追討の宣旨を得ようとしたことを踏まえると、どうやらことは京都政界にも広がる話のように思われる。

そのことを示唆するのが、長茂の党類として平泉藤原氏の一族である元吉冠者高衡《もとよしのかんじゃたかひら》（隆衡）が捕えられていることである。高衡は、奥州合戦に敗れて投降したのち、大江広元の兄で、当時京都守護をつとめていた中原親能に預けられた後、従三位高倉（藤原）範季《のりすえ》の唐橋亭《からはしてい》に寄宿していたという。範季はこのときすでに七十一歳の老齢であったが、後白河院や九条家に仕え、治承・寿永内乱以前に陸奥守や鎮守府《ちんじゅふ》将軍に補されて任地に下向したこともある、この時代のキーマン的な存在である。その養女の範子が後鳥羽の乳母をつとめ、源通親の妻となったことや、彼女が前夫との間にもうけた在子が土御門天皇の生母であることは前述したとおりである。

また、『玉葉《ぎょくよう》』（柳原家本）には、このとき、実慶僧正《じつけいそうじょう》（参議藤原公行《きんゆき》の子カ）の周辺の者に謀反の関与が疑われているが、実慶は公胤法印《こういんほういん》（村上源氏顕房《あきふさ》の玄孫）と「同体」で、公胤は通親と「分身」の関係にあるから疑わしいという記主兼実の見解が述べられている（橋本義彦 一九九二）。

源通親や高倉範季がこの事件に直接かかわった形跡はまったくうかがえないけれども、鎌倉における権力闘争を京都と無関係なものと考えるのは大きな誤りである。鎌倉将軍家も広義の朝政の一翼を担う権門の一つに過ぎないからである。

3　後鳥羽院と源実朝

比企氏の滅亡

梶原景時を失った頼家にとって頼るべき存在は外戚の比企氏であった。比企氏の当主能員《よしかず》は、伊豆に配流された頼朝を扶持するために夫（比企掃部允《かもんのじょう》）とともに京都から武蔵に下った頼朝の乳母（比企局・比企尼）の甥かつ猶子であり、彼自身も京都なじみであったことから、側近として重用された。そして、頼家にとっては乳母夫であるとともに、その娘（若狭《わかさ》局）が長子一幡《いちまん》を生んでいたから、婿舅という関係にあった。

この比企氏の存在をうとましく思っていたのが北条時政であった。時間が経過すれば、鎌倉殿の外戚の地位は比企氏に奪われかねないからである。実際、武蔵国比企郡を名字地とする比企氏のもとには周辺の小武士団が服属しはじめており、北条氏姻戚の畠山重忠《はたけやましげただ》・稲毛《いなげ》重成《しげなり》ら在来の武蔵の有力武士たちも警戒を強めていた。

『玉葉』には梶原景時が御家人たちから孤立した理由として、御家人たちが頼家を討って弟千幡《せんまん》を立てる策謀があると讒訴したことを伝えているが（正治二年正月二日条）、これはまさに北条氏の思惑そのものであった。というのも千幡（のちの実朝《さねとも》）の乳母は時政の娘阿波局《あわ》がつとめており、北条氏の掌中にあったからである。そんななか、建仁三年（一二〇三）七月、頼家が重病に陥った。八月末に至り幕府の重臣たちは評議して、頼家なき後には一幡に関東二十八ヵ国の地頭職《じとうしき》と惣守護職《そうしゅごしき》を、三幡に関西三十八ヵ国の地頭職を譲り渡すことを決めた。九月二日、時政はこれに不満を示した比企能員を自邸に招いて謀殺し、ついでその一族を攻め滅ぼした。すでに従五位下遠江守《とおとうみ》の官位を得ていた時政はこの機に乗じて政所の執権《しっけん》別当に就任し、大江広元との協調を前提とする形で幕府の実権を掌握。さらに、十一月に至り、義時が郎等に命じて一幡も殺害する。そして、病状の回復のみられた頼家も伊豆の修善寺《しゅぜんじ》に幽閉され、翌元久元年七月に殺害されてしまう。

後鳥羽院の自立と源通親の死

十九歳で譲位した後鳥羽は白河・鳥羽・後白河と継承されてきた院＝「治天《ちてん》の君」による専制権力を当然のごとくみずからも行使するようになる。譲位直後から、天皇としての制約を離れたことによって京外も含む諸方への御幸《ごこう》も行うが、とくに源通親が営んだ水無瀬《みなせ》殿への御幸はその後頻繁となる。院中での遊宴も度を超すほどで、これにはさしもの通親も制止することができないほどであった。正治二年四月にはみずからの意志で寵愛する高倉重子（通親室範子の従妹、のち修明門院《しゅめいもんいん》）所生の守成《もりなり》親王（のち順徳天皇《じゅんとく》）を皇太子に立て、七月には幕府の有力御家人佐々木経高《ささきつねたか》が京都で騒擾事件を起こし朝威を軽んじたとして、幕府に経高の帯していた淡路《あわじ》・阿波・土佐三ヵ国の守護職を没収することを命じ、さらに十月には近江《おうみ》国の住人柏原《かしわばら》弥三郎《やさぶろう》の追討をみずから武士を動員して行うなど、まさに白河・鳥羽院政期と同様に、軍事面においても武家権門を膝下におくような形で権力を行使するようになる。

源通親はそんな最中に急死した。建仁二年（一二〇二）十月十九日、通親は竣工したばかりの院御所京極《きょうごく》殿（京極東・大炊御《おおいのみ》門《かど》北）に普段と同じように参院したのだが、退出したその夜半に斃れたのである。享年五十四であった。

以後、京都では後鳥羽院による専制政治が華々しく展開されることとなる。

図6　源実朝の妻の係累

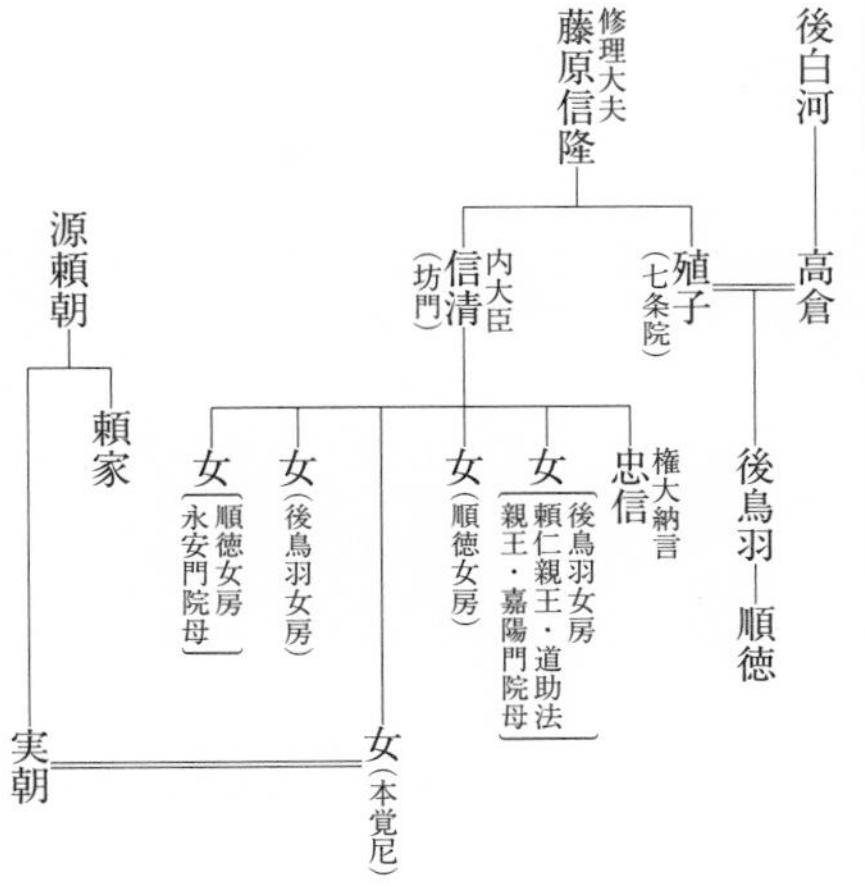

義兄弟になった院と実朝

建仁三年（一二〇三）九月十五日、鎌倉に千幡を従五位下に叙し、征夷大将軍に任ずる宣旨が届いた。これを受けて千幡は北条時政の名越《なごえ》亭で元服し、後鳥羽院から与えられた「実朝」の名を称することとなる。普通ならこうした場合、正式な名（諱《いみな》）は烏帽子《えぼし》親《おや》から授けられ、受けた側は烏帽子子《ご》となるのであるから、ここで後鳥羽院と実朝の間には擬制的な親子関係が成立したことになる。

成人した鎌倉殿には御台所《みだいどころ》（正室）の選定が急がれた。まず候補にあがったのは源氏庶流の有力御家人足利義兼《あしかがよしかね》の娘である。義兼の父は保元の乱の戦功で蔵人《くろうど》に補されており、母は熱田大宮司家の出身で頼朝の母の姪、妻は

図7　牧の方の係累

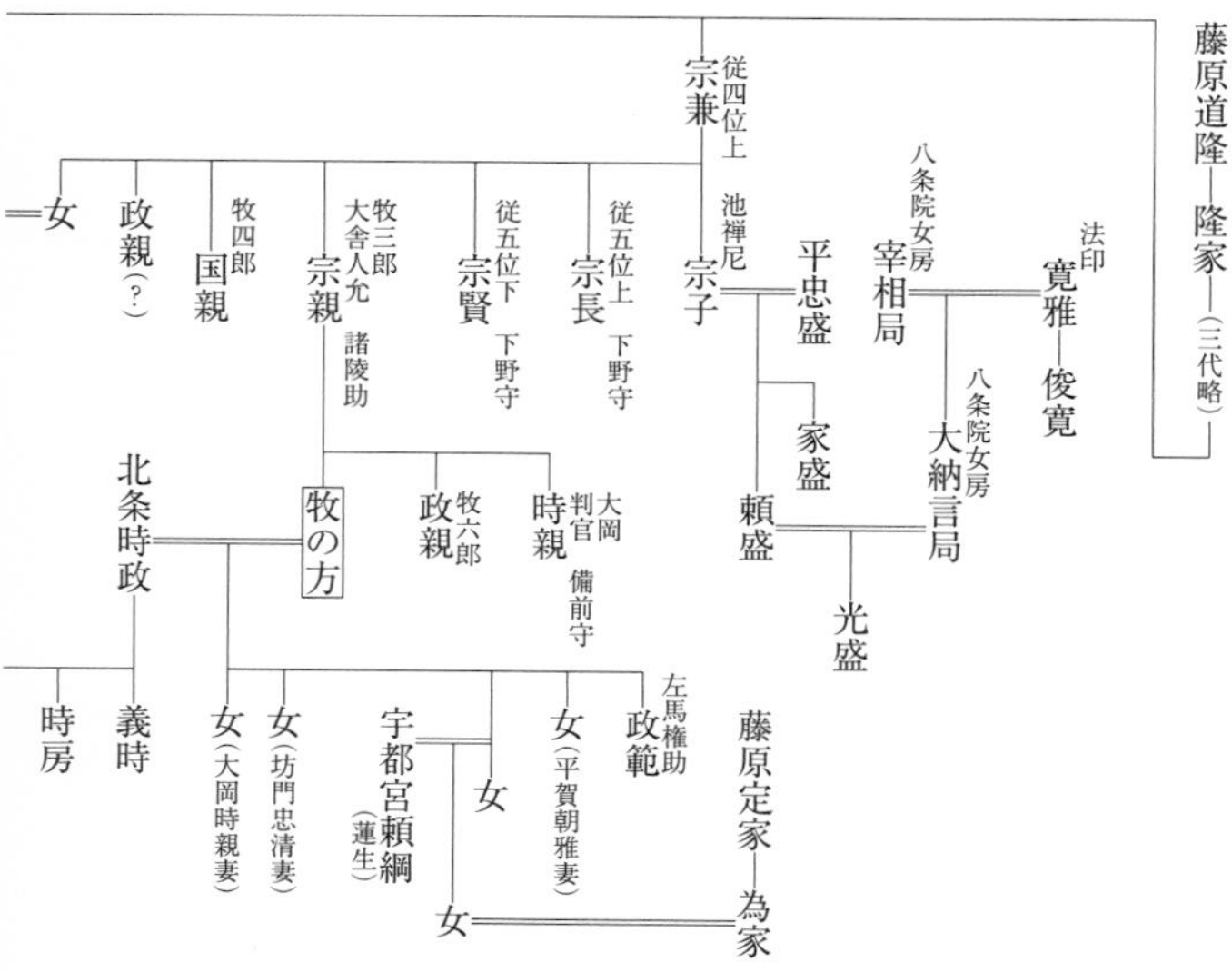

北条時政の娘（先妻腹）であったから、申し分のない女性のように思われたが、結局は院近臣坊門信清《のぶきよ》の娘に決まることとなる。その理由は実朝の京都憧憬に求められがちであるが、義兼の娘も祖母の実家の熱田大宮司家が在京貴族であるから説明にならない。むしろ、当時の源氏将軍家がすでに貴族社会において、摂関家に準じるほどの家格《かかく》に到達していたことの反映とみるべきであろう（青山幹哉　一九八五、元木泰雄　一九九七）。坊門信清は院の軍事力を統括する院御《み》厩《まや》別当をつとめ、権大納言《ごんのだいなごん》という高位について、その娘を後鳥羽院の後宮に入れて王家外戚の立場にあった。また彼の嫡子忠清《ただきよ》は北条時政の後妻牧の方の生んだ娘を妻にしていたし、その姉にあたる同母の娘も、当時京都守護をつとめながら後鳥羽院にも上北面《じょうほくめん》として近侍していた平《ひら》賀《が》朝雅《ともまさ》に嫁いでいたから、北条氏にとっても都

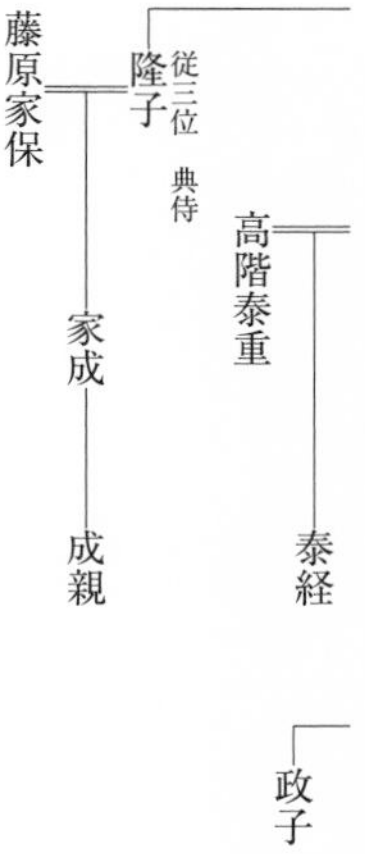

合のよい存在であったのである。ちなみに、足利義兼の娘は坊門信清の従兄弟にあたる水無瀬親兼《ちかかね》と婚姻しているが、これも北条政子・義時の策によるものであったという（花田卓司 二〇二〇）。

牧の方と卿二位

ところで、この結婚の実現に奔走したのは、ほかならぬ牧の方であった。彼女は平家一門の有力者頼盛の母（忠盛《ただもり》の正室）池禅尼《いけのぜんに》（藤原宗子《むねこ》）の姪であったから、京都の貴族社会に大きな人脈をもっていたのである。これ以前にも、時政が京都守護などとして公家政権と交渉を行った際、彼女の果たした役割は大きなものがあったと思われる。

実朝の縁談について、京都側で奔走したのも女性であった。刑部卿《ぎょうぶきょう》藤原範兼《のりかね》の娘で「卿局《きょうのつぼね》」と呼ばれ、のちに三位さらに二位に至ったので「卿二《きょうのに》（三）位《い》」として知られる兼子である。彼女の姉の範子が後鳥羽院の乳母で、源通親の妻となり、前夫との間に生んだ在子を通親の養女として後鳥羽の後宮に入れ、為仁（土御門天皇）が生まれたことは前述したところである。牧の方にとって坊門家は娘の嫁ぎ先であったから、その縁をとおして卿局との接触をはかったものとみられる。

一方の兼子は後鳥羽の正式な乳母ではなかったが、もともと院の周辺に広くて深い縁戚関係を有していただけでなく、みずから積極的に院近臣の主要な人物を自己の周辺に編成して「権門女房」と呼ばれるほどの権勢をほこった。注目すべきは、彼女が多くの邸宅を京都の主要地点にもっていたこと、そして、それが嵯峨《さが》から岡崎《おかざき》に至る二条大路の延長線上に点在したことである。本邸はその中心に位置する二条西町尻北にあった。「冷泉町卿三位第《れいぜいまち》」と記されている場合もあるから、彼女は町尻《まちじり》小路沿いに二条から冷泉にかけての地を所有していたようである。五味文彦は、当時の「二条町を中心とした上京地区の都市的発展」を指摘し、そこに着目した兼子の経済的感覚を、彼女の天性の器量の一端として評価している（五味文彦 一九八五）。

実朝の嫁迎え

元久元年（一二〇四）十月十四日、実朝の御台所となる坊門信清の娘を迎えるため、鎌倉から若い御家人たちが都に向かった。その人選は牧の方の意向が働いたものだったらしく、とくに「容儀華麗之壮士《そうし》」が選ばれたのだという。長く在京していたと思われる、彼女の生んだただ一人の男子である政範《まさのり》も含まれていた。弱冠十六歳ながら、すでに従五位下左馬権助《さまのごんのすけ》の官位を有しており、一行の上首の立場を占めたはずである。ところが、彼は上洛の途上で病にかかり、京都には到着したものの十一月五日に至って死去してしまう。この知らせは十三日に鎌倉に届き、時政夫妻の悲嘆はさらに比べるものがないほどであったという。政範は北条家の嫡子として将来を嘱望されていたのであろう。

政範は急死であったらしく、その死の前夜、京都守護をつとめていた平賀《ひらが》朝雅《ともまさ》の六角《ろっかく》東洞院亭で、上洛した一行を迎えて酒宴が開かれていた。このとき、畠山重保《しげやす》が亭主の朝雅と諍いを起こし、この件も鎌倉に報告されている。朝雅は時政・牧の方の間に生まれた娘の婿であり、政範を喪った夫妻の悲嘆を増幅させたことであろう。

十二月十日、御台所が行列を整えて鎌倉に向かった。出立したのは岡前（岡崎）にあった兼子の家であることから、御台所は兼子の養女であったと考えられる。後鳥羽院は法勝寺《ほっしょうじ》西大路の西鳥居《にしとりい》に桟《さ》敷《じき》を構えて、これを見送っている。

　このとき御台所には坊門家や院の関係者が多数随行している。院の近臣でのちに卿二位の「ウシロミ」（『愚管抄』）となった源仲国も供奉しているが、この一族は院の細工所《さいくしょ》の実務を担っており、彼の兄弟である仲兼《なかかね》・仲章《なかあきら》は、この後幕府にも祗候し、京都と鎌倉の間をさかんに往復している。仲章が源実朝の侍読《じとう》となり、実朝が暗殺された際、同時に凶刃に斃れたことはよく知られていよう。

　また『吾妻鏡《あずまかがみ》』に「御台所侍」として所見する藤内《とうない》左衛門尉季康《すえやす》は、承元二年（一二〇八）六月、院の熊野詣《くまのもうで》に坊門忠信《ただのぶ》が供奉するに際しては、忠信に扈従するため上洛しており、坊門家からつけられたことがわかる。御台所に仕えた女房も同様であり、元久元年（一二〇四）に佐渡《さど》守に任官した藤原親康《ちかやす》の娘が「御台所官女」として祗候していたことが知られる。彼女は北条義時の子息朝時《ともとき》の心を奪ったらしく、朝時は彼女に「艶書」を通じたばかりか、局に潜入して誘い出すような事件を起こし、義時から一時義絶《ぎぜつ》されるようなこともあった。

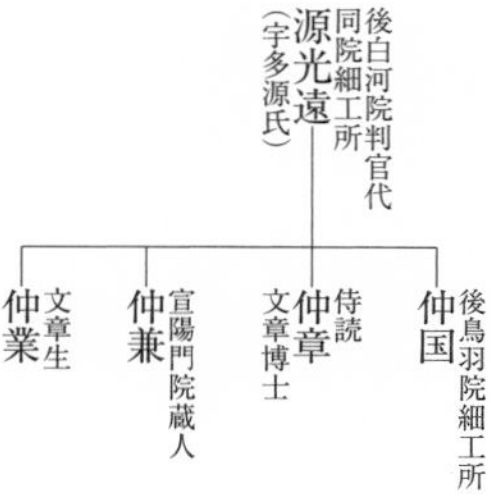

図8　源仲章の一族　『尊卑分脈』による

　ほかにも坊門信清の娘に従って鎌倉に下った京都人は多く（岩田慎平　二〇一五）、それによって京都と鎌倉の交流が活発になり、鎌倉の将軍家はい

図9　秩父平氏の一族

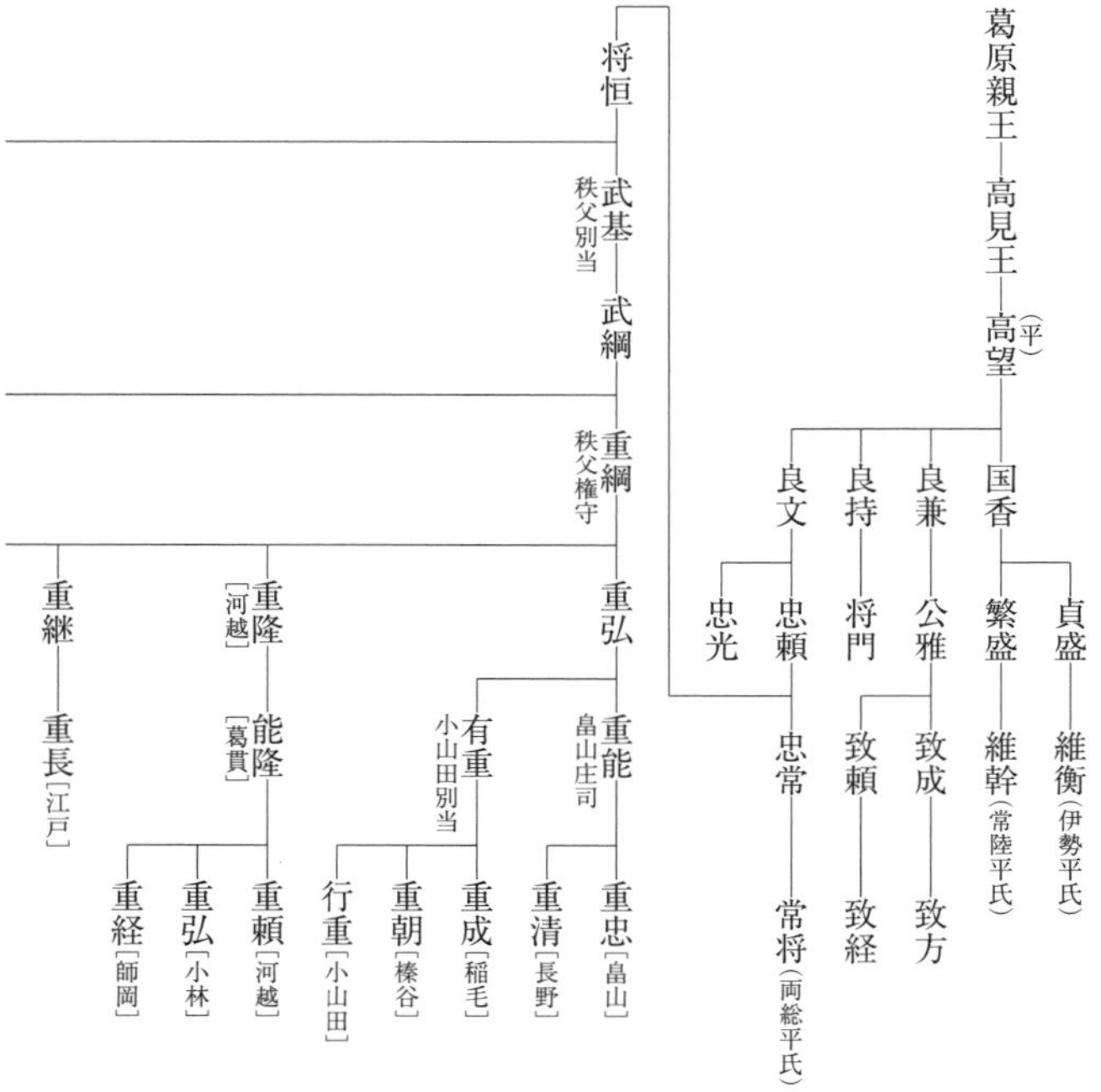

よいよ貴族権門としての体裁を整え、充実の度を増していったのである。

京都守護平賀朝雅の粛清

実朝の婚儀の整った翌年、鎌倉では北条時政・牧の方夫妻と、時政の前妻の子である政子・義時姉弟の対立が鮮明になる。北条氏は武蔵国への進出をはかってきたが、その前に立ちはだかったのが同国の留守所惣検校《そうけんぎょう》職を帯する畠山重忠であった。重忠は時政の先妻腹の女子を妻にしていたが、時政は牧の方所生の娘を重忠の従兄弟にあたる稲毛重成と娶《めあわ》せ、この一族（秩父《ちちぶ》平氏）を牽制していたが、時政はこの重成を利用して重忠を鎌倉におびき寄せて、六月二十二日、二俣《ふたまた》

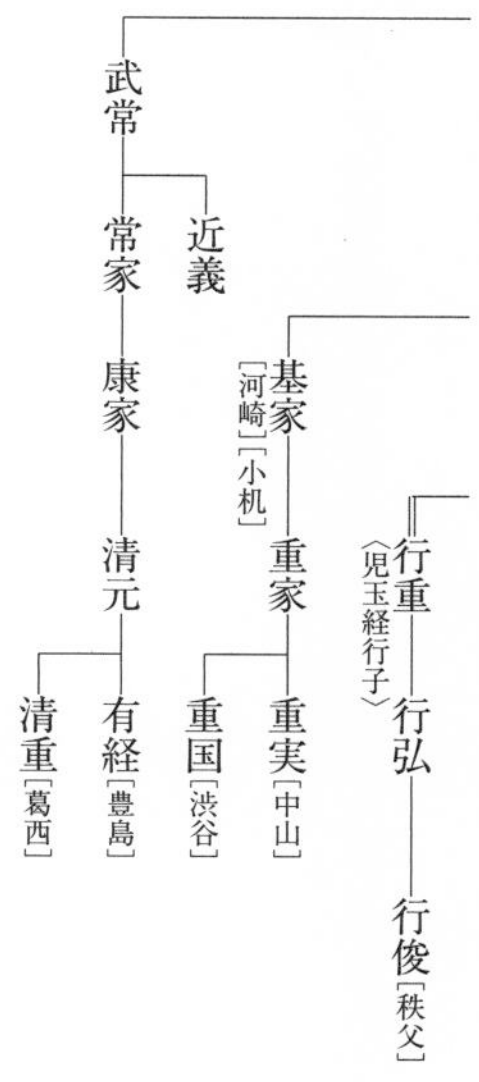

川の合戦で重忠を討ち、親類の誼に背いて奸謀をもって重忠を滅亡に追い込んだとして重成まで抹殺してしまう。先年、京都で起きた平賀朝雅と畠山重保との闘乱事件がこの伏線になっていることは明らかであろう。

朝雅は牧の方所生の娘を妻にしており、武蔵守に任じていたからである。武蔵への進出は北条氏全体の共通利害にかかわることであったために、政子も義時も、二人を支える有力御家人三浦義村が重忠追討に積極的だったこともあって、これには消極的ながら協力の立場をとった。

時政と牧の方の当初の計画では、二人の婿である稲毛重成の誅殺は計算外であったのかもしれない。御家人たちの間に畠山氏の追討を批判する声が強かったのである。したがって、二俣川合戦の論功行賞に時政は表に立つことができず、政子が執り行った。

この状況を挽回するために時政のとった方策は、院権力の助力を得ることであった。すなわち、実朝を廃して京都守護として在京し、院近臣としての立場も固めていた娘婿の平賀朝雅を将軍に擁立しようというのである。朝雅は源頼朝の猶子であり、官位も正五位上右衛門権佐《うえもんごんのすけ》とほかの御家人を圧していたから、十分な資格を備えてはいた。しかし、実朝は院の義兄弟であり、多数の院近臣が鎌倉に下ってその周辺に祇候するような状況下、院も容認することはできなかったのであろう。閏七月二十

図10　畠山重忠の姻族

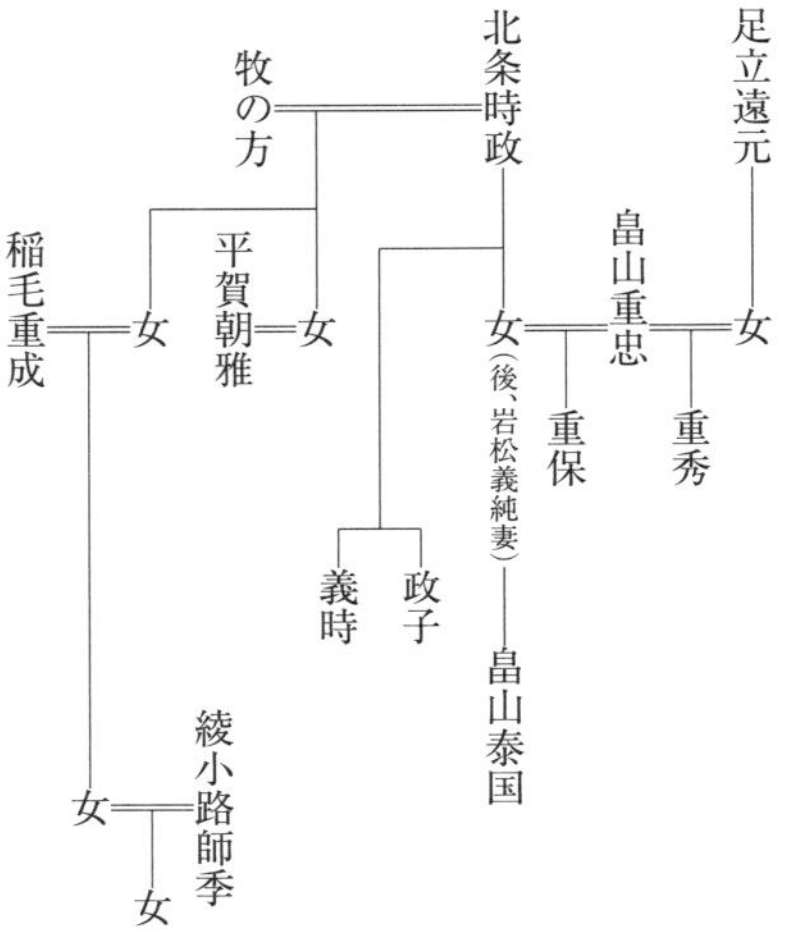

六日、政子・義時の統率下に置かれた幕府から、平賀朝雅の追討を求めて院への奏上がなされ、即座に後藤基清・佐々木広綱ら在京御家人たちが六角東洞院（平安京左京四条四坊一町の西半分、現在の京都文化博物館の斜め向かいあたりに比定される）の朝雅亭を襲うこととなる。朝雅は亭に放火して大津の方に落ちていったが、途中の山科で追い詰められて自害する。『愚管抄』によると、院は朝雅の首を御所の門前まで運ばせてみずから実検したのだという。

この事件によって、時政・牧の方夫妻は失脚し、ともに伊豆に追われることとなる。

和田義盛の乱

この後、鎌倉では北条義時・政子が大江広元ら有力吏僚と協調しながら実朝の政権を支えていく。しかし、ちょうど頼朝挙兵以来、鎌倉の政権確立に活躍していた御家人の一族の統率者が世を去ってゆくなかで、個々の武士団における族長権をめぐる争いも顕在化するようになる。畠山重忠の滅亡も北条時政の失脚も、それが背景にあった。建保元年（一二一三）に発生した侍所別当和田義盛の反乱も、そうした事件のなかに位置づけられる。

義盛は実朝からの信頼を背景にして北条氏に対抗するため、上総介《かずさのすけ》への任官を望んだことなどで義時から警戒されていた。そんななか、信濃国の御家人泉親衡《いずみちかひら》が前将軍頼家の遺児千手丸《せんじゅ》を擁立して謀反《むほん》を計画し、これに義盛の子息が加担したことが発覚したので、義時が義盛を挑発し、その結果、鎌倉市中が戦場となるような大きな反乱事件に発展したのだが、これも一族の族長権を義盛に奪取されかかっていた三浦義村（義盛の甥）の憤懣が大きく与っていたのである。義盛は横山党《よこやまとう》などの縁戚や侍所別当としての軍事動員権を発動して鎌倉制圧をはかったが、実朝の身柄を押さえることが叶わず、千葉氏などの有力御家人が義時に通じたためにあえなく族滅の途をたどる。

ちなみに、和田義盛は一般に、情には脆いが頑固一徹、粗野で純朴な、まさに東国武士の典型のようなイメージで理解されているが、彼は文治元年（一一八五）の段階で左衛門少尉《しょうじょう》の官職を補されており、これは平家追討の勲功賞として頼朝に推挙権を与えられた結果だが、おそらくそれは戦功のみならず在京活動の経歴も前提にされたものと思われる。彼が平家追討使の範頼《のりより》に従って鎮西に渡り、在地武士の御家人編成にあたることができたのも、在京中につくりあげた西国《さいごく》武士たちとのネットワーク（「一所傍輩《いっしょほうばい》の誼《よし》み」）が功を奏したのであろう。そもそも、彼が頼朝に侍所別当を望んだのは、少年時代、平家政権のもとで坂東《ばんどう》八ヵ国の侍の別当をつとめていた上総介伊藤忠清《いとうただきよ》に憧れていたためであったという。

彼は武芸《ぶげい》にもすぐれていたが、それなりの教養人であったらしく、妻と二人の発願で運慶《うんけい》に依頼して仏像を製作したり、鎌倉の亭が寝殿造《しんでんづくり》であったことが知られている。

ちなみに、義盛が上総介を望んだことについては、源氏一族でもなく「侍」身分に過ぎない彼の思い上がりのように説明されることが多いが、当時の官途コースからすると衛門尉からの受領補任《ぶにん》は通常のことであった（青山幹哉 一九八五）。将軍家の侍所別当という地位につき、みずからに仕える「侍」をもち、寝殿造の宅に居住していたのだから不自然とはいいがたい（『吾妻鏡』建永元年六月二十一日・建保元年四月二十七日条）。しかも、この年の春、閑院内裏《かんいんのだいり》造営の恩賞《おんしょう》として北条義時が相模守を重任したばかりか、正五位下に昇叙されているのであるから、義盛も面目をかけての要求だったのであろう。

女人入眼の日本国

和田義盛滅亡の結果、長くくすぶっていた御家人の一族間抗争や幕府内部の権力闘争はいったん解消されたが、幕府首脳部には、実朝の健康と体質にかかわる頭の痛い問題が続いていた。実朝は承元二年（一二〇八）から建暦元年（一二一一）にかけて、約三年もの間「疱瘡《ほうそう》の跡」を憚って鶴岡八幡宮《つるがおかはちまんぐう》に参宮《さんぐう》できなかったのである（関口崇史 二〇一〇）。鶴岡八幡宮は、のちに実朝が右大臣に補任された際に拝賀《はいが》を行ったことでも知られるように、在京しない公卿である鎌倉殿にとっては内裏に代わる意味をもち（若宮大路の中央に構築された「段葛《だんかずら》」は、陣口《じんぐち》から内裏までの道路に設営された「置道《おきみち》」になぞらえたものである）、まさに幕府にとって主要な儀礼空間を構成していた（野口孝子 二〇〇三）。そこに鎌倉殿が立ち入れないというのである。これは時間の経過によって解決したが、次に浮上したのが継嗣問題で、実朝夫妻には子をなすことができなかったらしく、その対応は鎌倉将軍家のプライベートな問題として母の政子に委ねられた。

すでに摂関家に準ずるような家格を確立した鎌倉将軍家の後継者は、それに相応しい貴種に求めなければならない。最高の血統は王家に繋がるわけだから、皇子を迎えることが最善である。王家のプライベートにかんする交渉の窓口を担ったのは、やはり女性、卿二位兼子であった。

おりしも、朝幕間ではトラブルが発生していた。実朝の遠縁にあたる権大納言西園寺公経が、院に大将の地位を約束されながらそれが果たされなかったことを嘆いて、「妻が実朝の縁者なので関東に下ろう」と話したのを、近臣の藤原忠綱《ただつな》が院に「公経は実朝に訴えてやるといっている」などと偽り伝えたため、院が公経に謹慎を命じ、今度は、それを知った実朝が激怒して兼子に対する抗議を京都に伝えたという事件である。そこで政子は熊野詣を口実に弟の時房《ときふさ》を伴って上洛し、兼子と会見したのである。政子が都に入る二日前（建保六年二月十九日）には公経の謹慎は解かれ、滞京中に政子は出家後であるにもかかわらず従三位に叙され、院との面謁まですすめられるという厚遇を得ている。兼子は公経の謹慎事件にかんして弁明し（公経に対抗して大将を望んだのが、彼女の夫大炊御門頼実《よりざね》の養子師経《もろつね》だったことも関係する）、政子からの将軍継嗣にかんする相談に応じて、皇子の東下りも約束している。在京御家人を通した政子の事前工作が功を奏したように思えるが、どうやら兼子と政子は大いに意気投合したらしい。院への拝謁を断ったとき、政子はみずからを「辺鄙の老尼が龍顔を拝するのは無益なことです」といって謝絶したというが、これは文字どおりに受けとめられない。むしろ、彼女が王朝貴族の文化に馴染み、その内情にも通じていたことを示唆するのではないか。政子は『貞観政要《じょうがんせいよう》』も愛読していたというし、高雄《たかお》の神護寺《じんごじ》に遺された書状の筆跡からも高い教養がうかがえる。おそらく、彼女は少女時代に在京した経験をもっていたのであろう。

京都の公家政権を領導する兼子、みずから上洛して鎌倉の武家政権の意志を伝える政子。慈円が「女人此国オバ入眼《じゆげん》ス」（女人がこの国を仕上げている）と述べているのも道理といえよう。

将軍実朝の暗殺

源実朝と後鳥羽の良好な関係は和歌を通じてよく知られるところだが、まさにこの時代の鎌倉幕府は、院権力のもと、国家守護を担う一権門として王朝政府に忠実な役割を果たす存在であった。建保五年に権中納言《ごんのちゆうなごん》であった実朝は、翌年正月には権大納言、十月には内大臣、さらには承久元年正月には右大臣に補任されている。実朝の横死に結びつけて後世の人がこれを「官打ち」とみたのも無理からぬものがあるほどの昇進ぶりであるが、前述のように鎌倉将軍家がすでに摂関家に準じる権威を付与されていたことからすると、それは決して異常というほどのものではなく（元木泰雄 一九九七）、これは後鳥羽院と実朝の蜜月の証ととらえるべきであろう。

ちなみに、京内に日常の居所をもたない者が大臣に任じられたのは実朝がはじめてであり、これによって幕府の儀礼は大きな変化を余儀なくされた。その一例が鶴岡八幡宮で行われた拝賀であろう。本来ならば天皇の御所に赴いて大臣補任を謝する儀礼をここで行ったのである。しかし、それは思いもかけぬ惨劇の勃発を招いた。実朝の暗殺である。

承久元年（一二一九）正月二十七日夜、おりしも降りしきる雪のなか、鶴岡八幡宮で右大臣拝賀の儀式を終えた実朝は、夜陰のなかで待ち構えていた甥（頼家の子）の公暁の手によって暗殺された。公暁には鶴岡八幡宮寺の二位律師《りつし》顕信《けんしん》以下三人の僧が付き従っていたが、顕信が門脇《かどわき》中納言教盛《のりもり》の孫であるのをはじめとして、いずれも平家一門の出身であったという（『鶴岡八幡宮寺社務職次第』）。したがって、この事件の背後に平家一門の源氏将軍家に対する報復の意図が伏在していたことは認めてよいだろう（野口実　一九九八）。

なお、このとき、実朝と同時に実朝の侍読をつとめ、幕府政所別当の上位に名を列ねていた京下りの源仲章も殺害されている。彼は後鳥羽院の近臣でもあり、順徳天皇の侍読として昇殿《しょうでん》をゆるされるほどの存在であり、『吾妻鏡』は彼が急に体調を崩した北条義時に交代して供奉に参加したように記しているが、拝賀に臨むために京都からわざわざ下向した貴族もあったなかで、仲章が供奉に加わらないことはありえず、彼の殺害も当初の予定どおりのことであったと思われる。また、実朝のすぐ近くにいた京下りの貴族、前因幡守師憲《もろのり》・一条少将能継《よしつぐ》・伊賀《いが》少将隆経《たかつね》も負傷し、師憲は翌日死亡している。実朝暗殺事件も、たんに幕府内部の問題として割り切ることはできず、公暁の背後には院近臣勢力の一派が蠢動《しゅんどう》していたのかもしれない。

大内守護源頼茂の謀反事件

実朝の死から半月ほど後の二月十五日、駿河国で阿野時元《あのときもと》が挙兵した。時元は頼朝の弟全成《ぜんせいじょう》の子で、母は北条時政の娘（阿波局）である。『吾妻鏡』によると彼の目的は宣旨を賜って東国を管領することにあったというから、源氏の一門として空席となった将軍の地位を狙った行動であることは間違いない。この反乱は簡単に鎮圧されたが、幕府としては次期将軍の選定が急務の課題となった。

そこで幕府は政子の側近で政所執事《まんどころしつじ》をつとめる二階堂行光《ゆきみつ》を上洛させて、かねての約束どおり皇子の東下を奏請した。しかし、後鳥羽院は王朝政府に従順だった実朝の死によって、幕府を完全に膝下に置こうと考えるに至り、これを拒絶した。この間、幕府はともに北条義時の姻戚である伊賀光季《みつすえ》(妻の兄)と大江親広(婿)を京都の警固《けいご》・守護のために上洛させている。

一方、院は近臣(上北面)の藤原忠綱を鎌倉に派遣して実朝への弔意を伝えたが、同時に摂津《せっつ》国長江《ながえ》庄の地頭職の停止を要求した。長江庄の地頭は北条義時であり、院は幕政を牛耳る北条氏へ屈服を促したのである。これにたいして幕府は、義時の弟時房に千騎の軍勢を率いて上洛させた。文治元年(一一八五)、頼朝が義経退去後の京都に、北条時政に千騎を率いて上洛させたのと同じ対応である。皇子の下向を渋り、義時の地頭職停止を迫った院の背信にたいする抗議の意味をこめてのことであろう。

幕府は再度下向してきた藤原忠綱に長江庄地頭職停止の拒否を伝え、宮将軍の推戴をあきらめて摂関家の子弟を鎌倉殿として迎える方針に転じた。これに積極的に協力、関与したのが大納言西園寺公経である。彼は左大臣九条道家《みちいえ》の室となっていた彼の娘(綸子《りんし》)の生んだ三寅《みとら》を養育しており、道家と綸子はともに源頼朝の同母妹の孫であったから、三寅の下向は御家人統制上も好都合であった。

鎌倉殿(将軍)の後継者問題はこうして決着し、六月二十五日、三寅(二歳)は鎌倉殿の本邸のある六波羅を出発し、七月十九日に至って、摂関家から遣わされた大勢の貴族や女房たちを伴って鎌倉に到着した。

ところが、この間に京都では大内守護《おおうち》で幕府の政所別当の一人でもあった源頼茂《よりもち》の謀反が発覚し、院の遣わした軍勢によって討死にするという事件が起きている。頼茂は鵺《ぬえ》退治の伝説で有名な源頼政《よりまさ》の孫にあたる京武者で、幕府に仕えるとともに家職である大内裏の警固を担当していたのである。ふつう、この事件については、頼茂が将軍の地位に野心をもち、それが露見して討伐されたもので、実は幕府内部の抗争の一環に過ぎないと説明されたり、また院宣によって武力が発動され、二年後に承久の乱が起きることから、幕府転覆の計画をめぐらしていた後鳥羽院が自己の武力発動の予行演習のような形で行ったと評価されている。果たしてそうだろうか。

図11　源氏一族と三寅（頼経）

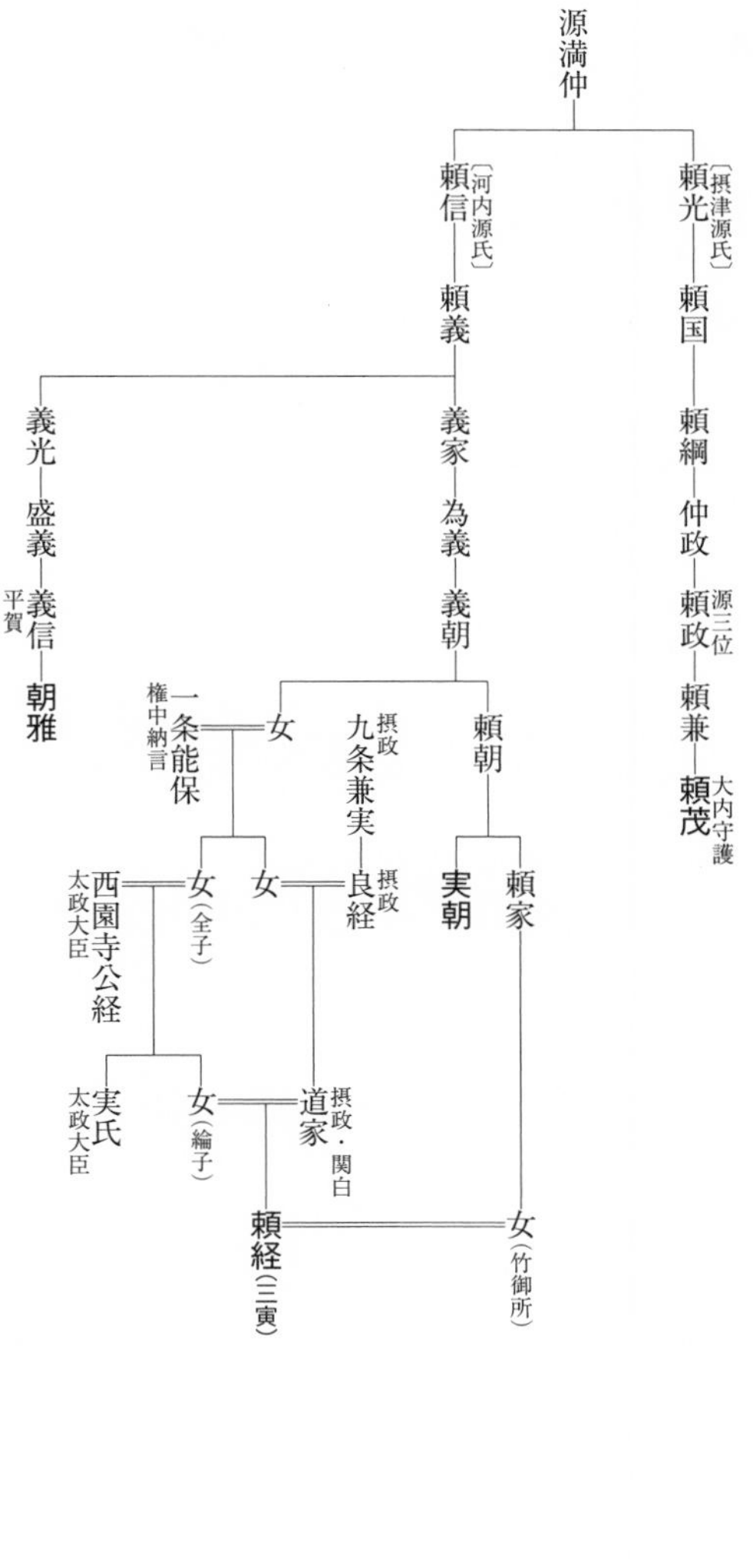

表1　実朝の婚姻から暗殺まで

元久元（1204）年10月	実朝婚姻
2年　6月	畠山重忠討たれる
閏7月	平賀朝雅を討つ．朝雅は頼朝の猶子
建保元年（1213）　5月	和田合戦．源頼茂幕府軍に属して戦う（政所の家司）
5年（1217）	卿二位・藤原忠綱，順徳天皇の後継につき西園寺公経と対立．卿二位の養君冷泉宮頼仁親王を立てんとす（頼仁の御息所経子は頼朝妹の血を引く） 公経は婿の九条道家とともに順徳天皇中宮（良経女子）立子の皇子誕生に期待
6年（1218）　2月	政子上洛
12月	実朝右大臣となる
承久元年（1219）　正月	実朝暗殺
2月	阿野時元，駿河に挙兵
閏2月	政子上皇に鎌倉に皇子を迎えることを願う
6月	三寅が鎌倉に下る（三寅を養育していた公経の奔走） 後見に公経猶子の実雅が随従
7月	大内守護源頼茂が在京御家人に討たれる．
8月	藤原忠綱失脚．忠綱は院側近の能吏で，頼茂との共謀を疑われる 〔藤原忠綱は実朝の右大臣の拝賀に下向し，また実朝の弔問に下向．後継将軍に九条良経の子鶴殿（基家）の擁立をはかる〕

謀反の情報を知らせたのは伊予《いよ》から上洛していた「河野《こうの》」という武士であったが、当時、伊予は西園寺公経の知行国である（守は公経の猶子一条実《さね》雅《まさ》）。しかも公経は、先に見たように卿二位兼子のグループと政治的に対立する関係にあった。実朝暗殺の後、弔問のために勅使として鎌倉に下った藤原忠綱は兼子と近い関係にあり、このとき忠綱は後継将軍として自分の養育していた院の猶子鶴殿《つるどの》（九条良経《よしつね》の子・基家《もといえ》）

の擁立を画策していたという。そしてその忠綱は、院が在京御家人などにたいして軍事動員を行う場合、その命令伝達を担当する立場にあったから（平岡豊 一九八六）、源頼茂とも緊密な関係にあったことがうかがえるのである。

おそらく頼茂の謀反は頼茂自身が将軍位を狙ったものではなく、外孫を鎌倉殿として下向させることに成功した公経に対抗するために忠綱が何らかの策謀を企て、頼茂がそれに関与していたのではないだろうか。そのことが頼茂の謀反として西園寺公経のルートから院の耳に入り、頼茂が院の召喚に応じなかったために西面の武士が大内裏に攻め入るという事態を招いたのであろう。したがって、この事件は承久の乱に至る公武対立の過程に位置づけるのではなく、院を取り巻く近臣の権力闘争の一環として評価されるべきものといえよう（佐々木紀一 二〇〇四）。

頼茂は抵抗して殿舎に火を放って自殺したので、大内裏は仁寿殿《じじゅうでん》・宜《ぎ》陽《よう》殿・校書殿《きょうしょ》などの中心部が灰燼に帰することとなった。藤原忠綱は「解官停任」されて失脚したが、兼子はなおもその赦免を院に願ったという。

大内裏再建と院のもくろみ

周知のように、摂関時代のころから天皇の居所は大内裏内の本内裏ではなく、京内の貴族邸を用いることが一般化していた。正確には「里亭皇居」、いわゆる「里内《さとだい》裏《り》」である。しかし、本内裏をはじめ大内裏内の殿舎や施設も維持されており、そこは王権を誇示し、特別な儀礼を行うために不可欠な空間を構成し続けていた（野口晶子 二〇〇二）。それが、頼茂の事件によって焼失してしまったのである。したがって、これは再建しなければならな

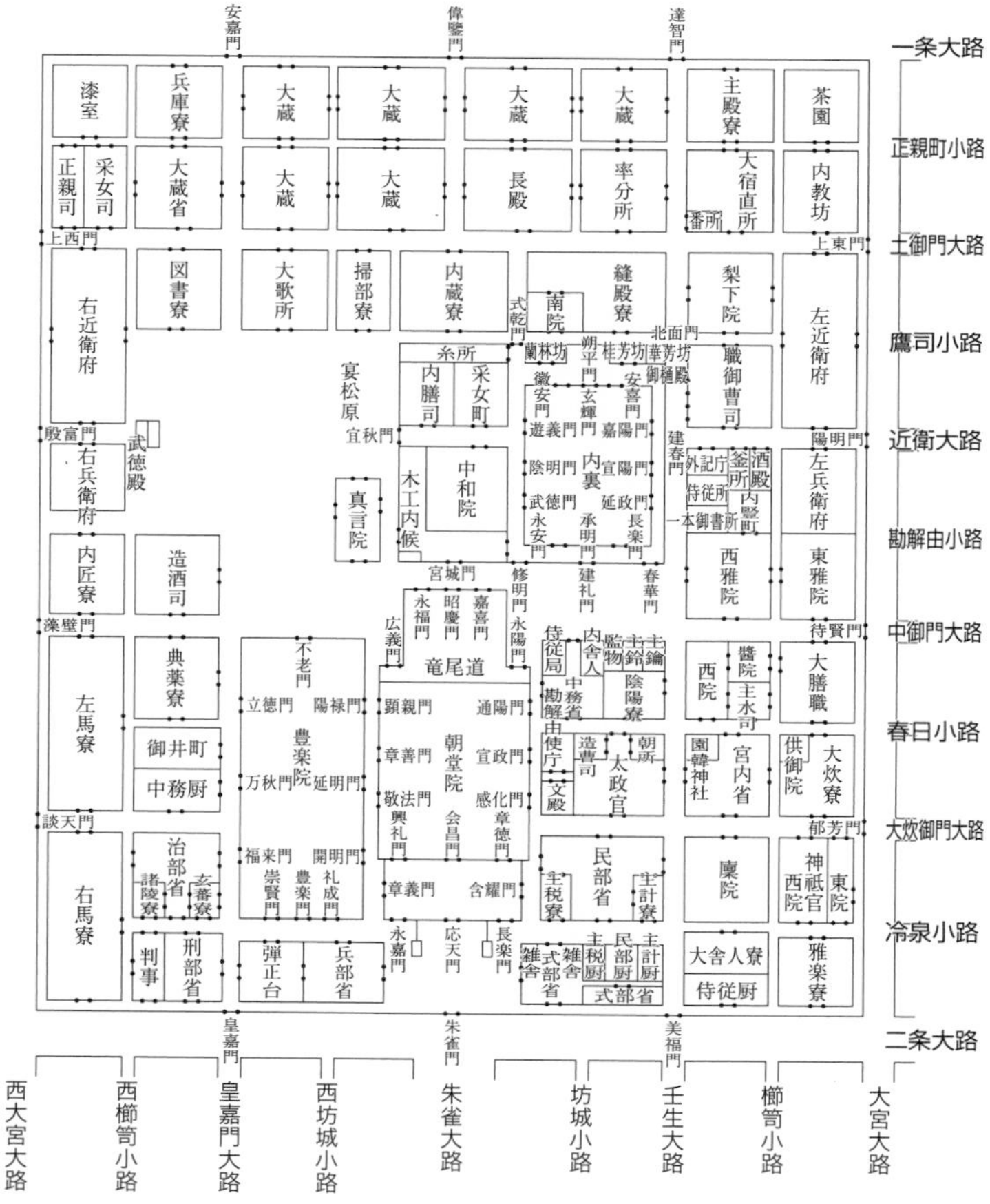

図 12　平安京の大内裏

（財）古代学協会，古代学研究所編『平安時代史事典　資料・索引編』角川書店，1994 年より

い。後鳥羽院は当然のごとくに大内裏再建を国家的事業として開始する。そのために院は「造内裏《ぞうだいり》役《やく》」という臨時税を荘園・公領《こうりょう》を問わず「一国平均役《いっこくへいきんやく》」という形で賦課した。しかし、これには在地の側から強い抵抗が起こり、とくに幕府権力の強く及んでいる東国での用途調達がはかどらなかった。そこで厳しく徴収を進めると、賦課対象地の免除を要求する個別の訴えが院を取り巻く有力者のもとに押し寄せてくる。幕府の御家人（地頭）のなかには大荘園の下司《げし》や公領を管理する国衙《こくが》の在庁《ざいちょう》の上位を占める者があったから、とりわけ接触を求めるケースが多かったようだ（白井克浩 二〇〇四）。しかし、彼らは王朝身分秩序のなかに身を置いて院を畏怖する歴史的存在でもあり、朝臣としての栄達、官位への憧憬も強かった。幕府権力を背景にした国家事業にたいする地頭の対桿、その一方で示される院権力への従属を志向する彼らの動き。この相反する状況が、実朝亡き後、北条政子・義時の領導する幕府の態度に不満を昂じさせていた後鳥羽に、北条氏追討実行への衝動を抑えがたくさせたであろうことは容易に推察されるところである。

かくして承久の乱は目前に迫ったのである。

コラム1　法住寺殿の武将墓のなぞ

一九七八年、京都市東山区にある三十三間堂《さんじゅうさんげんどう》（蓮華王院本堂《れんげおういんほんどう》）の東隣にホテルが新築されるに先立ち、財団法人古代学協会の手によって発掘調査が行われた（寺島孝一・片岡肇編 一九八四）。この周辺は十二世紀末に後白河院の院御所法住寺殿《ほうじゅうじどの》が営まれたところである。この調査で同時代の有力な武将を埋葬したと思われる墓が検出され、ほぼ三《メートル》四方の土壙に漆の塗膜と若干の金属製品をのこすのみとなった鎧《よろい》・弓箭《ゆみや》・馬具などの遺物が見つかった。この墓は、一人の被葬者にたいして五人分の甲冑が裏返した形で副葬され、しかも兜《かぶと》の鉢（ヘルメットの部分）がないなど、きわめて異様な埋葬形態がとられており、とりわけ雲龍文の象嵌《ぞうがん》を施された鍬形《くわがた》（兜の前立て）と鶴文象嵌の鏡轡《かがみくつわ》は、いずれも伝世品《でんせいひん》に類を見ない見事なもので、現在、国の重要文化財に指定されている。

発掘調査報告書では、被葬者として、寿永二年（一一八三）十一月の法住寺合戦（木曽義仲《きそよしなか》が後白河院の御所「法住寺殿」を襲撃した事件）で討死にした院方の有力武士源光長《みなもとのみつなが》が候補にあげられた。しかし、この合戦で院は木曽義仲に敗北し、討ち取られた武士の首は五条河原《ごじょうがわら》に晒されている。また、墓には堂が付属していたとみられることなどから急造されたものとは思われず、この説は否定せざるをえない。そこで私は、墓の南側が院の墓所として用意された空間であったことから、これを守護しうるような院の信頼あつく、かつ富裕な有力武士を被葬者と想定し、院の寵臣であった平重盛《たいらのしげもり》を被葬者に比定する仮説を提示したのである（野口実 一九九四ａ）。重盛の遺骨が高野山《こうやさん》に納められたことを記す文書が存在することから疑問視される向きもあったが、重盛の墓が法住寺殿の近くに所在したとする『源平盛衰記《げんぺいじょうすいき》』などの記事と埋葬状態が整合することなどを傍証として、一定の可能性を自負するところがあった（野口実 一九九四ｂ）。

ところが、その後、京都市埋蔵文化財研究所の上村和直氏は、ここから出土した土器の年代から、武将墓の築造時期を十三世紀前半に特定された（上村和直 二〇〇四）。とするならば、治承三年（一一七九）に死んだ重盛説は完全に成立しなくなる。しばし静観したが、考古学者から異論の出ることはなかった。文献史学の立場から、新たに被葬者を見つけ出す必要が生ずる事態となったのである。

上村氏の年代比定によれば、この墓は後白河院没後に造られたことになる。院の墓所の北に隣接していることから、やはり院の霊を守護するような武士身分の近臣の墓と考えるのが順当であろう。次に、副葬された武器・武具がほかに類例のない優品で占められていたことにも注目すべきであろう。そして、後白河院の霊にたいするかかわり。これらを総合して、被葬者の候補として新たに提示したいのが、宇多源氏《うだげんじ》源仲兼《なかかね》（源実朝の侍読をつとめた仲章の兄弟）の一族の某人である。

仲兼は父の光遠《みつとお》、弟の仲国《なかくに》とともに後白河院の近臣で、法住寺合戦のときには、武将として西門の守衛にあたっている。注目すべきは、この一族が院の細工所《さいくしょ》別当を歴任していることである。院細工所には七条町の金工など、当時最高の技術をもつ工人集団が所属しており、光遠らは彼らを支配下に置いていたからである。出土した鏡轡などが七条町の金工の手になるものであろうことは、つとに久保智康氏が指摘されている（久保智康 二〇〇〇）。ちなみに、鶴文の鏡轡からは、仲兼が「鶴蔵人」（『平家物語』四）と呼ばれたことが連想される。

後白河院の鎮魂《ちんこん》という点にかんしては、建永元年（一二〇六）、摂政九条良経《よしつね》の急死をうけ、仲国の妻（後白河院の寵姫丹後局《たんごのつぼね》の縁者）が後白河院の託宣《たくせん》と称して、その霊廟を建てることを唱え、これにほとんどの公卿が同意したという事件が想起される（上横手雅敬 二〇〇九）。結局、これは後鳥羽院によって却下されるに至るが、このころ貴族社会を覆っていた後白河院の怨霊にたいする畏怖の感情を背景に、おりしも死没した仲国の一族（光遠か仲兼か）の墓を、後白河院の法華堂《ほっけどう》を守護する形で造設した可能性を指摘できるのではないだろうか。

二　鎌倉御家人の在京活動

1　京都と東国武士

「一所傍輩」のネットワーク

日本中世史において「地方」が語られるとき、その対偶項となる「中央」とは京都のことである。京都は古代的な権力の本拠であり、そこに居住する貴族は地方にたいする抑圧者であり、彼らは腐敗・堕落した生活を送っていた――という戦前以来のステレオタイプな理解は今も根強い。

京都にある古代的な王朝政府にたいして、新興階級である東国武士たちの政権（幕府）が鎌倉に樹立され、それが日本の中世を切り拓いてゆくというような理解は、その単純明快さのゆえに根強いものがある。

しかし、この時代、流通・情報の結節機能において、地方社会は思いのほか中央の政治権力に規定されていたのである。そもそも、鎌倉幕府の成立を決定づけた治承～文治年間の内乱において、東国《とうごく》武士団が列島規模で展開しえた背景には、それ以前に頻繁に上洛・在京した地方武士たちが、同じ官庁や権門の家政機関で同僚であったことによって結ばれた縁、いわば「『一所傍輩《いっしょほうばい》』のネットワーク」の存在があった。本章では、その具体的な様相を鎌倉幕府の御家人とその関係者たちの京都における活動の状況を追いながら明らかにしていきたい。

京下りの吏僚と武士

鎌倉幕府は東国武士の政権といわれる。しかし、その首長である将軍＝「鎌倉殿」は、源頼朝以来、公卿か親王であった。また、三章でも述べるように、京都の貴族社会を構成する人たちにとって、「武家」とは鴨川《かもがわ》の東＝「河東」の「六波羅《ろくはら》」であり、鎌倉はあくまでも「関東」なのであった（熊谷隆之 二〇〇四）。そして、鎌倉幕府の初代将軍源頼朝に採用されて政所《まんどころ》の別当《べっとう》や問注所《もんちゅうじょ》の執事《しつじ》をつとめた大江広元《おおえのひろもと》や三善康信《みよしやすのぶ》ばかりでなく、四代目以降の摂《せっ》関家《かんけ》や王家出身の将軍の時代においても、幕政の実務は京下りの吏僚や、東国に本領《ほんりょう》を有していても在京経験の豊富な武士たちに依存するところが大きかったのである。

そもそも平家打倒の挙兵段階で頼朝を支えた面々を見ても、かつて京都で上皇あるいは女院に判官《ほうがん》代《だい》として仕えた経歴をもち、「洛陽《らくよう》放遊の客」と呼ばれた藤原邦通《ふじわらのくにみち》や、もともと近江《おうみ》や伊勢《いせ》を本国としていたが、平治《へいじ》の乱の後に本国を追われて東国に下っていた佐々木《ささき》氏・加藤《かとう》氏などの武士、あるいは興福寺《こうふくじ》の悪僧だった土佐坊昌俊《とさのぼうしょうしゅん》のような畿内《きない》の大寺院にいたことのある僧が多い（野口実 二〇〇二）。

そして、当の頼朝自身も後白河《ごしらかわ》院の近臣であった義朝《よしとも》の嫡男として京都に生まれ、少年のころには上西門院《じょうさいもんいん》（後白河の姉、統子《とうし》内親王）や二条《にじょう》天皇に蔵人《くろうど》として祗候し、平治の乱の際に右兵衛権佐《うひょうえごんのすけ》という高官に補された経歴をもつ、ほかの河内《かわち》源氏《げんじ》の一族からは超越したステイタスをもつ貴種であった（元木泰雄 二〇一九）。

「京武者」の孫・北条時政

坂東《ばんどう》の武士が、平家打倒に起ち上がった頼朝に従った直接の契機は、在地における利害関係によるところが大きく、当初はみずからの主体的意志をもって、木曽《きそ》義仲《よしなか》や平家追討のために西国《さいごく》まで出陣しようとする者は少なかった。だから、寿永二年（一一八三）冬、義仲を追って上洛した頼朝軍のなかで積極的な活躍を見せたのは、京下りの中原親能《なかはらちかよし》（大江広元の兄）をはじめ、約二十年ぶりの失地回復にのぞんだ佐々木氏や加藤氏、それに京都に長く出仕した経験をもつ梶原景時《かじわらかげとき》や土《ど》肥《ひ》実平《さねひら》らであった（元木泰雄 二〇一九）。

ちなみに、頼朝の舅である北条時政《ほうじょうときまさ》も、従来は所領《しょりょう》規模や一族の広がりなどの視点のみから「伊豆《いず》の小土豪」と評価されていたが、実は、祖父時家《ときいえ》が「京武者」として活動した伊勢《いせ》平氏《へいし》の出身で、その娘（時政の伯叔母）は興福寺の悪僧として有名な信実《しんじつ》の母という、西国由縁の人脈に位置づけられる存在であった（佐々木紀一 一九九九）。彼が平忠盛《たいらのただもり》の正室（清盛《きよもり》の継母）藤原宗子《ふじわらのむねこ》（「池禅《いけのぜん》尼《に》」）の姪にあたる女性（「牧《まき》の方《かた》」）を後妻に迎えることができたことや、文治元年（一一八五）、頼朝と対立した義経《よしつね》が退京した後を受け、京都守護の任を帯びて上洛したこと

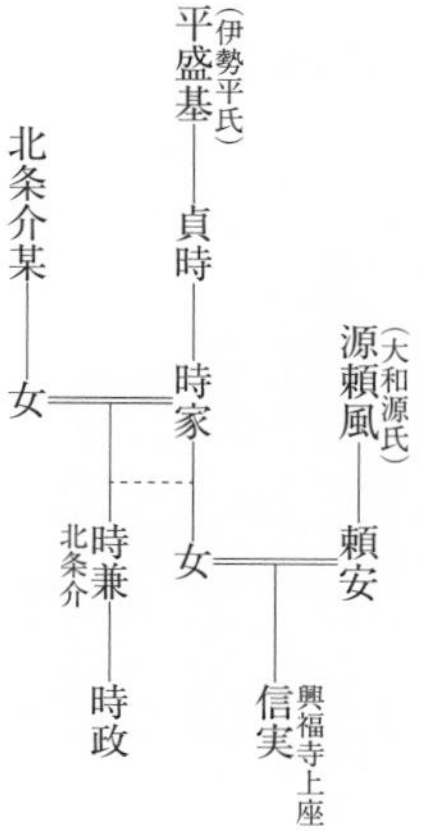

図13 北条氏系図 点線は、時家女が北条介某女の所生の可能性を示す

図14　北条時政　『星月夜鎌倉顕晦録』より

がその何よりの証左となろう。

上洛した時政が後白河院との交渉に際して、その窓口の役割を期待したのは、院近臣の一人で実務能力にもすぐれた正三位権中納言《ごんのちゅうなごん》吉田《よしだ》（藤原）経房《つねふさ》であった。それは、時政と経房が若年のころから知己の間柄であったからである。時政は十七〜二十一歳のころ、伊豆国の目代《もくだい》（国守の代官）に召籠められたことがあり、そのとき伊豆守だった経房の対応に感じ入ることがあったという話が、経房から五代目の子孫にあたる甘露寺《かんろじ》隆長《たかなが》の著した『吉《きつ》口伝《くでん》』に伝えられている（村田正志 一九八三）。さらに、頼朝もまた経房と近しい関係にあった。

女院庁で結ばれた絆

頼朝が関東に政権を樹立して本格的に院との交渉に乗り出した段階で、のちに「関東申次《もうしつぎ》」と呼ばれる公武仲介の役を担っていたのが吉田経房である。元暦元年（一一八四）に頼朝が朝廷にたいして彼の権中納言昇進を求め、それが受け入れられたのを機に、頼朝からの朝廷や院への要請の多くが経房を経由して行われるようになる。いわゆる「守護《しゅご》・地頭《じとう》」の設置や源義経の追討といった重要な要請は、実際には経房を経由して朝廷に申し出がなされたわけである。

頼朝が経房を頼りにした事情は、後白河院の近臣であった源義朝の嫡子として少年期を京都で過ごした頼朝自身の経歴からもうかがうことができる。頼朝は母方に院近臣を輩出した熱田《あつた》大宮司家《だいぐうじけ》（藤原氏の南家《なんけ》貞嗣《さだつぐ》流）をもつだけではなく、自身も統子《とうし》内親王（鳥羽《とば》皇女・後白河准母）の皇后宮権少進《こうごうぐうごんのしょうしん》となり（『兵範記』保元三年二月三日条）、統子が院号《いんごう》を宣下されて上西門院《じょうさいもんいん》となると、その蔵人に任じたのだが（『山槐記』平治元年二月十九日条）、その際、皇后宮権大進《ごんのだいしん》あるいは院判官代として常に頼朝の上司の立場にあったのが、当時十六～十七歳の経房その人だったのである。年齢も近かったから、彼らは上司と下僚というよりも兄弟のような関係にあったのではなかろうか。さらに官制面の関係でいえば、経房は、頼朝が政権を樹立した後、鎌倉に下って問注所執事に就任した三善康信とも関係を有していたことが指摘されている（三島義教 二〇〇〇）。

元木泰雄氏は、北条時政が頼朝の代官として上洛した原因について、「頼朝の岳父という点よりも、むしろ経房などとの政治的関係が重視されたと見るべきかもしれない」と述べているが（元木泰雄 二〇〇七）、まさしく王朝政府側の要人でもっとも信頼のおける人物と私的関係を有することが、時政が頼朝の使者に選ばれた最大の理由であったのだろう。

平頼盛と牧・北条氏

時政が頼朝の代官として上洛したもう一つの理由としてあげられるのは、彼と平頼盛《よりもり》（池家《いけけ》）との関係である（第一章第3節参照）。時政の後妻牧の方が頼盛の母（忠盛《ただもり》の正室）池禅尼（藤原宗子）の姪で、彼女の父（宗子の兄弟）にあたる牧（大岡《おおおか》）宗親《むねちか》が頼盛領の駿河《するが》国大岡牧（庄）を知行《ちぎょう》・留住していたことは、すでに杉橋隆夫氏が明らかにしている（杉橋隆

夫 一九九四）。さらに杉橋氏は、平治の乱で頼朝を捕縛したのが頼盛の郎等《ろうとう》であったことから、池家が伊豆に配流となった頼朝の身柄を管理する立場を得、牧の方の夫となっていた北条時政がその監視を委ねられたことを想定している。伊豆半島東部を支配下に置く伊東祐親《いとうすけちか》も頼朝の監視を担っていたようだが、時政の居地が大岡牧と同じく伊豆国府ときわめて近い位置に存在することや、時政の長男宗時《むねとき》の烏帽子親《えぼしおや》（諱《いみな》に「宗」の字を与えた）に牧宗親が想定されたり（細川重男 二〇〇〇）、頼朝挙兵の際に牧氏が頼朝方に敵対する態度を示さなかった事実に照らしても、牧氏と北条氏の親密な関係が頼朝挙兵以前にさかのぼることは間違いないであろう。

寿永二年（一一八三）七月の平家都落ちに加わらなかった頼盛は、その後、子息全員を伴って京都を逃れ、関東に向かっている。十一月六日、右大臣九条兼実《うだいじんくじょうかねざね》のもとにもたらされた情報によると、鎌倉に到着した頼盛は五十人ばかりの郎従《ろうじゅう》をしたがえた頼朝に対面し、その後、鎌倉から一日ほどの行程のところにあった相模《さがみ》国府に赴いて目代をみずからの後見としている。なぜならば、相模国の目代をつとめていたのは、頼盛に長く仕えた中原清業《きよなり》だったからである。またこのとき、頼盛と同時に、頼朝の妹の夫である一条能保《いちじょうよしやす》も鎌倉に下っていることも注目される。能保は鎌倉から離れず、頼朝の亭から一町ほど離れたところにあった全成《ぜんせい》（頼朝の弟）の家に宿している（『玉葉』）。

相模国の目代中原清業

頼盛の後見になった中原清業については、森幸夫氏が、『玉葉《ぎょくよう》』元暦元年（一一八四）四月一日条に「頼盛卿の後見の侍清業」、同七日条に「頼盛卿の後見、史大夫清業」とあることなどから、院政期に旺盛な活躍を見せた史大夫の一人で、「頼盛・頼朝・

後白河院の三者の連絡役を果たした人物」としてすでに五味文彦氏が紹介していた下級官人中原清業と同一人物であることを明らかにしている。清業は頼盛が大宰大弐《だざいだいに》となった際（在任は仁安元年（一一六六）～同三年）に、その目代として八条院《はちじょういん》領肥後《ひご》国人吉《ひとよし》庄の前身である球磨臼間野《くまうすまの》庄の立荘にかかわったと推定され、頼朝挙兵時には相模守藤原範能《のりよし》の目代をつとめており、寿永二年八月に範能が但馬《たじま》守に遷任し、後任の守が不在という状況のなかで、そのまま相模国府にとどまっていたというのである（森幸夫 二〇〇九）。

治承四年の頼朝の挙兵に際し、上総《かずさ》や下総《しもうさ》では目代が頼朝側の勢力の前に立ちはだかったし、そもそも、頼朝による反平家の挙兵は、伊豆目代山木兼隆《やまきかねたか》の討滅に端を発するものであった。しかし、頼朝が本拠と定めた鎌倉の所在する相模の目代は頼朝に敵対することはなかった。しかも、平家本流と袂を分かって東下してきた頼盛の後見になったというのである。頼朝の挙兵に際して、相模国では大庭景親《おおばかげちか》が国内の武士たちを動員して追討軍を編成したが、国衙在庁《こくがざいちょう》系の三浦・中村《なかむら》氏の一族はこれに敵対する行動をとっている。頼朝の挙兵に、頼盛との連絡のもとで、この中原清業が関与したことまで想像したくなるが、少なくとも相模国内の状況は清業から頼盛に報告されていたはずである。

平家都落ち後の頼盛の行動は、こうした前提を踏まえてとらえられるべきもので、彼は坂東に下って、頼朝の政権樹立に積極的に協力する姿勢を示したのである。北条時政は頼盛の外戚である牧（大岡）氏の縁者として当然そこに介在したと思われる。

『玉葉』元暦元年（一一八四）四月一日条には「或人《あるひと》云《い》わく、頼盛卿の後見の侍清業、去《さる》月廿八日上洛す。件《くだん》の男をもって余《よ》の事又法皇に奏《そう》すと云々《うんぬん》」と見える。中原清業は頼盛の使者として上洛し、「余の事」を後白河院に奏したというのだが、「余」とは『玉葉』の記主である右大臣九条兼実にほかならず、これは角田文衞氏が指摘するように、摂政基通《もとみち》（兼実の甥）を罷免して兼実をこれに任ずべしという頼朝の意向を奏上したのであろう（角田文衞 一九七八）。

2 千葉氏と京都

東国武士団千葉氏

平家打倒の挙兵に応じて、頼朝から父とも慕われたと伝えられ、この時代の東国武士の代表のように評される千葉常胤《ちばつねたね》も、京都と太いパイプを有する存在であった。

千葉氏は十一世紀のはじめに房総半島で大反乱を起こした平忠常《たいらのただつね》の子孫である。乱後、命脈を保つことのできた忠常の子孫たちは、十二世紀のはじめのころまでの間、国衙の在庁官人として、乱で荒廃した上総・下総（両総）の再開発の担い手となり、その結果新たに成立した郡・郷の司に任じ、本拠地の地名を名字として名乗った。これらの一族を両総平氏とよんでいる。

千葉氏はその一流で、下総国の上位の在庁官人である下総権介《ごんのすけ》という職を世襲し、千葉郡千葉郷（都《みやこ》川水系）に本拠を置きながら（そのために嫡流は「千葉介」と称する）、国内の相馬《そうま》郡（千葉県我孫子《あびこ》市・茨城県取手《とりで》市周辺）や立花郷（千葉県香取郡東庄《とうのしょう》町）にも所領をもっていた。

十二世紀の前半は、東国で荘園の寄進がさかんに行われた時期であるが、大治五年（一一三〇）、千葉常重《つねしげ》は相馬の所領を伊勢神宮に寄進。この土地は相馬御厨《みくりや》と呼ばれるようになる。本領の千葉郡もこの前後に王家（天皇家）に寄進されて千葉庄となった。

平治の乱後、それまで源義朝に従っていた千葉氏は、義朝が謀反人《むほんにん》となったことによってその立場を悪化させ、相馬御厨はそれに乗じた勢力に脅かされることとなり、これにたいして、千葉常胤（常

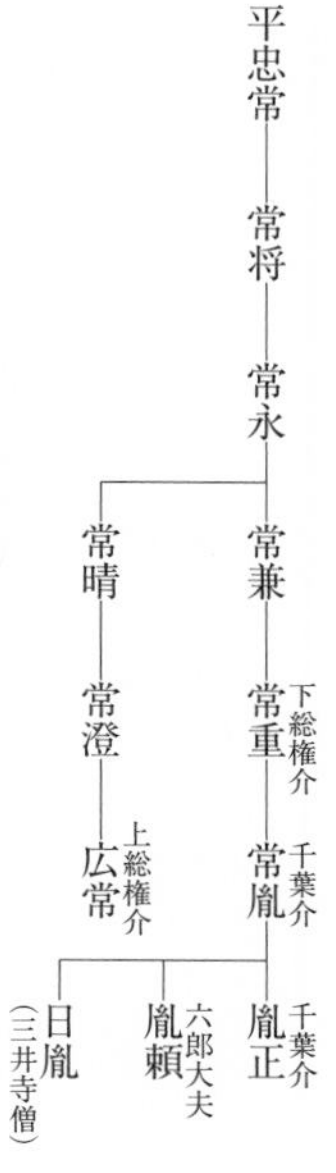

図15　千葉氏系図

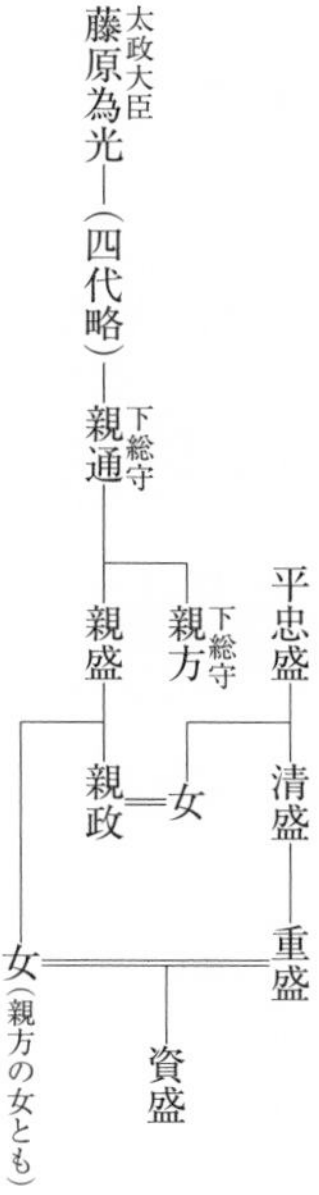

図16　平家と下総藤原氏の関係

重の子）は、右大臣藤原公能《きんよし》に伊勢祭主《さいしゅ》への口利きを依頼している。結局これは功を奏さなかったが、中央の政治変動がダイレクトに地方に及んでくる状況のもとで、千葉氏のような在地領主にとって中央権門との結びつきが、いかに重要であったかがうかがえよう。

その後、源頼朝の挙兵する治承四年（一一八〇）までの二十年間は、千葉氏にとって苦難の時代であった。この間、かつて下総守を重任した藤原親通《ちかみち》の孫で、皇嘉門院《こうかもんいん》（藤原聖子《せいし》・崇徳《すとく》天皇中宮）に仕え、

図17　千葉常胤　成田山霊光館所蔵

平家と姻戚関係をもつ親政《ちかまさ》が、下総国千田《ちだ》庄（千葉県香取郡多《た》古《ご》町とその周辺）に住みつき、その権威によって付近の両総平氏一族の武士たちを配下に従えて、千葉氏に圧迫を加えたのである。これに対抗するため、常胤は娘を近隣の有力武士の妻に配して姻戚関係のネットワークをはりめぐらせるとともに、子の胤頼を上西門院に祇候させ、同じく子の日胤《にちいん》を三井《みい》寺《でら》（園城寺《おんじょうじ》）に入れるなどして、中央とのパイプの拡大をはかっている（野口実 二〇一四a）。

地頭職のネットワーク

治承《じしょう》・寿永《じゅえい》の内乱、そして奥州合戦で平泉《ひらいずみ》の藤原氏が滅亡した結果、列島各地を軍事占領して地頭職《しき》を獲得した常胤をはじめとする東国武士たちは、鎌倉に居ながらにして全国の富を掌中にできる都市領主と化した。彼ら「関東御家人」は、鎌倉と地頭職を有する所領を結ぶ列島規模の広域ネットワークのなかに規定される存在となったのであった。

　地頭職のネットワークの結節点となったのは、鎌倉ばかりではない。千葉常胤の嫡流（千葉介）は、先にあげた内乱期に獲得した九州の所領のうち、肥前《ひぜん》国小城《おぎ》郡惣地頭職を代々伝領したが、当郡内で訴え出られた訴訟事件の審理は、千葉介が大番役《おおばんやく》勤仕で在京中、当事者を上洛させて行っていたこと

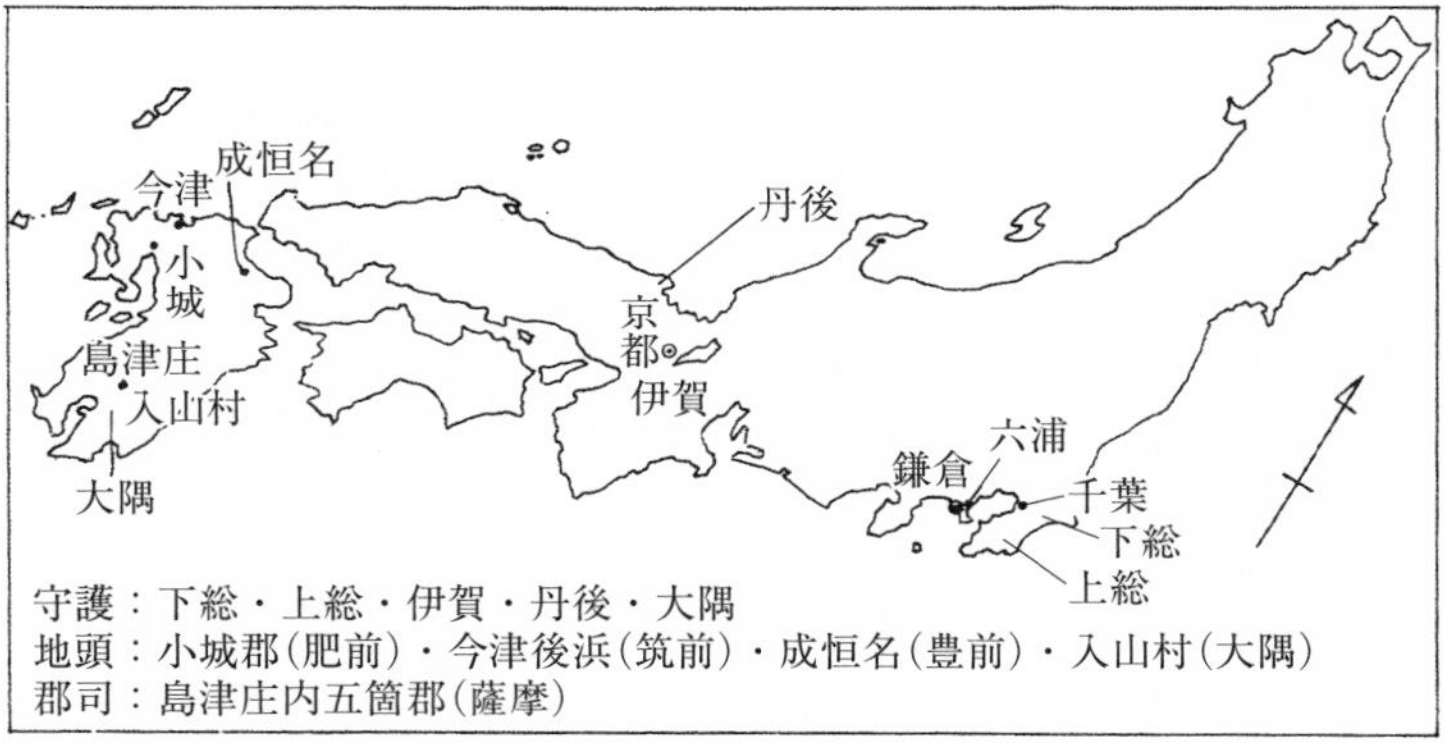

図 18　千葉氏の地域間ネットワーク　13〜14 世紀

が、千葉県市川市の中山法華経寺《なかやまほけきょうじ》に所蔵されている日蓮関係の一連の文書の紙背にのこされた文書（「日蓮遺文紙背文書」）から明らかにされている。また同文書のなかには、千葉介が上洛する際、東海道《とうかいどう》の沿道の所領に京上役《きょうじょうやく》を宛《あて》課したこと、あるいは建長（一二四九〜五六）のころ、千葉氏の従者で鎌倉に居た「ほうれん（宝蓮カ）」なる者が、京都から到着した仏像を寺か堂に安置するための手配をしたり、京都からの手紙を取り次いだりしていたことや、同じく千葉介被官の寺山小二郎《てらやまこじろう》が六浦《むつら》（横浜市金沢区）の金融業者と交渉をもっていたことを記したものが含まれている。中世日本列島において経済面でも圧倒的に大きな機能を有した京都こそが、地頭職のネットワークのなかでもっとも重要な役割を果たしていたのである（野口実 二〇一五）。

3　御子左家と宇都宮歌壇

宇都宮氏の成立

宇都宮《うつのみや》氏は、関東の御家人ながら京都の貴族社会と交流が深く、世にいう「宇都宮歌壇」を形成したことから、その文化性において注目される一族である。

宇都宮氏の祖とされるのは宗円《そうえん》という僧で、一〇七〇年代ごろ、源義家《よしいえ》から奥羽の平定のための祈禱を依頼されて下野《しもつけ》に下り、その子孫が当国の一宮《いちのみや》宇都宮社の神宮寺《じんぐうじ》を支配して宇都宮氏を称したものと考えられる。宇都宮氏の系図によると、宗円は藤原道兼《みちかね》の子孫ということになっているが、実は摂関家傍流の右大臣藤原俊家《としいえ》の子で「三井寺禅師《ぜんじ》」と呼ばれていたらしい（野口実 二〇一三）。道兼の子孫とされたのは、宇都宮氏が和歌の家として重んじられるようになった段階に、宗円を「人麿影供《ひとまろえいぐ》」（歌聖柿本人麿の肖像画を祭る儀式を行って歌会《うたかい》を開く）の創始者で、道兼流の兼房《かねふさ》の子とするための作為によるもののようである（野口実 二〇一四b）。

院政期の高級貴族の血を引く宇都宮氏は、そのステイタスの高さも手伝って京都の貴族社会と交流が深く、平治の乱後も後白河院や平家と良好な関係を結び、政治的には姻戚の小山《おやま》氏などの在地武士を一段上回る地位を築いていた。

鎌倉幕府の草創のころ、宗円の孫にあたる朝綱《ともつな》は左衛門尉《さえもんのじょう》の官を帯して在京していたが、寿永二年（一一八三）七月、平家都落ちの際に京都を脱出して頼朝のもとに参じ、また彼の姉妹にあたる寒河尼《さんがに》が頼朝の乳母であったことも手伝って、有力御家人としての地位を確立した。
宇都宮歌壇が形成されるのは、この朝綱の孫頼綱《よりつな》の時代である。朝綱の嫡子成綱《なりつな》と崇徳院の蔵人をつとめた平長盛《ながもり》の娘との間に誕生。建久三年（一一九二）に父成綱、元久元年（一二〇四）に祖父朝綱が死去すると、宇都宮氏惣領の地位に立つこととなる。

図19　宇都宮氏の一族

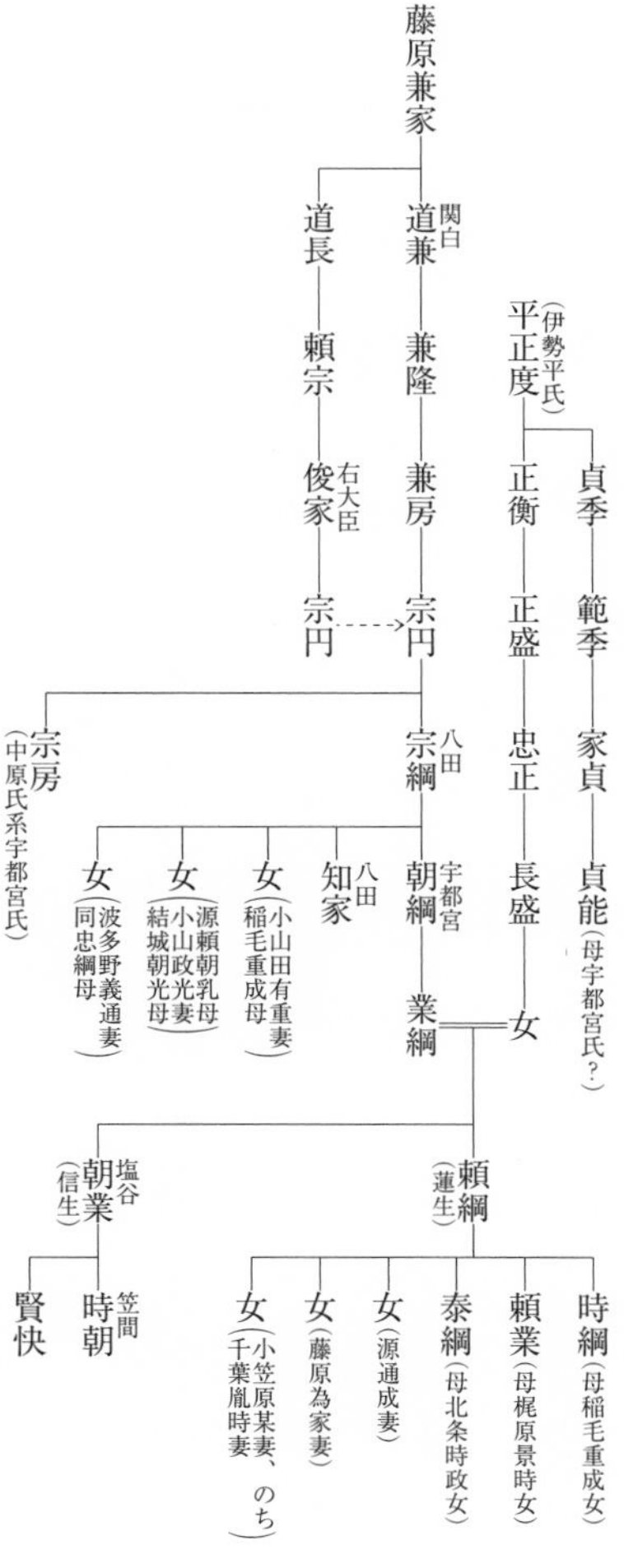

元久二年（一二〇五）閏七月、将軍実朝《さねとも》を廃して娘婿の平賀《ひらが》朝雅《ともまさ》を擁立することを策した北条時政・牧の方夫妻は、北条政子《まさこ》・義時《よしとき》姉弟によって鎌倉を追放され、翌月、時政夫妻の婿であった宇都宮頼綱はこれに連座する形で出家を余儀なくされた。

法然を訪ね、証空に師事した頼綱

遁俗して実信房蓮生《じつしんぼうれんしょう》と名乗るようになった頼綱であるが、その後も宇都宮家の惣領として動かざるをえなかったようで、建暦～建保年間（一二一一―一九）ごろには伊予《いよ》の守護に任じ、建長二年（一二五〇）三月、幕府が閑院内裏《かんいんだいり》の修造を御家人に宛課した際には、西二対を担当している。

浄土宗《じょうどしゅう》の伝承によると、頼綱は熊谷直実《くまがいなおざね》の勧めで仏道に帰依し、承元三年（一二〇九）冬、摂津勝《せっつかつ》尾寺《おじ》にいた法然《ほうねん》を訪ね、法然の勧めにしたがって、その高弟である証空《しょうくう》（善恵房《ぜんえぼう》）の弟子になったという。法然は建暦二年（一二一二）に入滅し、京都東山《ひがしやま》大谷に葬られたが、嘉禄三年（一二二七）六月に至り、法然の教えに異を唱える比叡山《ひえいざん》の大衆たちがこの墓所を暴こうとした。信徒たちはこれを避けるために法然の遺骸を嵯峨《さが》に移葬したが、このとき、頼綱（蓮生）も弟の塩谷入道信生《しおのやにゅうどうしんしょう》（朝業《ともなり》）や千葉六郎大夫法阿《ほうあ》（胤頼《たねより》、常胤の子）らとともに、その警固《けいご》にあたっている（『法然上人行状画図』）。

頼綱は、証空の住む西山往生院《おうじょういん》（三鈷《さんこ》寺）の近くに庵を結び、弟の信生とともに、河内《かわち》の磯《し》長《なが》御廟寺（叡福《えいふく》寺）や摂津の浄橋《じょうきょう》寺など、寺院の堂塔造営事業を進めた証空を経済的に支援し、また証空やその弟子たちを伴って何度か宇都宮に下向することもあった（小野一之 一九九一、山本隆志 二〇〇六）。

藤原定家《さだいえ》は、その日記『明月記《めいげつき》』に、証空を「宇都宮随逐《ずいちく》之師也」（宇都宮頼綱が何事であっても従う師である）と記している。

藤原定家との交流

出家後の頼綱は京都にあって、六波羅に近いが洛中に位置する錦小路富小路《にしきこうじとみのこうじ》の宅に居住していた。先に述べたように頼綱の母は崇徳院蔵人平長盛の娘であり、父の成綱の母も貴族の娘と思われる「醍醐局《だいごのつぼね》」であったから、頼綱は幼少期にも京都で過ごしていたとみられる。歌人藤原定家との親密な形での邂逅《かいこう》は、そうした環境によったのであろう（小林一彦二〇〇二、野口実二〇一三）。

図20　権門間の婚姻関係

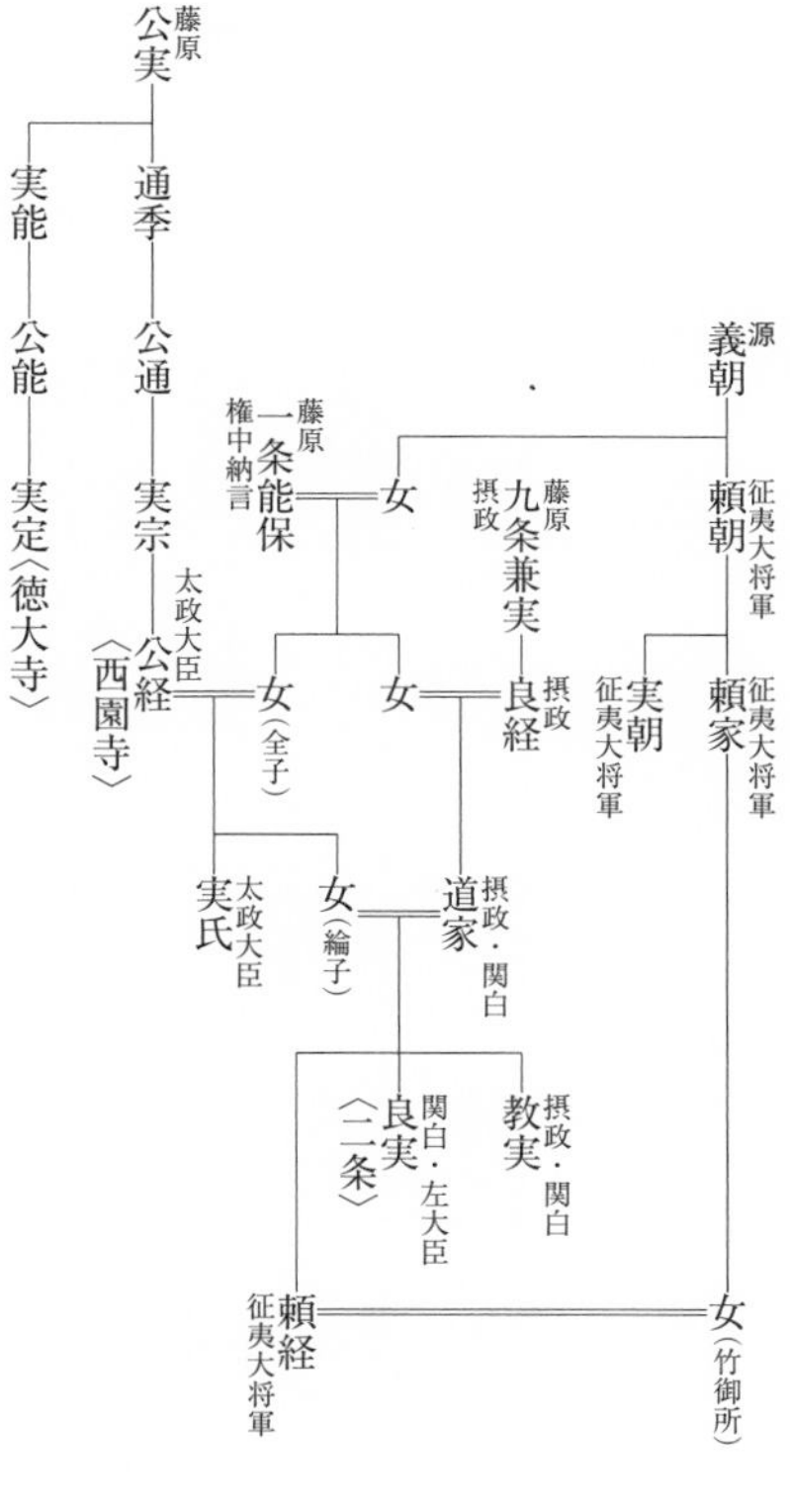

藤原定家の子息為家《ためいえ》と頼綱の娘が結婚した時期は、所生の為氏《ためうじ》の誕生が貞応元年（一二二二）であることから、遅くとも承久三年（一二二一）ということになる。この婚姻が成立した背景には頼綱と定家の師弟関係もあるだろうが、当時の貴族たちが幕府勢力との接近に意を用いはじめていた

状況を重視すべきものと思う。実際、定家は信濃《しなの》国を知行国としているが、その権利を獲得する段階から知行を実現するに至るまで、幕府有力御家人たる頼綱の力に大きく依存していたのである（山本隆志 二〇〇六）。

頼綱には為家に嫁した娘のほかに数人の娘がいたようだが、その一人は、のちに正二位内大臣に至る村上《むらかみ》源氏の源通成《みちなり》と結婚している。また『明月記』には、嘉禎元年（一二三五）六月、頼綱が小笠《おがさ》原《わら》氏と離別した次女を千葉胤時《たねとき》に嫁がせる際に、定家の子息為家の牛車（八葉の車）を借用したという記事がみえる。小笠原氏も千葉氏も幕府の有力御家人であるが、こうした御家人同士の婚姻関係が京都で結ばれていたことは興味深い。

頼綱が定家らの縁によって西園寺《さいおんじ》公経《きんつね》や九条道家《みちいえ》といった最上層の貴族たちとも関係を有していたことは、『明月記』や『玉蘂《ぎょくずい》』（道家の日記）から知ることができる。摂関家の一つである九条家は定家・為家が祗候するところであり、また、前述のように頼綱は伊予の守護であったから、この国を知行国とする西園寺公経にとって、宇都宮氏はおろそかにできない存在だったのである（野口実 二〇一四b）。

小倉百人一首の成立

頼綱は、天福元年（一二三三）に法然の遺骨が嵯峨小倉《おぐら》山の麓、二尊院《にそんいん》に納められたことを契機に、その近くの中院山荘《ちゅういんさんそう》に居を移したらしい。嘉禎元年（一二三五）五月、山荘が成ってまもなくのころ、藤原定家は頼綱からの懇切な依頼に応じて、この山荘の障子に押すための色紙形を書き、これを息子の為家に届けさせている。このころ定家も嵯峨の山荘時雨亭《しぐれてい》に居しており、色紙形の撰歌・染筆もここで行われた。これがもとになって完成したのが『小倉百人一首』である。これ以前、寛喜元年（一二二九）にも、頼綱は本国下野の宇都宮大明神神宮寺に障子歌を押すために、定家と藤原家隆《いえたか》に歌を乞うたことがあった。頼綱の活動は文化の面においても、京都と東国双方を視野に入れていたのである。

正嘉元年（一二五七）二月十五日の涅槃会《ねはんえ》の日に頼綱の八十賀が行われ、祝いの屏風歌には聟の為家らが詠を進めている（『新和歌集』『為家集』）。ちなみに、頼綱自身の作歌も『新勅撰集』以下の勅撰集に三十九首が入集し、宇都宮氏周辺の詠歌を蒐集する『新和歌集』には最多の六十首が入集している。

頼綱は正元元年（一二五九）十一月十二日、師と仰いだ善恵房証空の十三回忌供養の直前に京都八条、崇仁坊《すうじん》の宿所で入滅した。享年八十二。彼の遺骸は、遺言によって西山往生院（三鈷寺）の証空の墓の側に葬られた。

4 在京活動の諸相

笠間時朝の作善

宇都宮頼綱の弟塩谷朝業（信生）の子で、「宇都宮歌壇」の実質的な担い手として評価されているのが笠間《かさま》時朝《ときとも》である（野口実 二〇一九）。彼は『新和歌集』（宇都宮氏周辺の詠歌を蒐集）や『前長門守時朝入京田舎打聞集《うちぎきしゅう》』を編纂し、その詠歌は勅撰の『続後撰集』にも入集している。

時朝は常陸《ひたち》国笠間郡（茨城県笠間市）を名字の地（本拠）としたが、左衛門尉に任じ、仁治二年（一二四一）に検非違使《けびいし》の宣旨を蒙り（「判官《ほうがん》」）、翌年の後嵯峨《ごさが》天皇大嘗会《だいじょうえ》に供奉。その後、五位に叙せられて長門守に任官している。当時、地方武士が京官《きょうかん》に補せられる場合は、原則として権門出仕などの在京活動が前提とされたから、彼の場合も、少年時代の一定期間、京都の有力な貴族、あるいは院や女院に祗候していたことが想定される。

注目されるのは、暦仁元年（一二三八）五月、在京していた時朝が下野の武士結城《ゆうき》朝村《ともむら》とともに前右大臣家（二条良実《にじょうよしざね》）の「簡衆《ふだしゅう》」に加えられていることである（『吾妻鏡』）。朝村の場合は彼の見事な射《しゃ》芸《げい》に感じた良実がとくに望んだことによるのだが、時朝は特段の理由もなく家人に加えられている。

図21　笠間時朝の寄進した千手観音立像　蓮華王院所蔵
背面の裳裾に「建長五年歳次癸丑十月日従五位上行長門守藤原朝臣時朝」の刻銘がある．

これは、宇都宮氏の一族が、日常的に在京活動を行い、幕府のみならず京都の有力貴族と主従関係を結ぶような存在であったことによるのであろう。時朝が一般の幕府御家人でもなかなか到達できない従五位下（大夫）を超えて従五位上の位階に至ることができたのも、そのためなのであろう。

彼はまた、笠間の楞厳《りょうごん》寺千手観音《せんじゅかんのん》立像・岩谷《いわや》寺薬師《やくし》如来《にょらい》立像、日光輪王《にっこうりんのう》寺旧三仏堂の千手観音像、京都の蓮華《れんげ》王院本堂《おういんほんどう》の千手観音像二体など、多くの仏像を造立し、鹿島《かしま》神宮に宋版一切経《そうはんいっさいきょう》（唐本一切経）を奉納するというような作善《さぜん》（現世で仏縁を結ぶために善根を積むこと）を重ねているが、こうした行為が可能だったのも京都文化との日常的な接触の賜物であろう。

宝治合戦・建長の政変

前述したように、『日蓮遺文紙背文書』は、千葉介が大番役勤仕で在京中、西国所領における訴訟当事者を上洛させて審理を行っていたことなどを伝える貴重な史料である。ほかにも、千葉介が上洛するための経費が、その所領である肥前国小城郡からの収納を担保にした替銭《かえぜに》によって調達されたことなども知ることができるが、とくに政治的な観点から注目されるのは、千葉介が大番役で上洛するに際して、関東申次をつとめる西園寺家の家宰的な立場にあった三善主税頭《ちからのかみ》に貢馬《くめ》を行っていることである。笠間時朝・結城朝広《ともひろ》が二条家の簡衆に加えられたことと同様に、当時の「公武関係」を論ずるにおいて、幕府の有力御家人と京都の権門貴族との間にかかる私的関係が存したことは看過できない事実であろう。

宝治元年（一二四七）六月、鎌倉で三浦泰村《みうらやすむら》の一族が執権北条時頼《ときより》によって滅ぼされる事件が起きた。いわゆる宝治《ほうじ》合戦である。三浦氏は、前将軍九条頼経《よりつね》やその父で摂関を歴任した道家の権威を背

図22　三浦氏系図

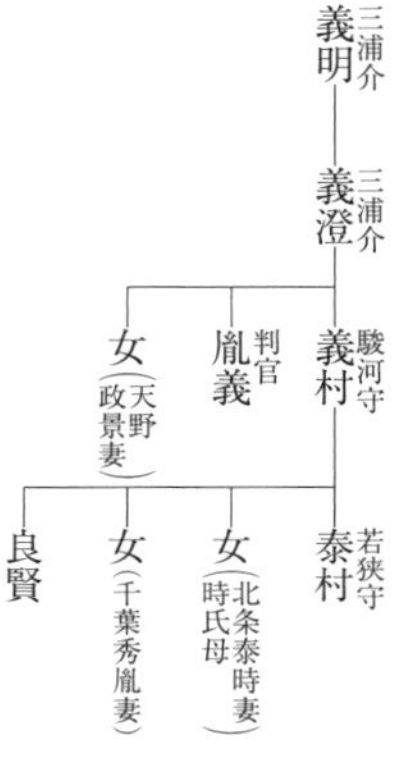

景にして北条氏の嫡流（得宗家《とくそう》）に対抗しており、当時、女性も含めて多くの一族が京都に出仕していた。三浦義村《よしむら》は子息の良賢《りょうけん》を九条家の出身者が門主をつとめる青蓮院《しょうれんいん》に入れていたが、「宇都宮入道」（頼綱または朝業）の子息賢快《けんかい》も、この良賢とともに青蓮院に奉仕していた。宇都宮氏と三浦氏は、京都政界・貴族社会とのかかわりにおいて多くの接点をもっていたのである。頼綱の長男時綱《ときつな》が、泰村（義村の子）以下、三浦氏の一党とともに自殺をとげたのも、こうした関係を背景にしてのことだったのであろう。

その後も宝治合戦の余燼は収まらず、建長三年（一二五一）十二月、千葉氏一族の了行《りょうぎょう》法師を首謀者とする謀反事件が起きた。これは、宝治合戦で敗北した三浦義村や千葉秀胤《ひでたね》（千葉介の一族で三浦義村の妹婿）の残党が、京都の前摂政九条道家・前将軍頼経父子との連絡のもとに幕府転覆をはかったものであり、得宗による独裁体制の成立過程における重要な事件として、鎌倉時代の政治史の上で評価されている。了行は千葉介が建長年間に閑院内裏西対の造営を担当した際に、京都にあってその業務を差配する立場にあったから、彼の謀反発覚は千葉介にとって大きなダメージになったと思われる（野口実 二〇一〇・二〇一一）。

在京武士の狼藉

このほかに、千葉介が京都において政治的な事件にかかわったことを直接物語る史料は見いだせないが、次のようなエピソードが民部卿《みんぶきょう》広橋経光《ひろはしつねみつ》の日記『民経《みんけい》記《き》』貞永元年（一二三二）閏九月二十九日条にみえるので、読み下して紹介しておこう。

一日ころ二位宰相経高《つねたか》卿、武士千葉介某□なる者のために恥辱に及ぶ事ありと云々。息勘解由《かげゆ》次官経氏《つねうじ》、門前において女に会うの故と云々。武士乱入し、散々狼藉《ろうぜき》を致すと云々。

これによると、先日二位宰相（従二位参議）平経高亭の門前で、経高の子息経氏が女と会ったのが原因となり、通りかかった千葉介が従者を引きつれて経高の亭に乱入して散々な狼藉をはたらき、経高に恥辱を与えたという。

この記事だけでは事の次第はよくわからないが、幸い鎌倉後期に編纂された史書『百錬抄《ひやくれんしよう》』の同月十一日条に、この事件の経緯がより詳しく記されている。これも読み下そう。

平相公経高卿家に狼藉の事あり。武士傾城《けいせい》を相伴い彼の門前を過ぐるの間、息男勘解由次官経氏これを奪い留む。よって引率の数多の勇士追捕《ついぶ》に及び、青侍《あおざむらい》一両恥に及ぶ。終頭寝殿に乱入するの刻、相公対に出で（中略）漸く夜陰に及び、叫喚の声有り。末代の勝事なり。

これによって、事件の発生が閏九月十一日のことで、千葉介と平経氏が傾城《けいせい》（遊女《ゆうじよ》）を争ったことから、千葉介の郎等たちが経高の亭に押し入って狼藉をはたらくに至ったことがわかる。経氏は「舞女の本夫のために害せらる」（『尊卑分脈』）と伝えられているから、あるいはこのときに殺害されたのであろうか。ちなみに、近世成立の『千葉大系図』に従えば、このときの千葉介は弱冠十五歳の時胤《ときたね》に比定される（野口実 二〇一五）。

ちなみに、在京した東国武士による狼藉事件といえば、その所行から「悪遠江守《とおとうみ》」と呼ばれた佐《さ》原盛連《わらもりつら》が想起される。彼は相模国の有力御家人三浦氏の一族で、彼の妻が北条泰時《やすとき》の前妻だったことから、その所生である時氏《ときうじ》が六波羅探題《たんだい》として京都に赴任すると、その後見役として在京していた。嘉禄二年（一二二六）正月のころ、その盛連が「白拍子奉行人《しらびょうし》」をつとめていた飛驒《ひだ》前司知重《ともしげ》の宅で酔いに任せて乱舞のうえ、知重の肱《ひじ》を折り、同席していた印太《いんた》兵衛《ひょうえ》なる者を蹂躙《じゅうりん》したうえ、宇治《うじ》まで馬を飛ばして市街を破壊したというのである（『明月記』）。京都の治安維持のために関東武士の居住は欠かせない反面、都人にとって、彼らはときに迷惑な存在でもあった。

交流と共生

この盛連と同じく、相模の三浦一族の出身で、もとは「双なき武者」であったのに京都悲田院《ひでんいん》の住職となっていた尭蓮《ぎようれん》上人の話が『徒然草《つれづれぐさ》』（第百四十一段）に載っている。あるとき、尭蓮の故郷から上京してきた人が、「関東の者は信頼が置けるが、都人は感じよく受け答えはするけれども信頼できない」と語ったのにたいして、尭蓮が「関東人は無愛想ではっきり物を言うけれども、都人は心穏やかで、温情があるために、万事につけて、遠慮なくきっぱりと物を言うことができないのですよ」と筋道を立てて説明した。この話を聴いて、尭蓮を粗野で教養もないと思っていたけれども、そうではないことがわかり、心惹かれるようになった、という話である。諸国からさまざまなすぐれた技能・才能を有する者たちが集住する都で培われた、社会生活において表面的な円滑さを重視する文化、これにたいして人々が均質な価値観のもとで生活する東国の文化、その相違を正確に把握して、両者の共生を実践していた僧侶の姿がここに示されている。

都に上って大陸に渡る

『徒然草』にはほかにも東国出身の僧にかかわる記事がみえる。第百七十九段に登場する「入宋《につそう》の沙門《しやもん》、道眼《どうげん》上人」である（野口実 二〇一〇・二〇一一）。

道眼（道源）は下総の御家人木内《きのうち》氏の出身で、出家以前は本領の小見《おみ》郷を名字として「小見四郎左衛門尉胤直《たねなお》」と称していた。木内氏は下総守護千葉氏一の族で、常陸の鹿島神宮と下総の香取神宮の間に位置する香取海（常総内海）周辺の流通経済を担っており、道源は出家して鹿島神宮寺の浄行《じようぎよう》僧としての身分を得たらしい。彼は淡路《あわじ》国由良《ゆら》庄に地頭職をもっていたから在京することも多く、西国でも海上における経済活動に関与していたことから、有力権門である西園寺実兼《さねかね》と接触する機会を得、その援助を受けて一切経をはじめとする唐物《からもの》の将来を目的に元《げん》に渡る。そして延慶二年（一三〇九）、数千巻におよぶ一切経と『釈尊影響仁王経《にんのうぎよう》秘法』などの経典を伴って帰国を遂げ、那蘭陀《ならんだ》寺という寺を建立したのである。道源がここで講経談義を行っていたことは『徒然草』の二百三十八段に記されている。那蘭陀寺は六波羅の焼野というところに造営されたというが、これはおそらく木内氏の京都における宿所の置かれたところだったのであろう。

一方、『徒然草』を著した兼好法師の方は、十四世紀初めに六波羅探題に任じた金沢貞顕《かねさわさだあき》に仕えていたから、その交遊グループには六波羅関係者が多く、道源はそのなかでもとくに親しい関係にあったようである。まさに、武士における「『一所傍輩』のネットワーク」と同様な関係が、彼ら文士・僧侶たちの間にも形成されていたことが知られよう。

ちなみに、少し時代がさかのぼるが、道源同様に下総の出身で大陸に渡って経典を持ち帰った了行

図23　千葉氏の一族と了行・道源（道眼）

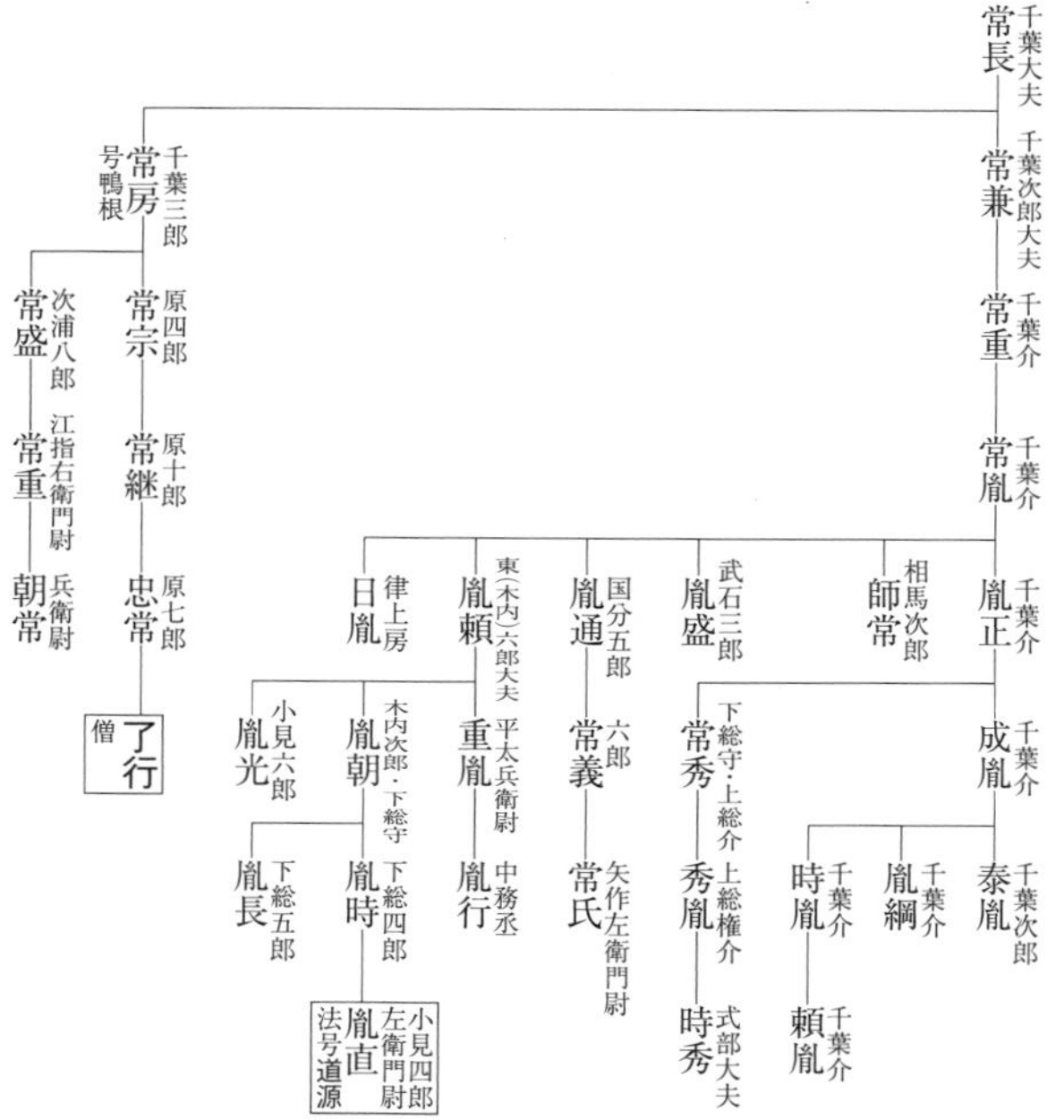

中条家文書『桓武平氏諸流系図』『神代本千葉系図』『千葉大系図』等による

という僧のことにも触れておこう（渡宋は一二三五年ごろ）。宝治合戦のあとに謀反事件を起こした、先に述べた、あの了行のことである。彼は下総国千田庄原《はら》郷を本領とし、千葉介の被官になっていた原氏の出身で、はじめは千葉介の膝元にある千葉寺にいたが、おそらく当時の千葉氏一族中の最有力者で、将軍九条頼経の近臣勢力の一角を担い、評定衆《ひょうじょうしゅう》に列するに至った千葉秀胤の挙を得て京都の九条家と関係をもつようになり、その援助を得て宋に渡って一切経を将来した。その後、法印という僧位の最上位につき、九条家の意を挺して鎌倉でも活動していたらしい。結局彼は幕府転覆をはかったとして捕縛されてしまうのだが、建長年間に閑院内裏の造営にかかわった千葉氏が、その作事において彼を通じて朝廷と交渉を行っていたことは前述のとおりである。

日蓮と富木常忍

嘉禎三年（一二三七）七月、了行が宋から持ち帰った『観音玄義《かんのんげんぎ》科《か》』という文献が左京楊梅大宮《ようばいおおみや》で書写されているが、ちょうど彼が失脚する直前、法華宗《ほっけしゅう》（日蓮宗）の開祖となる日蓮も「五条之坊門《ぼうもん》富小路西面、坊門ヨリハ南、富小路ヨリハ西」という地点で経典を筆写したことが知られる（中山法華経寺所蔵「五輪九字明秘密義釈」跋文）。日蓮も安房《あわ》国の出身であるが、当時の京都にはさまざまな目的で全国各地の人たちが集まっていたのである。

ところで、日蓮のパトロンとして知られる富《と》木常忍《きじょうにん》は下総守護千葉氏の吏僚だが、もとは因幡《いなば》国（鳥取県東半部県）の国府につとめる地方官人で、千葉氏がその事務能力を評価して、千葉氏の家政を

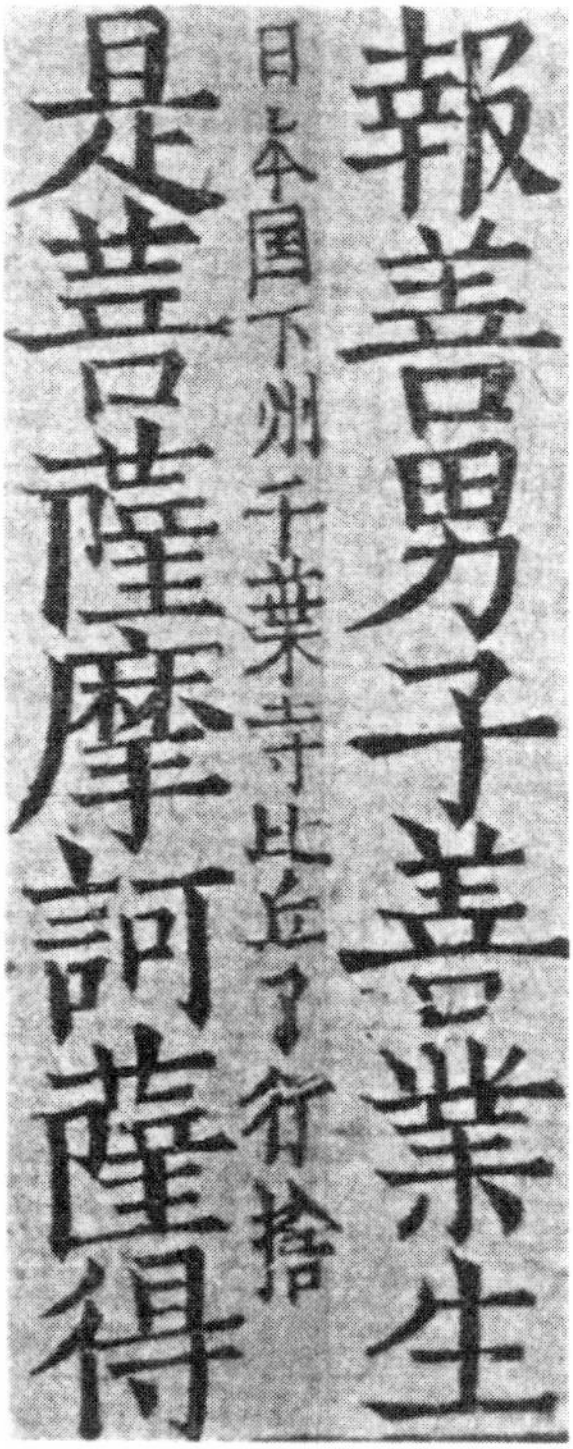

図 24　行間に了行の名がみえる『宋版一切経（福州開元寺版）』教王護国寺（東寺）所蔵『大涅槃経』巻 8 に記された了行の施財記

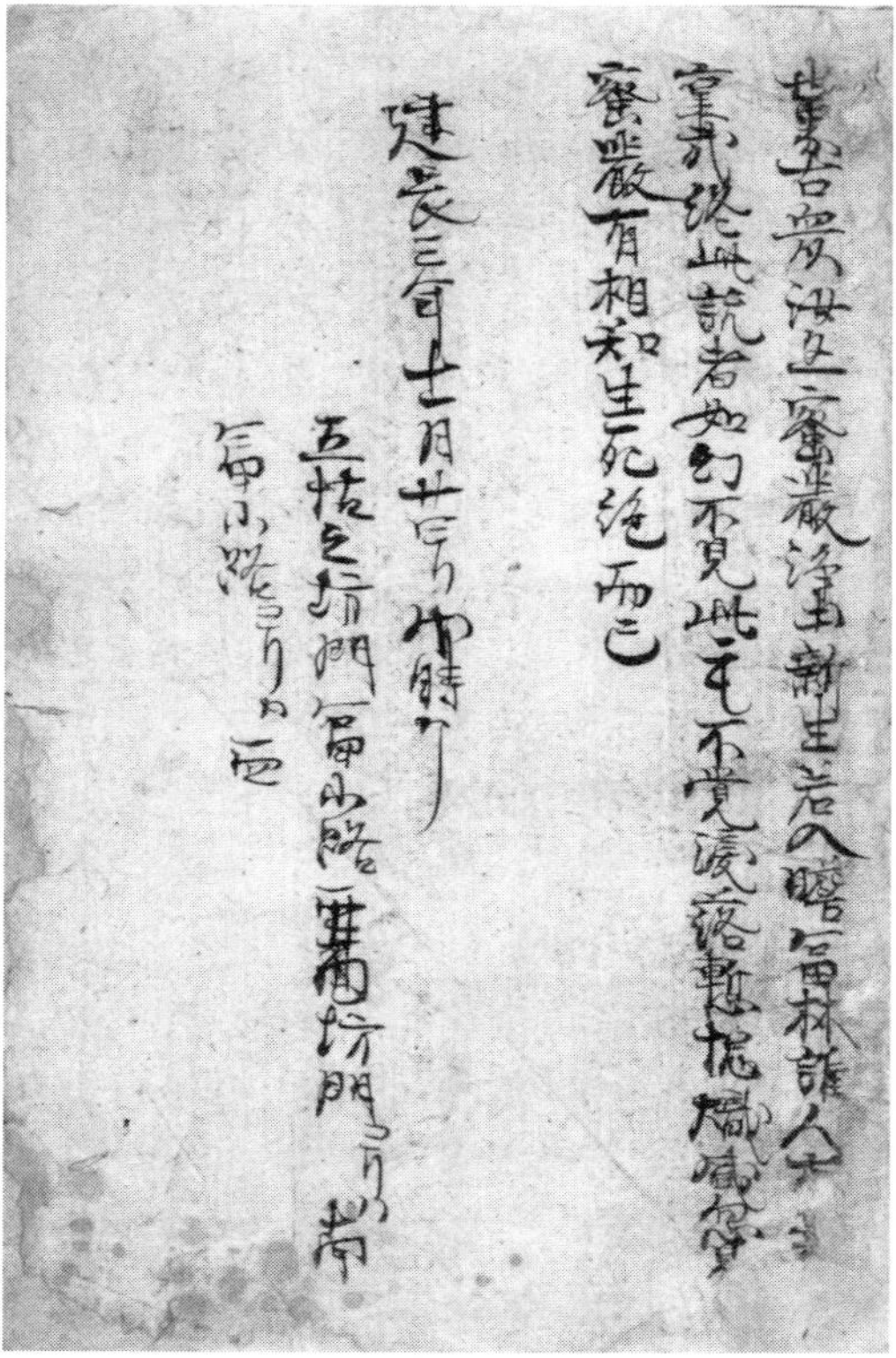

図25　日蓮筆「五輪九字明秘密義釈」 法華経寺所蔵
跋文に「建長三年十一月廿四日戌時了／五帖（条）之坊門富小路西面坊門ヨリハ南／富小路ヨリハ西」とみえる.

司る執事のような形で採用された文士と考えられている。そして、日蓮との出会いは、建長五年（一二五三）十二月頃、下総においてのこととされるのが通説である。しかし近年、日蓮と富木氏の関係は常忍の父である蓮忍《れんにん》の代にまでさかのぼる可能性が指摘されている。富木氏が千葉氏にスカウトされた理由については、千葉氏一族の所領が因幡に存在したのではないかという観点で追求されることが多いが、右に見たように、京都は列島各地から人の集まる場であったから、そこで結ばれたことも考慮されるべきであり、むしろその可能性の方が高いのではないだろうか。実は先に見た日蓮自筆の「五輪九字明秘密義釈《くじみよう》」の表紙外題《げだい》下には常忍が自署《じしよ》を加えており、そんな憶測を呼び起こすのである（野口実 二〇一五）。富木氏と千葉氏、富木氏と日蓮が邂逅した場は、洛東から六波羅周辺の空間に求められるのかもしれない。ここにも、武士における「『一所傍輩』のネットワーク」と同様な関係が、彼ら文士・僧侶たちの間にも形成されていたことがうかがえるのである。

コラム2　源実朝の上洛計画

源実朝《さねとも》といえば、和歌を詠み、後鳥羽院との親交も深く、妻も上級貴族の家から迎えるほど京都とその文化にたいする憧憬の深い、鎌倉幕府の首長には相応しからぬ貴公子然としたイメージで語られることが多い。ところが、その実朝は、父の頼朝はもとより、母の政子《まさこ》も兄の頼家《よりいえ》も姉の大姫《おおひめ》も京都に行ったことがあるのに、その事実はうかがえない。希望の大学に入学したのに授業はみんなリモートで落胆したパンデミック下の学生のようである。彼には上洛の意志はなかったのであろうか。

そんなはずはない。やはり実朝には上洛計画があったのである。それはすでに村田正志氏によって学界に紹介済みの史料（京都市竹僊堂所蔵「手鑑」所収「慈円自筆書状写」）のなかに記されていた（村田正志　一九八五）。慈円《じえん》は摂関家の出身で、『愚管抄《ぐかんしょう》』の著者として知られる人物である。この史料は、実朝を「三位中将《ちゅうじょう》殿」と記すことから、承元三年（一二〇九）四月から建暦二年（一二一二）十二月のものと限定され、文中に「三位中将殿も、今は御上洛あるべきなど其の風聞に候」とみえるのである。

この文書を分析した山本みなみ氏によると、この史料の語るところは、慈円は天下泰平の祈禱を行うための専門道場の建立を計画し、その支援を実朝や政子に要求していたが、実朝がそれについて判断を下さず、疱瘡《ほうそう》によって二、三年もの間籠居していたために、願いが聞き届けられなかった。ところが今になって実朝が上洛するという風聞が届いたので、要求の実現をはかりはじめたということのようである（山本みなみ 二〇二〇）。

一次史料の再発見によって実朝の上洛計画の存在は確実になったが、これによって確実性の問われていた説話の記事が重要な意味をもつようになった。山本氏は、かつて上杉和彦氏が注目した『沙石集《しゃせきしゅう》』巻第三「問注《もんちゅう》に我と劣《まけ》たる人の事」をあげる（上杉和彦 二〇一五）。これは実朝が上洛を望み、人々はそれを嘆いたがそれを公然と申し述べる者はなかった、しかし、評定《ひょうじょう》の場で八田《はった》知家《ともいえ》が天竺《てんじく》の獅子の話を例にして説得したので、実朝は上洛を断念したという話である。さらに山本氏は『仁和寺《にんなじ》日次記《ひなみき》』の建保二年（一二一四）十二月二十六日条に、実朝の妻の父である前内大臣《ないだいじん》坊門信清《ぼうもんのぶきよ》が、実朝の所有する八条《はちじょう》家に移徙《わたまし》をした記事をあげて、この八条家が上洛した際の宿所として実朝が修造させたものであった可能性を指摘している。実朝の死後、落飾した彼の妻が居所とした西八条亭はこの八

図26　源　実　朝　『公家列影図』京都国立博物館所蔵，ColBase より

条家のことであろう。

なお、実朝の上洛に御家人たちの支持が得られなかった背景としては、ちょうどこの時期に発生した泉親衡《いずみちかひら》の謀反《むほん》事件など、幕府を取り巻く緊迫した政治状況も指摘されている。山本氏は、承元二年（一二〇八）から建暦元年（一二一一）の間、実朝は一部の幕府祭祀に参加することができず、慈円のような京都の貴顕からの要請にも対応できなかったことを明らかにされているが、これらの事実にもとづいて、あらためて実朝政権の評価を試みなければならないであろう。

三　権門の空間に見る公武関係

1　院御所・内裏・六波羅

「京ニ国王ナクテハイカデカアラン」

都は、余剰生産物を農村・海村や山村から調達する機能、すなわち「権力」をもつ都市であり、最上位の権力としての「王権」（天皇、そして治天《ちてん》の君《きみ》としての院）の存在する空間であった（黒田紘一郎　一九九六）。この章では「王権」とその所在地である王都の守護を存在証明とする「武家」権力との関係という観点から述べていこう。

『方丈記《ほうじょうき》』に「京のならひ、何わざにつけても、源は、田舎をこそ頼める」、『愚管抄《ぐかんしょう》』に「京ニ国王ナクテハイカデカアラン」とあるように、中世の京

公家権門の中核を担う王家の居所である院御所あるいは内裏と、在京武家権門（平家〜鎌倉幕府関係者）の居所の空間的な関係がどのように変化していくかを見てみると、白河《しらかわ》・鳥羽《とば》院政期においては、洛中の内裏、そして洛外（白河・鳥羽）の院御所という形で存在したものが、平家政権期には、内裏は洛中だが院御所は武家の空間である六波羅《ろくはら》に近接する法住寺殿《ほうじゅうじどの》に置かれ、鎌倉時代になると、内裏も

院御所も洛中、武家は六波羅（河東）という住み分けが明確になる。そして、鎌倉時代の後半になると、院御所が嵯峨《さが》・伏見《ふしみ》などに展開していくことにも注目する必要がある（巻頭の地図を参照）。

ただし、そうした動きのなかで、王権と武家が対立的に存在していたのではなく、伝統的権威空間の利用という点で、武家は王権にあくまでも依存する側面をもっていたことを確認しなければならない。つまり、これまでの見方では、公家権力にたいする武家権力の空間的な浸食という側面が重視されたのだが、伝統的権威空間への「依拠」という面も考えなければならないということである。

王権複合都市京都

山田邦和氏は、中世都市京都を洛外の白河・鳥羽・宇治《うじ》・嵯峨などをとりこんだ「巨大都市複合体」ととらえ（山田邦和　一九九八）、その一方、院御所を中核として形成された都市的空間に対して「院政王権都市」という概念を提示している（山田邦和　二〇〇五）。中世前期の朝廷における政治形態は基本的に院政であったから、この二つの概念をミックスして、当時の京都を「王権複合都市」という概念でとらえてみたい。

その政治的な面からの構成要素は、内裏・院御所、それに王権守護を担う軍事権門の居所ということになる。まず、これらについて大まかに見ておこう。

まず、王家の家長である院（「治天の君」）の住む場所（院御所）である。白河～後《ご》白河《しらかわ》院の時代、京中（平安京の域内）にも六条殿《ろくじょう》などがあったが、院御所といえば、洛外に造営された白河・鳥羽、それに近年になって研究の進んだ法住寺殿をあげることができる（上村和直　二〇〇四・野口実　二〇〇六a）。

ちなみに、この法住寺殿については、その呼称から、一つの亭としてイメージされがちであるが、北

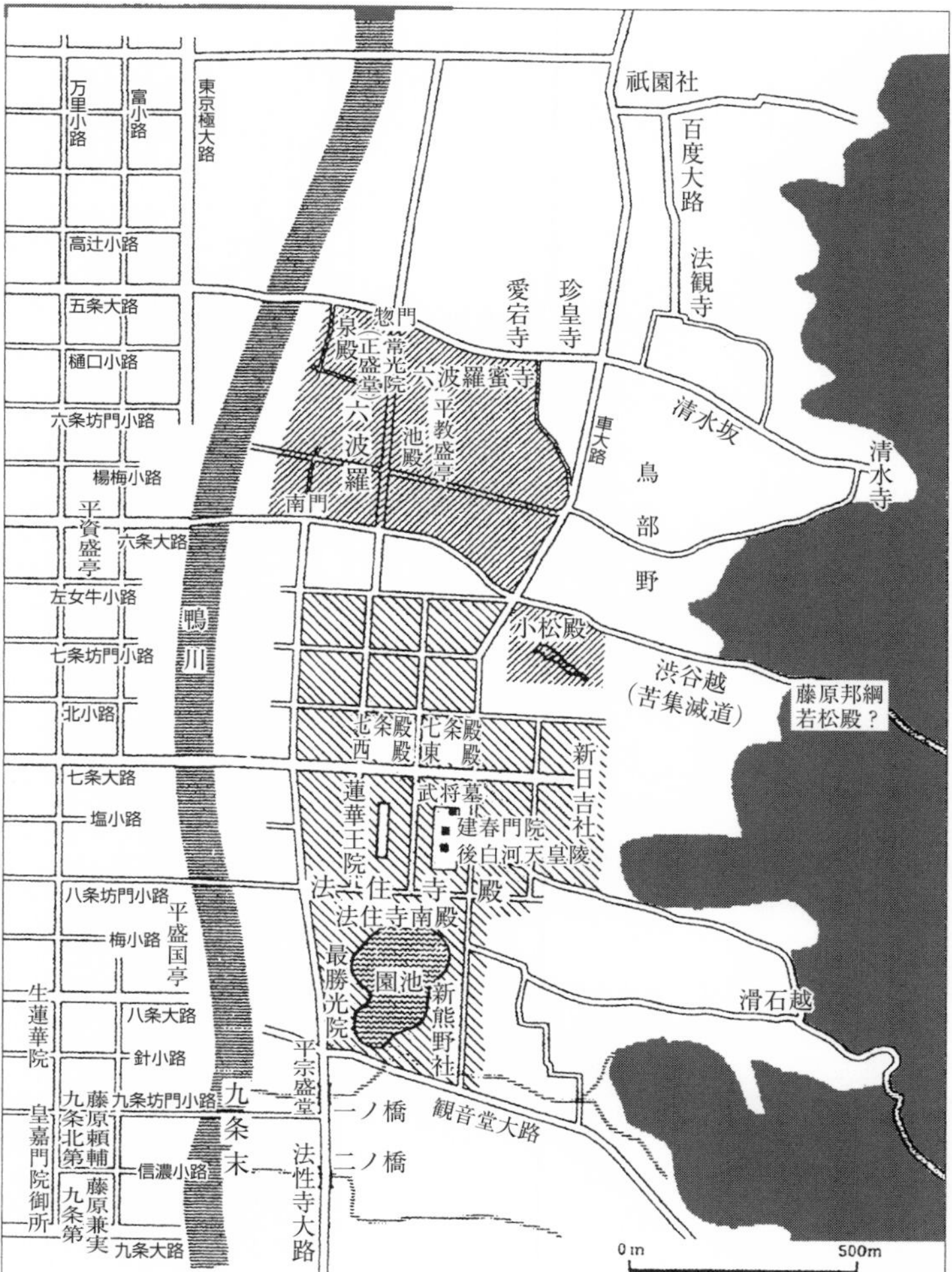

図 27　六波羅と法住寺殿　野口実 2006b より．山田邦和氏作図．

殿とか南殿《みなみどの》など多くの殿舎を伴う複数の御所があり、それに蓮華王院《れんげおういん》（現存する三十三間堂《さんじゅうさんげんどう》はその本堂）・新日吉社《いまひえしゃ》・新熊野社《いまくまのしゃ》・最勝光院《さいしょうこう》などの宗教施設も付属した、白河・鳥羽に匹敵するような都市空間をさし、これらは「権門都市」として概括されている（美川圭 二〇〇二）。鎌倉時代の後半になると、洛北の嵯峨にも後嵯峨《ごさが》院や亀山《かめやま》院の院御所亀山殿を中心にした新たな都市空間が造営されるが、その空間構造については鎌倉と類似することが指摘されている（山田邦和 二〇〇五）。

次に、天皇の居所である内裏（皇居）である。内裏は、平安宮（大内裏《だいだいり》）のなかにあった本内裏と複数の里《さと》内裏（里亭皇居）の併存期間を経て、やがて里内裏のなかの閑院《かんいん》が、本内裏に代わる正統な内裏として位置づけられるようになる（村井康彦・瀧浪貞子 一九九六、野口孝子 二〇〇四・二〇〇六）。ちなみに、天皇を補佐する摂関家《せっかんけ》の別業の地として知られる宇治も、十二世紀前半の忠実《ただざね》の時代に大路小路などの都市整備がはかられて鎌倉時代に至っている（元木泰雄 二〇〇〇、杉本宏 二〇〇五・二〇〇六）。

王権守護を担う軍事権門の空間は、平家から鎌倉幕府に継承された六波羅である（髙橋昌明 一九九八）。鎌倉時代の六波羅については幕府の出先機関（いわゆる「六波羅探題《たんだい》」）が置かれたところという認識が一般的であるが、ここには、頼朝の上洛した建久元年（一一九〇）以来、幕府滅亡に至るまでのほとんどの期間、将軍のために檜皮葺《ひわだぶき》の御所が用意されており、公家方は、これこそが征夷大将軍の正亭であると認識していた（熊谷隆之 二〇〇四）。

院御所と七条町

先に述べたように、十二世紀に院御所を中核にして造営された都市的空間としては白河・鳥羽・法住寺殿があり、これらはすべて京域の外側に位置した。ただし、これらがそれぞれに独立した自己完結的な「都市」といえるかどうかということになると、なかなか難しいところがある。政治や宗教、それに消費の機能はもつものの、生産の機能がないからである。当時京都でもっとも殷賑をきわめた商工業区は、平安京東市の機能を民間で継承した七条町であった。七条町は七条大路と町尻小路《まちじり》の交差点の周辺に展開した町屋商工業区で、現在の京都駅の北側に相当するところにあった（野口実 一九八八）。七条町の南側には当時最大の荘園領主であった八条院《はちじょう》（後白河院の妹・暲子《しょうし》内親王）の院庁《いんのちょう》や御所・御倉町《みくらまち》（倉庫や工房などの空間）があり、その西方には彼女に仕える貴族たちの邸宅がならび、それに続いて平家が京中の拠点とした西八条があった。地図を見ると、商工業区が政治的機能をもつ都市的空間を繋ぎ合わせる接着剤のような役割を担う形で都市的空間が繋がっていることがわかるだろう。白河・鳥羽・法住寺殿、さらに六波羅・西八条も同じように連接している。こうした都市的空間が接合する形で、その総体としての王都である京都が「巨大都市複合体」として存在していたのである（山田邦和 一九九八）。

平治《へいじ》の乱ののち、平家の支援によらなければ政権を確立しえなかった後白河院が六波羅の南に隣接する法住寺の旧地に院御所を設定したのにたいして、京中における武力を直接動員する権力を回復した後鳥羽院は、在京する幕府の御家人も北面《ほくめん》や西面《さいめん》に組織して、京中の高陽院《かやのいん》殿などの御所に住まうことが多くなる。しかし、承久《じょうきゅう》の乱の結果、院の権力が失われると、院御所の警固《けいご》も大番役《おおばんやく》の一環として幕府の御家人が勤仕するようになる。内裏の大番役（地方から上洛した武士が交代で警固にあたる）は平家の時代から行われていたが、承久の乱以後は王権全体が武家の守護（監視・統制）下に置かれ、武家独自のシステムのもとでそれが行われるようになったのである（木村英一 二〇〇二b）。

2 王家正邸としての閑院内裏

「閑院内裏」の成立と「陣中」「裏築地」

内裏については、先述のように、大内裏の内裏から里内裏に移行するという通説的な理解があり、平治の乱を境として、「大内《おおうち》」といった場合には、大内裏の内裏を指すということになるようで（村井康彦・瀧浪貞子 一九九六）、この大内裏内の本来の内裏（本内裏）の方が例外的存在としてとらえられるようになる。

複数の里内裏があったなか、里内裏のなかの里内裏として王家の正邸化したのが閑院である。閑院は、高倉《たかくら》天皇の即位した仁安三年（一一六八）から、後《ご》深草《ふかくさ》天皇の正元元年（一二五九）に焼亡するまでの間、ほぼ継続して使われている。

里内裏だった閑院が正式な内裏となって、大内の内裏が消滅してゆくのと連動する形で注目されるのが「陣中《じんちゅう》」の設定である。陣中とは、大内裏の空間を擬似的に里内裏の周辺につくり直した空間のことで（飯淵康一 二〇〇四）、閑院は基本的に一町四方だったが、その周りの三町四方が大内裏の空間になぞらえられたのである。この時代、しばしば延暦寺《えんりゃくじ》などの宗教勢力が内裏に強訴《ごうそ》を仕掛けることがあったが、その防御にあたった大番役の武士たちは、この陣中で職務を遂行したのである。

大内裏内の内裏に入る場合、大内裏の門の一つである陽明門《ようめいもん》から厳《いか》めしい空間を経て到達するわけだが、それと同じ権威空間が里内裏の周囲三町四方に再現されたのである。そして、その際、観念上の王宮として威儀を正すべき空間である陣中の道路に面して町屋などが見えるのは見苦しいので、裏築地という築地塀を立てて権威空間が演出されたのであった（桃崎有一郎 二〇〇四a・b）。

左に掲げた「閑院内裏陣中（建長《けんちょう》の造営）の置路と裏築地」に「二十（20）本」とか「十六（16）本」と書かれているのは、建長年間（一二四九—五六）に鎌倉幕府が閑院内裏を修造したとき、幕府の御家人たちが裏築地を何本担当したか『吾妻鏡《あずまかがみ》』（鎌倉幕府の公的歴史書）に記されている数字をもとにして示した数字である。一本は裏築地の二丈（約六メートル）分のことであり、図のような形で閑院内裏の周辺に権威空間を構成するために御家人たちが負担を分担したのである（野口孝子 二〇〇四・二〇〇五b・二〇〇六）。もちろん、寝殿の西対《にしのたい》などのような重要な殿舎も幕府御家人が負担したのだが、それは財力

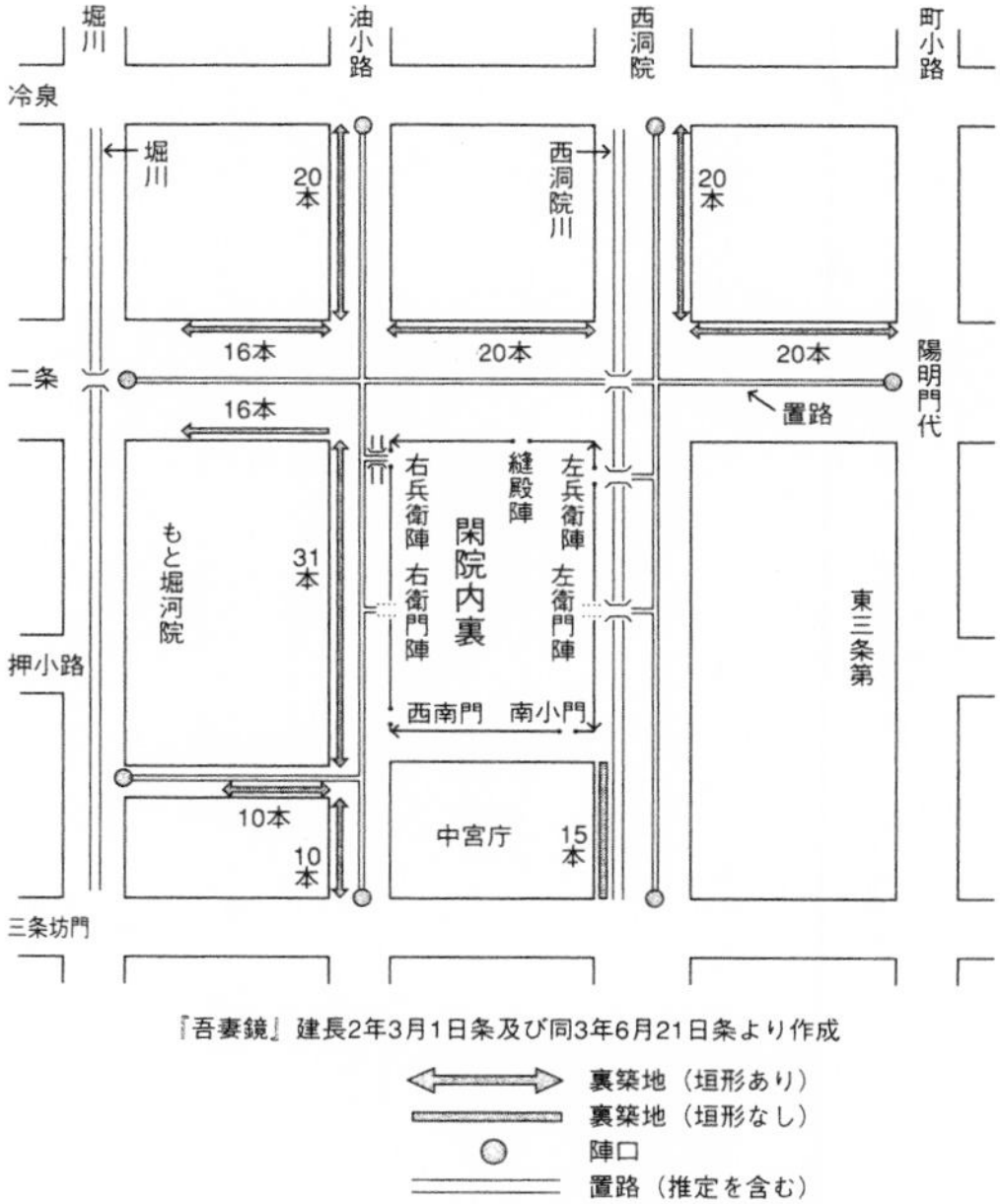

『吾妻鏡』建長2年3月1日条及び同3年6月21日条より作成

図28　閑院内裏陣中（建長の造営）の置路と裏築地
野口孝子2006より

のある有力御家人が担当し、弱小な御家人はこういう裏築地を少しずつ負担したのである。

内裏の造営・守護は武家の役割

武家（幕府）は大番役をつとめて内裏を警固するばかりでなく、内裏そのものを造営することも請け負ったのである。つまり、武家が王権を守護するということは、ただ武力によるだけではなく、その居所すべてに責任をもつことだったのである。

建暦三年（一二一三）、閑院内裏が幕府の負担によって再建されている。このとき、朝廷側で造営にかかわった藤原光親《みつちか》の日記には「指図《設計図》は今度、多く大内を模せらる」（『光親卿記』建保元年二月二十七日条）との文言が見え、この記事から閑院内裏は大内裏の内裏をモデルに造営されたことがわかる。このことからも、鎌倉時代に閑院内裏は里内裏というよりも正統な内裏として認識されていたことがうかがえるのである。内裏大番役の成立は、閑院が王家の正邸化したことと連動しており、平家が内裏大番役をはじめたのは高倉天皇が閑院で即位した時点とみられる（元木泰雄 一九九九）。

内裏周辺三町四方を意味する「陣中」がはじめて史料にみえるのは白河天皇の時代にさかのぼるものの（中町美香子 二〇〇五）、「裏垣」＝「裏築地」の初見は高倉天皇の閑院内裏からのことであり（野口孝子 二〇〇五b）、「内裏大番役」「陣中」「裏築地」の成立と閑院の王家正邸化はパラレルな関係にあったと考えてよいであろう。

ちなみに、内裏の警固にあたる武士たちを統率する大番沙汰人《さたにん》の宿所が陣中にあったことは『平戸記《へいこき》』（民部卿平経高《みんぶきょうたいらのつねたか》の日記）寛元三年（一二四五）正月十二日条の記事から明らかなのだが、その配下に

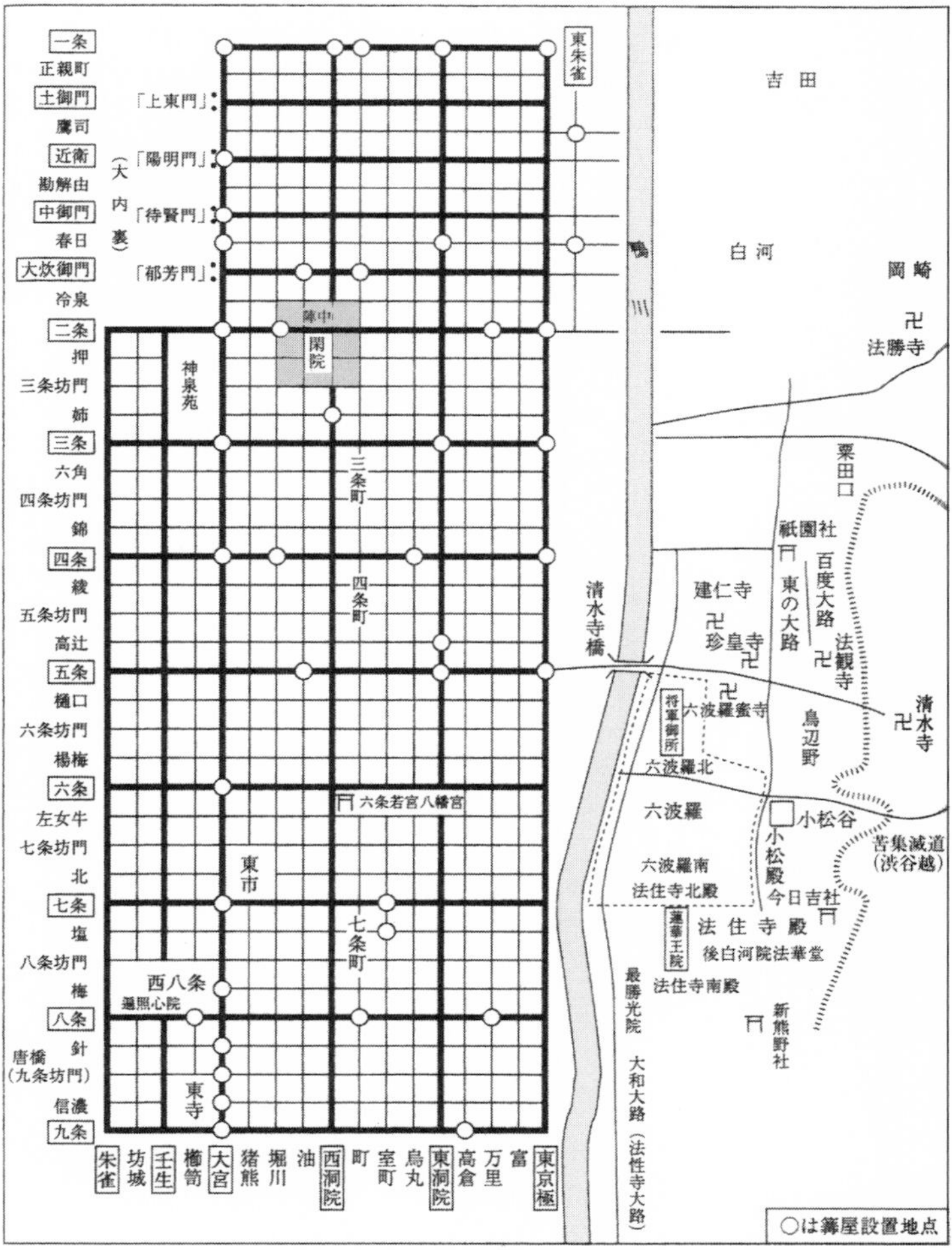

図 29　閑院内裏と六波羅御所　野口実 2007 より

服した武士たちの宿所などについては判然としていない。有力な者は京中に宿所をもち、そこで起居したのだろうが、多くは寄宿の形をとったものと思われる。

なお、閑院内裏について最後にどうしても付け加えておきたいことが二点ある。一点目は、その位置するところが大宮《おおみや》大路を西限とした鎌倉時代の京都のほぼ中央であること、もう一点は、「東礼」（御所の正式な出入り口が東に設定されている）の造りであったことである。閑院内裏は洛中（平安京の左京域）の中央北寄りに位置し、鴨川を挟んで洛外の六波羅に対峙しているような格好である。これはあたかも鎌倉期における王権のあり方を物語っているかのようであろう。

3 「武家」の空間

六波羅（河東）　平家の本拠や鎌倉幕府の出先機関が京外の六波羅に置かれたことについては、ここが宇治を経て奈良に繋がるメインルートの始発点に位置し、東山《ひがしやま》は巨大な塁壁、鴨川は水濠の機能を果たすという交通・軍事の要地であるうえに広大な空閑地があったことや、京中は聖域であって、穢《けがれ》にそまった武士の行動が制約されたからであるという説明がされるが、たしかに、平安末期以来、鴨川の東（「河東」）は武士の空間であった（野口 二〇〇六a・b）。

たとえば、保元《ほうげん》の乱のときに崇徳《すとく》上皇方に立った源為義《ためよし》（頼朝の祖父）は、現在の南禅寺《なんぜんじ》のあたりにあった円覚寺《えんがくじ》に拠点をもっていたし（元木泰雄 二〇〇四）、同じく崇徳上皇と手を結んだ摂関家の藤原頼長《よりなが》の家人で在京していた大和《やまと》源氏の宇野親治《うのちかはる》という武士は、法住寺の付近、すなわち七条の末（七条大路の鴨川を越えた延長線上の地点）のあたりで検非違使《けびいし》の追捕《ついぶ》を受けているから、おそらくこのあたりに住んでいたのだろう。

さらに、治承四年（一一八〇）、以仁王《もちひとおう》を擁して反平家の兵を挙げた源頼政《よりまさ》も「近衛《このえ》河原の末の南、鴨川の河原の東」（『山槐記』）に亭を設けていた。ちなみに、この地点の近くに位置する京都大学西部構内遺跡からは平安後期の武士居館跡の検出が報告されている（山田邦和　一九九八）。

六条と山科

鎌倉時代、六波羅は京都における将軍御所・探題府の所在地であることから「武家地」としての性格を確定した（高橋慎一朗　一九九六）。そもそも、幕府の創始者である源頼朝を生んだ河内《かわち》源氏の本拠は六条堀川《ほりかわ》（堀河）にあり、木曽《きそ》義仲《よしなか》や義経《よしつね》も上洛後にここを本拠にしていた。しかし、義経没落の後、文治二年（一一八六）、頼朝はこの地に源氏の氏神である八幡神を勧請《かんじょう》し、六条若宮八幡宮《わかみやはちまんぐう》を造営した（海老名尚・福田豊彦　一九九二）。頼朝は六条堀川を在京幕府勢力の本拠にするのではなく、権威空間としたのである。翌年、上洛を見越した頼朝は在京中の亭にあてるために、後白河院の山科《やましな》御所「沢殿」の拝領を望んだが、院に拒絶されている（木内正広　一九七七、西井芳子　一九九三）。

第一章の1で述べたように、山科沢殿は東国《とうごく》から京都に入るにはきわめて便利なところにあり、また東山から山科に抜ける間道《かんとう》である滑石越《すべりいしごえ》を通して直接、後白河院の本邸である法住寺殿と結ばれる重要な地点に位置したから、頼朝が掌中に収めようとしたのも肯けるところである。

檜皮屋の将軍御所

結局、頼朝上洛のための亭は平頼盛《よりもり》の六波羅池殿跡地に造営され、家人どもの屋形《やかた》の用地として六波羅ならびに東洞院《ひがしのとういん》以東四条・五条辺の洛中東部の地が用意された（野口実 二〇一二）。この年の十一月、上洛した頼朝は、南北二町を占める大規模な「六波羅新造亭」に入った。頼朝は一ヵ月ほど在京の後、関東に下向したが、それに先立って「六波羅御留守」を甥の一条高能《いちじょうたかよし》に委ねている。頼朝は建久六年に再び上洛した際にも、この亭を拠点に南都《なんと》や天《てん》王寺《のうじ》に赴いている。ちなみに、同九年、高能が死去すると留守役は中原親能《なかはらちかよし》に交代するが、彼は頼朝の娘三幡《さんまん》の乳母夫であり、この亭が頼朝の近親者によって守られていたことがわかる。

この将軍御所は建仁三年（一二〇三）に焼失したが、暦仁元年（一二三八）、四代将軍九条《くじょう》（藤原）頼《より》経《つね》の上洛に際し、建久の例に任せて新造された。寛元四年（一二四六）に頼経、建長四年（一二五二）に五代将軍頼嗣《よりつぐ》が京都に送還されたときには、ともに探題北条重時《ほうじょうしげとき》の六波羅「若松《わかまつ》宅（殿）」に入っている。頼嗣のあとを受けて六代将軍となった宗尊《むねたか》親王は六波羅北殿の「檜皮屋」に渡ってから鎌倉に出立しており、正応二年（一二八九）、八代目の将軍久明《ひさあきら》親王もここから鎌倉に出立している。『続史愚抄《ぞくしぐしょう》』には、元弘元年（一三三一）八月、後伏見《ごふしみ》上皇・花園《はなぞの》上皇・量仁《かずひと》親王が六波羅に遷ったとき、六波羅の北方内に兼ねてから「将軍の幕府」として設けられていた「檜皮屋一宇」に入れ奉ったという記事がみえ、『増鏡《ますかがみ》』にも「六波羅の北に、代々将軍の御料とて造りをける檜皮屋一つあるに」とあって、六波羅には、頼朝・頼経の造営した御所に継続する形で、代々将軍の「幕府」たる檜皮葺きの亭（御所）が用意されていたことがわかる。熊谷隆之氏はこの事実から、朝廷側の認識では鎌倉殿の「本邸」は六波羅に所在しており、観念上、鎌倉は征夷《せいい》出征中の拠点に過ぎなかったという注目すべき見解を示している（熊谷隆之 二〇〇四）。

北条氏の六波羅探題府

承久の乱後、南北六波羅殿（六波羅探題府）が設置されたことは周知に属する。南殿は六条（末《すえ》）大和大路にあったことが知られ、南北六波羅殿の周辺には、六波羅探題に仕えた奉行人《ぶぎょうにん》や探題の家人たちの宅、宿所が続々と構えられていった。この段階になると、かつて院御所の置かれた法住寺殿の周辺のエリアも六波羅に取り込まれ、それまで院の武力の閲兵式として法住寺殿の鎮守社である新日吉社で行われていた小五月会《こさつきえ》の流鏑馬《やぶさめ》行事は、六波羅探題によって執行されるようになる（平岡豊 一九八八、木村英一 二〇〇二a）。

図 30　六波羅の「堀」
2018 年 12 月より，（株）文化財サービスによる発掘調査によって六波羅（京都市東山区）から検出された平安時代後期の石垣を伴う「堀」の遺構.

なお、『明月記《めいげつき》』（藤原定家《さだいえ》の日記）嘉禄二年（一二二六）八月三日条に、六波羅殿（六波羅探題の居館）の四方に壕（口一丈五尺・深さ一丈）がめぐらされていたという記事がみえる。六波羅はすでに平家の時代から要塞化されていたが（髙橋昌明 一九九八）、鎌倉時代においても、「武家」の機能実現に相応した京都防衛の最重要拠点たる空間を構成していたのである。

ちなみに、六波羅が京都における武家地として定着した背景として、この地が幕府成立以前から北条氏と浅からぬ関係にあった事実を付け加えておきたい。北条氏が平忠常《ただつね》の乱の際に追討使《ついとうし》に任じられ、源頼義《よりよし》を婿に迎えた平直方《なおかた》の子孫で、十二世紀末には伊豆《いず》国の在庁《ざいちょう》をつとめる家であったことはよく知られているが、近年、それに加えて、時政《ときまさ》の祖父にあたる時家《ときいえ》が伊勢《いせ》平氏庶流の出身で伊豆北条氏に婿入りしていたこと、そしてその娘が興福寺《こうふくじ》の悪僧として名高い信実《しんじつ》の母にあたることが明らかにされている（佐々木紀一 一九九九）。この時家の祖父盛基《もりもと》が康和三年（一一〇一）ごろ、六波羅の珍皇寺《ちんこうじ》の敷地のうちの二段を借地していたことが知られるのである。彼は京内の五条烏丸《からすま》にも宅を所有していたが（『中右記』）、ここは六波羅に近接したところで、のちに鎌倉幕府御家人が集住したエリアに近い。頼朝の亭が六波羅に置かれることになる以前、文治元年（一一八五）に京都守護として上洛した北条時政の宿所が六波羅に置かれるに至った背景に、こうした盛基以来の北条氏と六波羅との由緒が関係したことは十分想定できるのではないだろうか。なお時政は、文治二年七月に六波羅の北隣に位置する「綾小路《あやのこうじ》北、河原東」にも屋地を得ているが（『吾妻鏡』）、ここはもと平宗盛《むねもり》の家人藤原景高《かげたか》の所領《しょりょう》だったところである。

源実朝の妻が住んだ西八条

鎌倉時代、京中における幕府の空間として従来見過ごされていたのが「西八条」である。いうまでもなく、かつて平家の京中における本拠であったものを源氏将軍家が継承した所領であるが、ここは三代将軍実朝《さねとも》の妻（坊門信清《ぼうもんのぶきよ》の娘、西八条禅尼、本覚尼《ほんがくに》とも）が伝領し、彼女はここに遍照心院《へんじょうしんいん》を造立している（野口実 二〇〇四）。

実朝の妻の実名《じつみょう》は不明である（「信子」とするのは誤り）。彼女は建久四年（一一九三）、坊門信清の娘として誕生した。坊門家は刀伊《とい》の入寇《にゅうこう》（一〇一九年）のときに大宰権帥《だざいのごんのそち》として活躍したことで知られる藤原隆家《たかいえ》の子孫の家柄（中関白家《なかのかんぱくけ》）で、父・信清は後鳥羽上皇の母七条院殖子《しょくし》の弟にあたり、彼女の姉妹のうち二人はそれぞれ後鳥羽とその子息である順徳《じゅんとく》天皇の後宮に入っており、王家ときわめて密接な関係にあった。したがって、彼女が元久元年（一二〇四）、十二歳のとき、実朝の妻として関東に下向したのは、いわば公武協調路線にもとづくものといえる。この結婚には、後鳥羽の乳母であった卿《きょう》三位《のさんみ》藤原兼子《けんし》の働きが大きかったため、彼女は岡崎《おかざき》にあった兼子の亭から、錚々たる関東御家人の迎えを受けて東国に下ったのである。

図31　西八条禅尼画像　大通寺所蔵

鎌倉に下って将軍家御台所《みだいどころ》となった彼女は、しばしば夫や姑の政子《まさこ》に同行して寺社詣に出かけている。平泉《ひらいずみ》の大長寿院《だいちょうじゅ》を模して建てられた永福寺《ようふくじ》（現、鎌倉市二階堂）で実朝と二人、花の下を逍遙したという『吾妻鏡』の記事からは、仲のよい夫婦像が浮かび上がる。

建保四年（一二一六）、彼女は二代将軍頼家《よりいえ》の遺娘（のちの竹御所《たけのごしょ》）を猶子としている。この娘は祖母の北条政子とともに暮らしていたようで、やがて四代将軍として京から下向した摂関家出身の九条頼経の正室となり、源氏と直接血統の繋がりのない夫の権力を補完する役割を果たすことになるのである（野口実

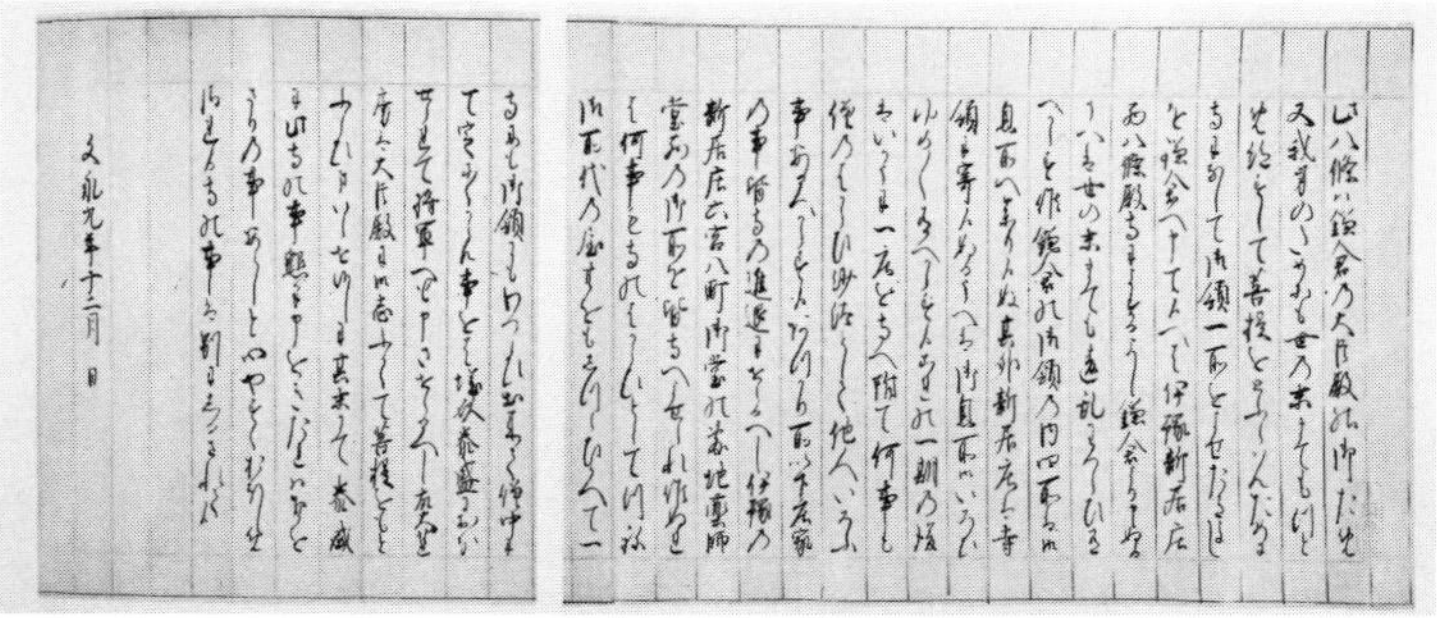

図 32 西八条禅尼の置文（近世の写） 大通寺所蔵

一九九八、金永 二〇〇一・二〇〇二）。

承久元年（一二一九）正月二十七日、実朝が暗殺されると、彼女はその翌日に落飾して「本覚」の法名をうけ、この年のうちに鎌倉を離れて京都に戻った。彼女が鎌倉を去ったのは、鎌倉将軍家における主婦権は北条政子（六十三歳）が握っており、また将軍家嫡女として竹御所（十七歳）の存在があったからだと考えられる。当時、貴族女性の再婚は普通に行われていたから、彼女には上洛後にそのような選択肢もあったはずなのだが、彼女は残された人生を実朝の菩提供養にあてることとなる。

都に戻った彼女は西八条の実朝所有の邸宅敷地を正式に伝領し、在家の尼として「西八条禅尼」あるいは「本覚尼」と呼ばれることになる。鎌倉にあった姑の政子との関係も良好なものであったようで、政子は彼女への配慮・支援を怠ることがなかった。

彼女は関東将軍の後家《ごけ》であったから、さまざまな側面で大きな影響力を行使しえたはずであり、それは承久の乱（一二二一年）で京方についた兄忠信《ただのぶ》の助命を政子に願ってゆるされたことや、乱の後、八条の辻に篝屋《かがりや》が置かれて、紀州の湯浅《ゆあさ》氏がそこに常駐し

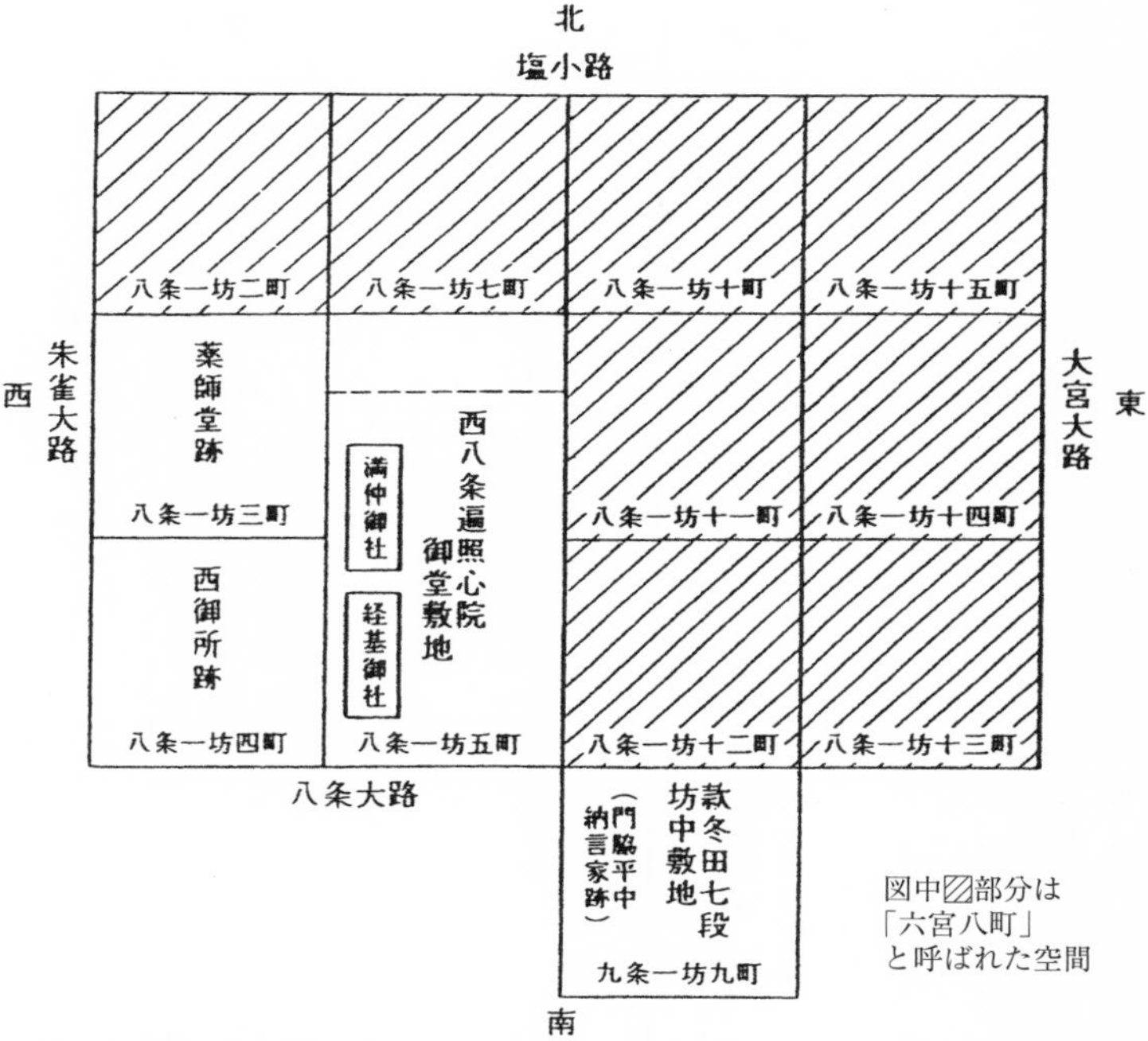

図33　遍照心院と周辺の寺領　細川涼一「源実朝室本覚尼と遍照心院」（脇田晴子ほか編『ジェンダーの日本史　上』東京大学出版会，1994年）より

て西八条の守護をつとめるようになったことなどに示される。

『明月記』の天福元年（一二三三）五月二十九日条に、源仲兼《なかかね》（源実朝と同時に殺された仲章の弟）の従者が「八条禅尼関東右府後家家警固の者」と称して武士の追及を逃れたという記事がみえる。これは西八条禅尼の関係者であることを主張すれば、その権威によって幕府の出先機関である六波羅探題からの追及を逃れることができたことを示しており、とするならば、彼女の居住した西八条の空間は一種のアジール（権力からの避難所）としての機能を果たしていたと見ることができる。

寛喜三年（一二三一）、彼女は西八条亭の寝殿を仏堂として遍照心院《へんじょうしん》（西八条御堂・大通寺《だいつうじ》）と名づけ、堂供養が行われた。その奉行は禅尼の従兄にあたる綾小路（源）師季《もろすえ》がつとめ、六波羅から遣わされた武士たちが威儀を整えるなか、多数の公卿が参列して盛大をきわめた。開山長老となったのは藤原定親《さだちか》の子で、彼女の従弟にあたる廻心房真空《えしんぼうしんくう》であった。真空は、北条政子の信頼あつかった幕府の有力御家人安達景盛《あだちかげもり》が本願となって源実朝の菩提を弔うために高野山《こうやさん》に建立された金剛三昧院《こんごうざんまいいん》の第五世長老をつとめた僧侶である。

遍照心院全体の領域を平安京の条坊で示すと、東は大宮大路、西は朱雀《すざく》大路、南は八条大路、北は塩小路《しおこうじ》で囲まれた左京八条一坊のうちの十二町という広大な範囲を占め、このうち一坊の五・六町が「西八条遍照心院御堂敷地」として伽藍《がらん》や僧の住居が建ち、四町は「西御所」すなわち禅尼亭の敷地になっていた。

ちなみに、遍照心院には、北条義時《よしとき》の後妻の伊賀《いが》氏の消息《しょうそく》（書状）が伝えられており（現在、六孫王《ろくそんのう》神社所蔵）、西八条禅尼が北条政子の保護をうけ、従兄綾小路師季の妻の母が北条時政の娘であったことなどから、彼女が鎌倉幕府支配層の女性たちと強く親交を結んでいたことがうかがえて興味深い。

京中の篝屋と在京武士の宿所

承久の乱後、幕府が王都たる京都の守護権を拡張していく過程で、篝屋が左京大宮大路以東の各所に設置されることとなる（五味克夫 一九六三、塚本とも子 一九七七）。前述のように、その嚆矢は八条辻に設置されたものだが、その本格的な展開は、四代将軍頼経が上洛した暦仁元年（一二三八）を契機とする。彼は検非違使別当《べっとう》に任じられており、その地位にもとづいて京中の守護権を幕府のもとに一元化しようとしたのであろう。将軍の検非違使別当兼任はその後継続しなかったが、京中の治安維持は武家（六波羅）が担う方向に向かうこととなった。

篝屋は夜盗・群盗の跳梁を防ぐため、京中の要所に幕府の負担によって設置された京中警護のための施設で、幕府の在京御家人が宿衛し、夜中には篝火《かがりび》をたいて、今でいえば警察署ないしは交番のような機能を担ったものである。その配置の状況は、仁和寺《にんなじ》の古文書の中から発見された篝屋の設置箇所を記した地図などをもとにして、八九頁の図29「閑院内裏と六波羅御所」に示した（野口実 二〇〇五・二〇〇七）。

そのような動きのなかで、幕府在京御家人の居住空間も、六波羅や左京の東部のみならず、洛中全域に拡大していく傾向がうかがえる。たとえば、下総《しもうさ》・伊賀《いが》両国の守護をつとめる千葉《ちば》氏は、六波羅に近接する清水坂《きよみず》に宿所をもっていたが（『石清水八幡宮護国寺略記』）、左京の西の大宮大路に面したある地点に所在したとみられる屋地（「大宮の御地」）を所有していたことが知られる（中山法華経寺所蔵『日蓮遺文紙背文書』）。千葉氏は肥前国《ひぜん》小城《おぎ》郡（現在の佐賀県小城市）の惣地頭《そうじとう》でもあったが、西国《さいごく》に多くの所領・諸職《しょしき》を有した有力御家人や、「在京人」と呼ばれる京都を本籍とする幕府御家人たちは、西国所領支配の拠点としての京都に宿所・屋地を所有するに必要に迫られ、その獲得は没官《もっかん》地の恩給《おんきゅう》のみならず、買得や貴族との婚姻による伝領によって進行したと考えられる。また、大番役などで臨時に上洛した地方武士たちの「寄宿」「借居」の場も各所に用意されたことであろう。王権と王の住まう都を守護することをアイデンティティとする「武士」たちにとって、京都に宿所・屋地を所有したり、滞在のための寄宿の場を確保したりすることは当然の営為だったのである（野口実 二〇一五）。

「四箇所霊場」と武家権力

以上見てきたように、鎌倉時代になると内裏は閑院に固定され、その警固も造営も武家（幕府）が担当する。さらに承久の乱の後には、王家による独自の軍事編成は不可能となり、院御所の警固も武家に委ねられ、さらには京中に篝屋が設置されて治安維持がはかられるようになる。王家が完全に武家によって守られる体制ができ上がるのだが、これを単純に武家による権力の一元化ととらえるのは早計で一面的であろう。幕府はなぜこのようなことをしなければならなかったのだろうか。

その回答を一言で述べれば、内裏大番役の勤仕が武士身分を示す表象であり、武家権門である幕府のアイデンティティが王権・国家・首都の守護にあったからである。幕府の存在証明は王権守護によってなされたから、その権力は伝統的権威によって保証されていたことになる。そのことは、幕府による王の権威空間、すなわち大内裏跡地や神泉苑《しんせんえん》への対応によってうかがうことができる。幕府は伝統的な権威空間の記憶を利用してその権力の正当化をはかっていたのである。

たとえば、大内裏の跡地は、鎌倉時代には「内野《うちの》」と呼ばれるようになるほど荒れ果ててしまったという理解が一般だが、実はその一方で、朱雀門は十三世紀中葉まで再建を重ねて存続していた。さらに、大内裏のなかにあった神祇《じんぎ》官《かん》・真言院《しんごんいん》や太政官《だじょうかん》、またその南にあって天皇の祭祀の場であった神泉苑は「四箇所霊場」と総称される権威空間として、室町時代に至るまで幕府から重要視されており、太政官は即位儀礼の場であったし、神泉苑には大宮大路側の東面のみに築垣《ついがき》と門が、内野にも大宮面に「古築地」がのこされていたのである（村井康彦・瀧浪貞子 一九九六、東島誠 二〇〇〇、野口晶子 二〇〇二）。

また、武家の機能との関係でいえば、大内裏の警衛にあたる「大内守護」が、後鳥羽院の発した軍勢によって討たれた源頼茂《よりもち》に至るまで、かの大江《おおえ》山《やま》伝説で有名な頼光《よりみつ》以来、摂津《せっつ》源氏の家職《かしょく》であったかのように伝えられていることの意味も、あらためて問い直してみる必要があるだろう。

ともかく、鎌倉・室町幕府ともに、四箇所霊場と、その存在を可視化する大宮面の築地や門をのこしていた。すなわち、武家権力は、京都が王城として鎮護されるべき場であることを示すモニュメントの維持をはかっていたのである。鎌倉時代に里内裏・中宮《ちゅうぐう》御所・院御所のみに築造された裏築地は、室町時代には内裏・院御所のほか将軍の御所である室町殿にも許されるようになっており、将軍の権力は、伝統的な王権にもとづいて正当化・権威化されていたことが理解できる（桃崎有一郎 二〇〇四b、野口孝子 二〇〇五a）。公家を圧倒し尽くしたかにみえる武家の権力は、実のところ公家の伝統的権威への依存によってみずからを正当化していたのである。

その後、京都において、為政者がみずからの権力の正当性を示すために、伝統的権威あるいは歴史的な重みをもつ空間を利用した例は、究極の「下剋上」を成し遂げた豊臣秀吉に見ることができる。

彼は古代「公家」権力の中枢を占めた大内裏の跡に聚楽第《じゅらくてい》（亭）を築き、室町幕府の成立に至るまで「武家」の拠点であった六波羅の周辺を豊臣家のプライベートゾーンとして、巨大な「東山大仏」（のちに方広寺《ほうこうじ》とよばれる）を造営したのであった。

コラム3　神泉苑と鎌倉幕府

神泉苑《しんせんえん》は平安京造営の一環として設けられた天皇の庭園である。桓武《かんむ》天皇は延暦十九年（八〇〇）七月に行幸《ぎょうこう》しており、当初は殿閣が建ち、中島のある池があり、鹿が放たれていたという。嵯峨《さが》天皇の時代、ここでは漢詩が詠まれ、唐風文化交流の場となっていた。しかし、貞観四年（八六二）九月の旱暑に際して、苑の水が庶民に開放されたことを皮切りに、ここは平安京住民の命の泉として意識されるようになり、日照りに際して東寺《とうじ》や西寺《さいじ》の僧によって祈雨の法会が行われるようになる。

平安末期に至ると池底《いけそこ》の土ざらえが行われるようになり、苑の荒廃が進んだようであるが、治承元年（一一七七）四月の大火災で、大内裏《だいだいり》内の殿舎が焼失した際、神泉苑も類焼を免れなかったらしい。その後、復興がはかられたらしく、治承五年に至って再び祈雨の読経が再開され、以後、毎年五、六月ごろに東寺長者によってそれが行われるようになる。ただし、これは神泉苑が東寺領になったことを示すわけではなく、掃除などの苑の管理は朝廷によって担われていた。

鎌倉時代になると、神泉苑に大きな転機が訪れる。苑の管理を幕府が行うようになったのである。これは荒廃していた東寺の復興を、神護寺《じんごじ》でそれを成し遂げた文覚《もんがく》に委ねることによって進

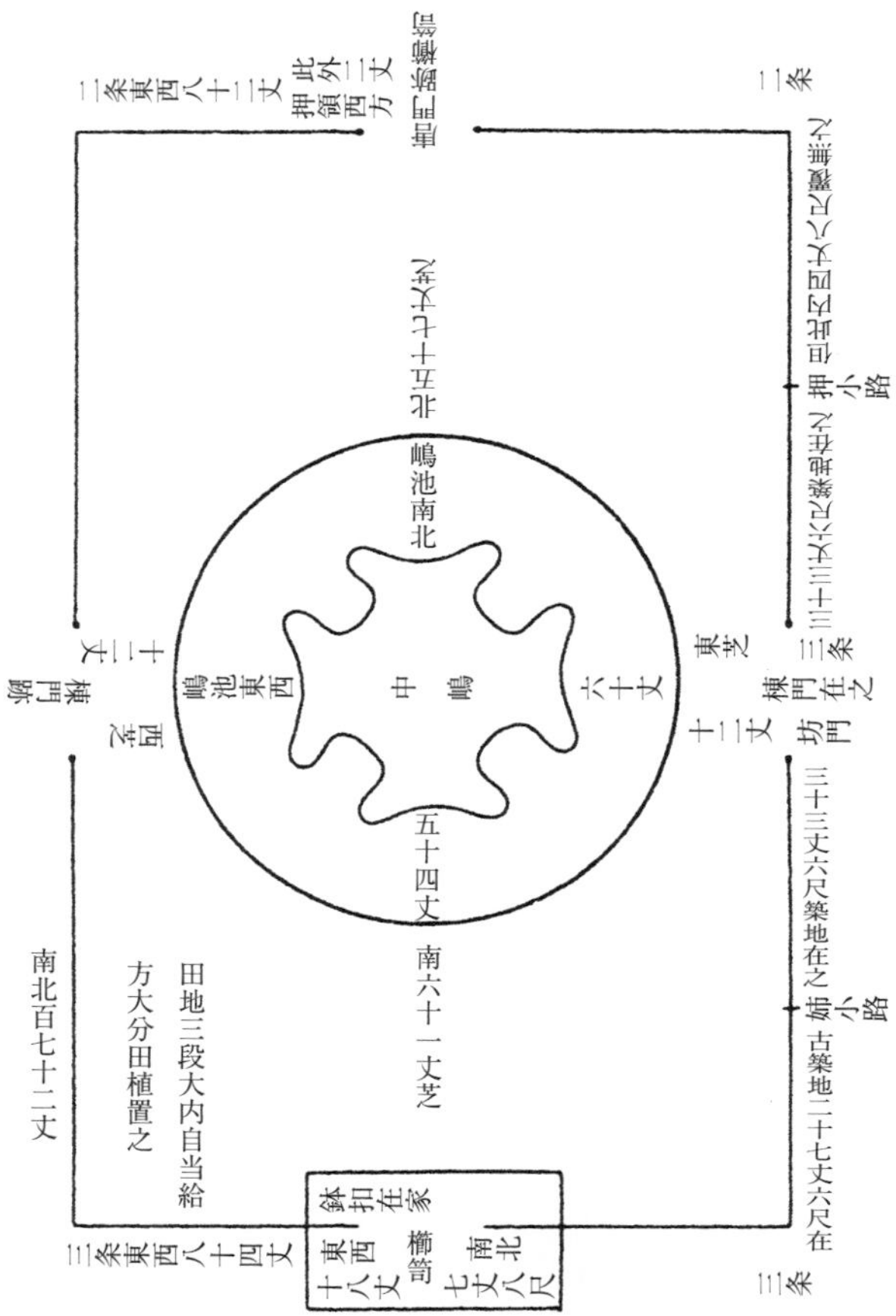

図 34　15 世紀半ばの神泉苑 「神泉苑差図」長禄三年（1459）五月二十八日『東寺観智院金剛蔵文書』288 函 3 号による

めたのと並行する形で行われた。平安建都に際してともに王城鎮護・王権守護を目的として設置された施設は、幕府にとっても維持されなければならないものだったのである。このことは日本中世国家のあり方を体現しているようにみえる。

九条兼実《くじょうかねざね》の日記『玉葉《ぎょくよう》』の建久二年五月十三日条には、幕府の手によって修復される直前の神泉苑の様子が以下のように記されている。

　また神泉苑、死骸充満し、糞尿汚穢は勝《あ》げて計《かぞ》えるべからずと云々《うんぬん》、よって慥《たし》かに明日明後日のうちに、洒掃《さいそう》すべきの由を、別当能保《べっとうよしやす》卿に仰す。

記主の兼実はこのとき従一位関白《かんぱく》、能保卿は頼朝の妹婿である一条《いちじょう》能保のことで、正三位権《ごんの》中納言《ちゅうなごん》、左兵衛督《さひょうえのかみ》として検非違使《けびいし》別当の任についていた。

幕府による修復によって神泉苑は往時の面影を取り戻したらしく、建仁二年（一二〇二）ごろからは後鳥羽《ごとば》天皇が何度も行幸している。しかし、承久《じょうきゅう》の乱を境に再び荒廃が進んでしまったらしく、幕府はそれを阻止しようと築垣を高くして門を閉じ、庶民の出入りを禁じたのだが効果はなく、元の木阿弥と化してしまった。

室町時代になると、神泉苑は王（天皇）権のシンボルである四箇所霊場の一つとして（ほかに太《だ》政官《じょうかん》・神祇官《じんぎかん》・真言院《しんごんいん》）、その管理は大勧進職《だんかんじんしき》という形で幕府から委ねられた律宗《りつしゅう》寺院長福寺《ちょうふくじ》によって行われるようになった（野口晶子　二〇〇二）。

四　承久の乱

1　乱勃発の前提

承久の乱とは

承久三年（一二二一）に起こった承久《じようきゆう》の乱は、列島規模で大きな影響を与えた事件となった。鎌倉の執権北条義時《ほうじようよしとき》追討を命じた後鳥羽《ごとば》院（一一八〇—一二三九）が合戦に敗れ、後鳥羽を含む三人の上皇が遠流《おんる》に処されたのである。治天《ちてん》の君《きみ》が、皇統を背後にもたない武士勢力に合戦で敗北し、遠国に流されたのは、日本史上初めてのことである。もちろん乱の影響は天皇家だけにとどまらず、治天を頂点とする朝廷・公家社会や彼らの本拠地である京都にも及んだ。

源実朝の暗殺

一一八〇年代の内乱、一一九〇年代の後白河《ごしらかわ》院・源頼朝の死去を経て、一二〇〇年代には京の後鳥羽院と、鎌倉幕府三代将軍源実朝《さねとも》（一一九一—一二一九）との良好な関係のもとで、院・天皇を武家が輔佐する政治体制が安定しつつあった。

しかし承久元年（一二一九）正月二十七日、源実朝が甥公暁《こうぎよう》に暗殺されてしまった。その場を逃れた公暁は三浦義村《みうらよしむら》を頼ったが、義村は北条義時の意に従い公暁を殺害した。実朝暗殺の「黒幕」として北条義時・三浦義村・後鳥羽上皇を挙げる説や、公暁の単独計画説がある（坂井孝一 二〇一四）。次期鎌倉殿として、北条政子《まさこ》と宿老《しゅくろう》御家人は後鳥羽の皇子の下向を求めた（『吾妻鏡』二月十三日条）。しかし、後鳥羽は皇子の下向を承諾せず、結局、承久元年七月に摂関家《せっかんけ》九条道家《くじょうみちいえ》の男三寅《みとら》が下向することとなった。のち嘉禄二年（一二二六）に征夷大将軍となる頼経《よりつね》であるが、このとき二歳。以後しばらく幕政の主導権は、鎌倉殿代行たる北条政子と、その弟の執権北条義時が掌握することとなった。

大内裏造営と長江庄地頭

源実朝の在世中から、鎌倉幕府の支配系統に位置する地頭《じとう》と、寺社や公家の支配系統との間で、所領《しょりょう》の権益をめぐる個別的な紛争が生じていたが、とくに承久年間には大きな問題が生じた。

その一つは大内裏《だいだいり》造営にかかわる賦課《ふか》である。承久元年（一二一九）七月、後鳥羽が在京御家人の源頼茂《よりもち》を追討した際、頼茂は内裏仁寿殿《じじゅうでん》に入り、火を放って自害した。火は宜陽殿《ぎようでん》・校書殿《きょうしょでん》などにも及んだ。その後ほどなくして後鳥羽は大内裏の造営に着手し、承久二年（一二二〇）三月には内裏木《き》作始《づくりはじめ》、十月には殿舎・門廊などの立柱・上棟が行われた。

この大内裏造営の費用を、朝廷は五畿七道諸国の荘園・公領《こうりょう》に一国平均役《いっこくへいきんやく》として賦課し、各国の国《こく》衙《が》は荘園・公領から徴収しようとした。藤原経光《つねみつ》の父頼資《よりすけ》が造内裏行事弁《ぎょうじべん》をつとめていた関係で、この承久大内裏造営関係の文書が経光の日記『民経記《みんけいき》』の寛喜二・三年（一二三〇・三一）巻の紙背文書《しはいもんじょ》として伝わっており、それらから、とくに東国《とうごく》の荘園で、地頭である御家人の対捍《たいかん》（納入拒否）が頻発していたことがうかがえる。

鎌倉幕府は東国において国衙在庁《ざいちょう》を指揮する権能を有していたが、この大内裏造営の課役徴収にかかわって、その権能を発揮した形跡は見いだせない（小山田義夫 二〇〇八）。個々の地頭の対捍に加えて、鎌倉幕府が徴税推進の役割を放棄したことにたいして、後鳥羽が幕府中枢の政治姿勢を是正すべきである、より具体的には執権の交代をと考えたのも無理はない。

いま一つの問題は、後鳥羽院領摂津《せっつ》国長江《ながえ》庄・倉橋《くらはし》（椋橋）庄の地頭職《しき》である。『吾妻鏡《あずまかがみ》』承久元年三月九日条・承久三年五月十九日条には、後鳥羽が、寵女亀菊《かめぎく》の申状《もうしじょう》を受けて、使者藤原忠綱《ただつな》を関東に遣わし、両庄の地頭職の停止を要求したが、北条義時が拒絶したとある。流布本『承久記《じょうきゅうき》』上にも、両庄の地頭が領家亀菊をないがしろにしたので、泣きつかれた後鳥羽が鎌倉に地頭改易を仰せ下したとある。ただし慈光寺《じこうじ》本『承久記』上によれば、亀菊が所職《しょしき》を有した長江庄は院領で、長江庄の地頭は北条義時であったらしい。『吾妻鏡』や流布本『承久記』は、義時が執権として鎌倉御家人の権益を保護したかのように描くが、むしろ義時自身が地頭職を有する所領にかんして、後鳥羽からの要求を拒絶したというのが真相のようである。

史料が限られていることもあり、ほかの争点があったかどうかは未詳だが、これらを直接の契機として、後鳥羽は北条義時の追討を企図した。

召籠られた公卿、静観した公卿

京の公家政権と鎌倉幕府の意思伝達の際、京都側の窓口をつとめる役職があった。その役職は寛元四年（一二四六）以降「関東申次《かんとうもうしつぎ》」という名で制度化されるが、すでに承久の乱以前からそれに相当する役割を果たしていた者がいた。後鳥羽院政期には西園寺《さいおんじ》公経《きんつね》と坊門信清《ぼうもんのぶきよ》がつとめていたと『葉黄記』寛元四年三月十五日条に所見するが、信清はすでに建保四年（一二一六）三月に没していた。

西園寺公経は、鎌倉幕府との窓口をつとめるわけであるから、当然ながら将軍や幕府有力者とも親密な関係となる。建保五年（一二一七）には、右大将《うだいしょう》任官をめぐって大炊御門《おおいのみかど》師経《もろつね》に先を越された際、公経が源実朝との関係を言明して不満の意を表明したため、後鳥羽の勘気《かんき》を蒙るということがあった（『愚管抄』巻六）。承久元年（一二一九）の九条三寅の下向も、彼を養育していた公経が主導したものであり、三寅に供奉《ぐぶ》した殿上人《てんじょうびと》・諸大夫《しょだいぶ》・侍の多くは西園寺家の関係者や祇候者であった（山岡瞳 二〇一四）。

西園寺公経が公卿層のなかでもっとも鎌倉との関係が深いことは周知のため、承久の乱に際しても、後鳥羽は近臣僧の尊長《そんちょう》に命じて、挙兵前日の五月十四日に公経とその男実氏《さねうじ》を捕縛している。これについて、流布本『承久記』には、後鳥羽がまず西園寺公経を討とうとしたことにたいして、徳大寺《とくだいじ》公継《きんつぐ》が諫止したので、召籠《めしこめ》（禁錮）にしたとある。

西園寺公経の家司《けいし》三善長衡《みよしのながひら》の飛脚が鎌倉に急を知らせたほか（『吾妻鏡』五月十九日条）、公経室全子の甥一条頼氏《いちじょうよりうじ》が五月十六日に京を脱出して鎌倉に下向している（『吾妻鏡』五月二

図35　西園寺公経　『天子摂関御影』
宮内庁三の丸尚蔵館所蔵

十一日条）。

慈光寺本『承久記』上には、事前に後鳥羽の計画を聞いた近衛《このえ》基通《もとみち》と大炊御門頼実《よりざね》が「叶フマジキ」と判断して評定《ひょうじょう》に参加しなかったため、後鳥羽も彼らには詳細を隠せと命じていたとある。

以上からもうかがえるとおり、摂関家（摂家《せっけ》）の家格を有した御堂《みどう》流の近衛や、大臣に昇進できる清華家《せいがけ》の家格《かかく》を有した師実《もろざね》流の大炊御門、閑院《かんいん》流の西園寺・徳大寺といった諸家は、後鳥羽の計画に反対もしくは深入りせず、静観していたのである（白根靖大 二〇〇〇）。

京都守護大江親広と伊賀光季

鎌倉幕府にとってみずからの存立の正当性は、列島諸国の治安維持のみならず、首都（京都）の治安維持、そして「国王」の安全確保にもあった。すなわち、諸国守護・洛中警固《けいご》・王権守護を御家人が担う体制として、列島各地に守護・地頭を設置し、京都守護を派遣するとともに、諸国御家人に大番役《おおばんやく》を賦課したのである。

京都守護は、のちの六波羅探題のように制度的に確立した職ではなかったが、さかのぼれば一一八〇年代の内乱期に在京した源義経《よしつね》や北条時政《ときまさ》がその淵源にあたる。以後、一条能保《よしやす》・中原親能《なかはらのちかよし》・平賀《ひらが》朝雅《ともまさ》・中原季時《すえとき》がその任にあたり、承久の乱のころには伊賀光季《いがみつすえ》と大江親広《おおえのちかひろ》が派遣されていた。

承久の乱のころに在任していた二人の京都守護のうち、伊賀光季は、伊賀守藤原朝光《ともみつ》と二階堂行政《にかいどうゆきまさ》女《むすめ》の間に生まれた。妹は執権北条義時の室伊賀方《いがのかた》である。伊賀光季が京都警固のために上洛した日を、『吾妻鏡』は承久元年（一二一九）二月十四日とするが、九条道家《みちいえ》の日記『玉蘂《ぎょくずい》』承久二年五月七日条には「関東将軍（九条教実）の許《もと》より、馬二匹、三位少将（円実）丼土用丸の許に送る。共に栗毛なり。馬二疋《ひき》、院に進《まい》らすと云々。伊賀左衛門尉光季、使として上洛。義時朝臣妻の親類なりと云々《うんぬん》」とある。『吾妻鏡』と『玉蘂』がともに正しいとすれば、伊賀光季は京都守護として上洛した後も関東に下向していたことになるが、後世の編纂史料である『吾妻鏡』には何か誤りがあるのかもしれない。

一方、大江親広は広元《ひろもと》の男であるが、一時期、村上《むらかみ》源氏の公卿源通親《みちちか》の猶子となって源姓を称していた。建保元年（一二一三）四月に京で法勝寺《ほっしょうじ》九重塔供養が行われた際、後鳥羽によって在京の有力武士複数が門の守護に動員されたが、親広は西面大門の守護をつとめている（『明月記』四月二十六日条）。ただし、鎌倉で和田義盛《わだよしもり》が挙兵したという報が京に届くと、すぐに鎌倉に下向しており（『明月記』五月九日条）、本拠は鎌倉という意識が強かったようである。親広は承久元年（一二一九）二月二十九日に京都守護として上洛した（『吾妻鏡』）。

伊賀光季と大江親広が京の警衛にあたっていた様子が『吾妻鏡』に記されている。

承久元年閏二月二十日、頭中将《とうのちゅうじょう》の青侍《あおざむらい》が大番武士と闘乱を起こし、二十二日夜に大番武士が頭中将の邸宅を襲撃しようとしたのを、伊賀光季が制止した（『吾妻鏡』閏二月二十八日条）。当時「頭中将」（蔵人頭《くろうどのとう》兼近衛《このえ》中将）は一条信能《のぶよし》もしくは高倉範茂《たかくらのりもち》だが、承久の乱では両人とも京方張本公卿として処罰されている。

承久元年二月末（「晦日」）、近江《おうみ》で謀《む》叛《ほん》の輩がいるとの風聞を得て、三月一日から四日まで伊賀光季が捜索し、事実とは確認できなかったが、被疑者として長厳《ちょうげん》の一族を生け捕った（『吾妻鏡』三月十一日条）。長厳は後鳥羽の近臣僧で、熊野《くまの》三山検校《さんざんけんぎょう》をつとめ、のちに承久の乱で京方の一人として陸奥に配流される。

承久三年二月十日、七条院御所三条殿に火事があったという報を受け、鎌倉幕府は町野《まちの》（三善）康《やす》俊《とし》を派遣して、放火犯を糺弾するよう大江親広・伊賀光季に指示している（『吾妻鏡』二月二十六日条）。

以上のように、伊賀光季と大江親広は京都守護としての職務を果たしていたが、後鳥羽が北条義時の排除を計画するなかで、両者の動きは対照的なものとなる。

2　乱の経過

伊賀光季追討

承久三年四月下旬、後鳥羽はまず北条義時の義兄である伊賀光季を京で討つべく、城南寺《じょうなんじ》の行事（慈光寺本『承久記』は仏事守護とし、流布本『承久記』は流鏑馬《やぶさめ》とする）と称して、京・畿内《きない》近国の武士に軍事動員をかけた。動員対象は、北面《ほくめん》・西面《さいめん》として仕えるなど後鳥羽との関係が深く、京・畿内近国で活動している武士を中心とするものであった。

五月十五日、後鳥羽が派遣した八田《はった》知尚《ともひさ》らは伊賀光季の追討に成功した。当時、鎌倉幕府の京都守護として伊賀光季と大江親広の二人が在京していたが、大江親広は後鳥羽の動員に応じた。後鳥羽が北条義時の義兄であった伊賀光季を最初の追討対象としていることからも明らかなとおり、後鳥羽の狙いは北条義時とその関係者の排除にあったのである。

北条義時追討命令

同日、後鳥羽は鎌倉の執権北条義時の追討を命じた。慈光寺本『承久記』には「院宣《いんぜん》」の本文が引用され、「武田《(信光)》・小笠原《(長清)》・小山左衛門《(朝政)》・宇津宮《(宇都宮頼綱)》入道・中間五郎《(長沼宗政)》・武蔵前司《むさしぜんじ》義氏《(足利)》・相模守《さがみ》時房《(北条)》・駿河守《するが》義村《(三浦)》」に発したとある。彼ら有力御家人に「院宣」を発するとともに、不特定多数の東国武士を動員すべく「官宣旨《かんせんじ》」（『鎌倉遺文』五巻二七四六号）を発したのである。一般に承久の乱は後鳥羽院が鎌倉幕府の打倒（倒幕・討幕）を目指して挙兵したという説明がなされるが、その表現は適切ではない。筆者は、後鳥羽は北条義時の追討を企図したのであり、しかもその兵力として鎌倉幕府の武力の動員を予定していたと考えている（長村祥知 二〇一五）。

後鳥羽は、東国武士が自身の追討命令に従うのは当然と考えていた。とくに、承久の乱以前の約二十年間、有力御家人は在京中に後鳥羽の軍事動員に従って京の警固に従事していたのであり、後鳥羽の考えもまったくの絵空事ではなかった。

しかし鎌倉では、北条政子が後鳥羽の義時追討命令を、あたかも鎌倉幕府追討命令であるかのごとく説明し、東国武士に反後鳥羽で結束して、京方の中心である藤原秀康《ひでやす》と三浦胤義《たねよし》を捕えるよう説いた。後鳥羽から直接「院宣」を受け取った何人かの御家人は、後鳥羽の真意を理解していたであろうが、彼らが北条政子の意に沿って後鳥羽に反することを選んだ結果、鎌倉の大勢は決した。

五月二十二日以降、鎌倉から東海道軍《とうかいどう》・東山道軍《とうさんどう》・北陸道軍《ほくりくどう》の三軍に別れて上洛することとなり、大多数の東国武士はおそらく後鳥羽の真意を理解せぬまま、鎌倉方の上洛軍に編制されたのである。

後鳥羽としては、東国で義時が追討されているはずが、予想外の展開である。

迎撃軍の派遣と敗北

この段階で後鳥羽は、四月下旬に動員した京・畿内近国の私的関係を有する武士に加えて、治天の君として全国に公的動員を発し、迎撃軍を編制・派遣した。しかし六月五日・六日に美《み》濃《の》・尾張《おわり》諸所の合戦で京方が敗れ、六月八日に越中《えっちゅう》の合戦でも京方が敗れた。

美濃・尾張諸所の合戦で勝利した北条時房《ときふさ》・泰時《やすとき》らが率いる鎌倉方東海道軍と、武田信光《たけだのぶみつ》・小笠原長清《おがさわらながきよ》らが率いる鎌倉方東山道軍は、六月十三日に近江国野路《のじ》で軍勢を再編制し、勢多《せた》・宇治《うじ》など周辺各地から京を包囲・攻撃することとなった。

後鳥羽はこの段階になると京近郊の諸寺社にも軍事動員を発し、再び京周辺の諸方面に軍勢を派遣した。六月十三日・十四日に勢多や宇治川などで両軍の合戦が展開したが、この両日の合戦も京方の敗北に終わった。

表2　承久の乱の経過（承久3年）

5/15	京で伊賀光季を追討．北条義時追討の官宣旨・院宣発給
5/22～	鎌倉から東海道・東山道・北陸道に向けて軍勢上洛
6/3	京から東山道・北陸道に軍勢を派遣
6/5	美濃・尾張で京方敗北
6/8	越中で京方敗北
6/12	京から宇治・勢多・淀などに軍勢派遣（6/13・14 京方敗北）
6/14	京に鎌倉方が入る
7/13	後鳥羽院，隠岐に流される

かつては承久の乱の京方の敗因として、強制的な軍事動員にたいする在地勢力の拒否反応が重視されてきた。しかし実際には、後鳥羽の軍事動員を積極的に受容して敵対者を攻撃するという者も複数おり、後鳥羽の軍事動員をたんなる忌避の対象と位置づけることはできない。むしろ後鳥羽の敗因と

してまず挙げるべきは、鎌倉方の速やかな進軍であろう。後鳥羽による全国的な動員とはいっても、西国《さいごく》の遠隔地の武士は多くが間に合わなかったのである（長村祥知 二〇一五）。

京方の総大将、藤原秀康

北条政子が承久京方の代表として名指ししたうちの一人、三浦胤義は、北条氏を別とすれば相模国の最有力武士団である三浦氏に出自する在京御家人であった。後鳥羽の院宣とは別に、胤義も、兄三浦義村に私書状を送っていた。三浦義村の去就は北条義時追討の成否を左右したはずだが、義村は義時につくことを選び、承久鎌倉方の一人として、東海道・東山道軍の北条泰時とともに上洛した。すなわち三浦義村・胤義は兄弟で鎌倉方・京方に分裂したのである。

いま一人の藤原秀康は、御家人ではない武士であった。一般に鎌倉時代の武士といえば御家人を想起するが、彼のような京の院・公家政権を権力基盤とする武士も存在したのであり、そうした類型を京武者《きょうむしゃ》と呼んでいる。ここでは藤原秀康の略歴を追ってみよう（平岡豊 一九九一、長村祥知 二〇一四）。

秀康は、内舎人《うどねり》にはじまり、滝口《たきぐち》を経て、後鳥羽が院政を開始した直後の建久九年（一一九八）正月十九日、左兵衛権少尉《さひょうえごんのしょうじょう》に補任《ぶにん》された。このとき秀康（「秀保」と表記）は「滝口のきり物」と呼ばれているが（『明月記』）、「切り者」とは主君の信用・寵愛を受けて権勢をふるう者の意である。

やがて秀康は後鳥羽の下北面《げほくめん》に祇候して、官職《かんしょく》では左衛門《さえもん》少尉・主馬首《しゅめのかみ》・検非違使《けびいし》・下野守《しもつけのかみ》・上総《かずさの》介《すけ》（上総は親王任国《しんのうにんごく》のため、介が実質的長官）・河内《かわち》守・伊賀《いが》守・淡路《あわじ》守・右馬権助《うまごんのすけ》・備前《びぜん》守・能登《のと》守を歴任し、位階は従四位下に至った。武士で五位・国守に至る者はごく一握りであったが、秀康は国守を

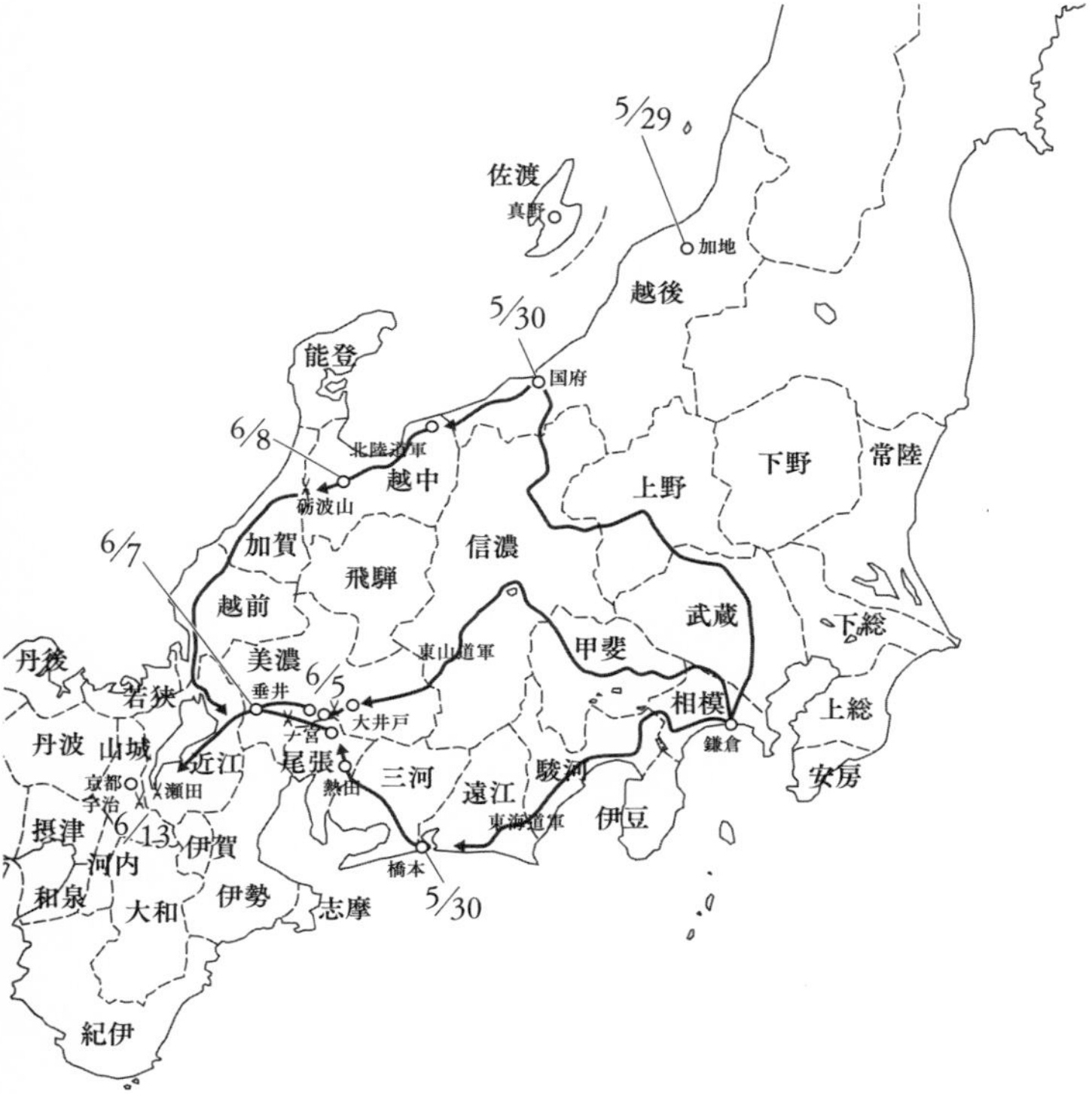

る承久の乱』京都府京都文化博物館，読売新聞社，2021 年より

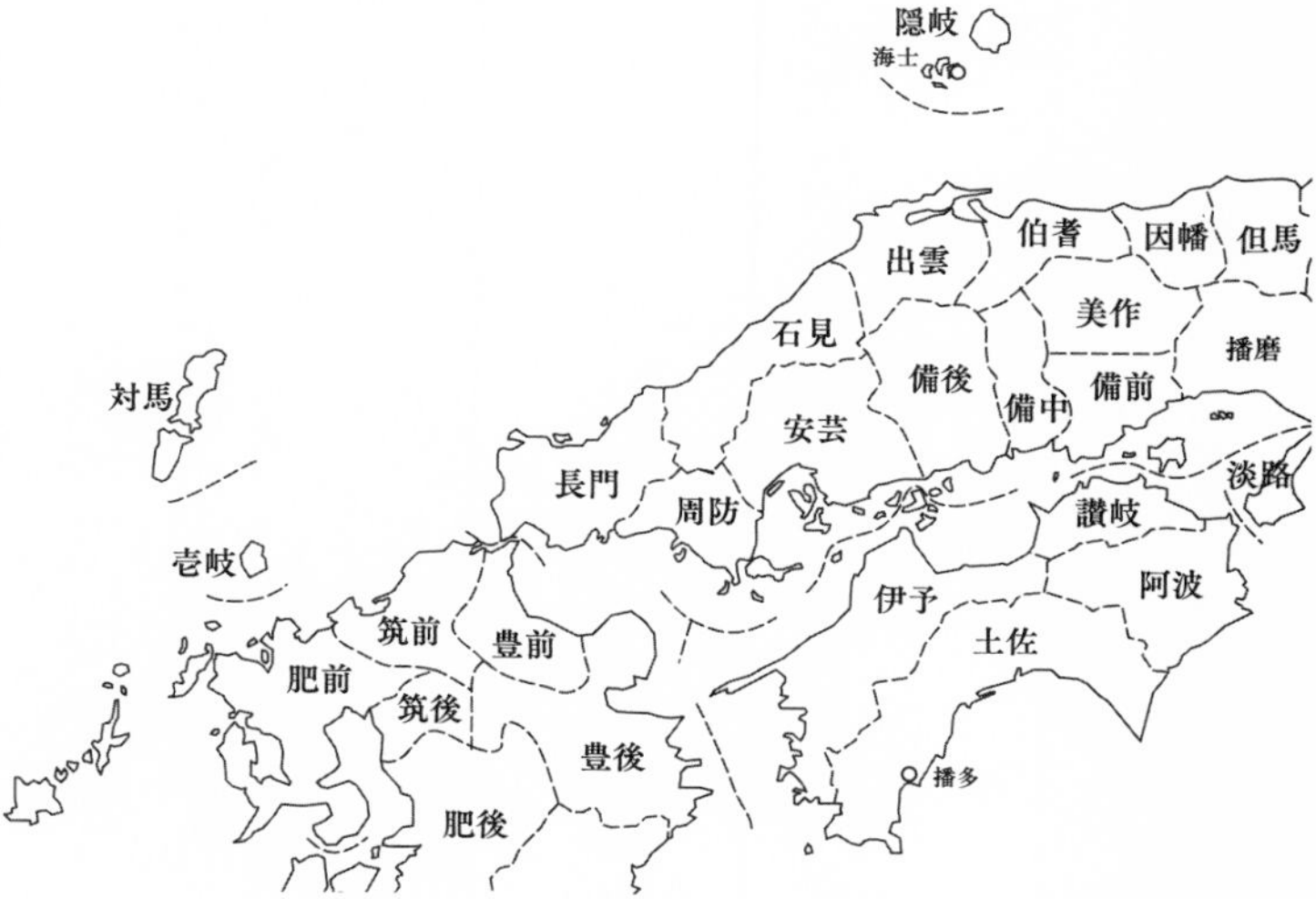

図 36　承久の乱関係地図　京都府京都文化博物館『よみがえ

歴任し、蔵人を経た者や公達《きんだち》が補任される右馬権助（『官職秘抄』）にも補任されたのである。

従四位下も破格であった。のち弘安六年（一二八三）七月二十日、小除目《こじもく》で中原行実《ゆきざね》なる人物が従四位下に叙されるが、勘解由小路《かでのこうじ》兼仲《かねなか》の日記『勘仲記《かんちゅうき》』同日条に、「従四位下中原行実（下北面、承久秀康以後、侍四品近例無きか。希代の昇進なり）」と記されるように、藤原秀康が侍層から四位に叙されたことは異例の昇進だったのである。陽明文庫《ようめいぶんこ》本『勘例《かんれい》』加階（『大日本古記録』上・一四三頁）にも、侍叙四位例として藤原秀康の建保六年（一二一八）十一月二十七日の「叙従四位下（高陽院造営賞）」が挙がっている。

秀康は、河内国伊香賀《いかが》郷・備中《びっちゅう》国吉備津宮《きびつのみや》領数十ヵ所・上総国橘《たちばな》木社といった所領を有していた。このうちの橘木社は、八条院《はちじょういん》領の一つであり、後鳥羽が承久年間に秀康に与えたことが明らかとなっている（野口華世 二〇一〇）。

後鳥羽が建保六年（一二一八）から承久三年（一二二一）五月まで主に使用していた高陽院《かやのいん》は秀康が造改したものであるが、このように秀康は、所領や国務で得た富を用いて、後鳥羽にたいして経済的奉仕に励んだ。彼のような近臣が院への奉仕によって官位を上昇させ、富を蓄積し、さらなる院への奉仕に勤しむという連環のなかで、院の権力と近臣の権益が確保されていたのである。

後鳥羽は、藤原秀康を院の武力として育成し、実際に秀康は盗人追捕《ついぶ》などの警察活動に従事している。しかし、後鳥羽院政期において、南都《なんと》北嶺《ほくれい》の強訴《ごうそ》の防禦《ぼうぎょ》などの大規模な軍事動員の際に、主力は西国守護をはじめとする在京の鎌倉御家人であった。軍事的意義にかんする限り、藤原秀康をはじめとする京武者には限界があったのである。

図37　宇治川での戦い（上）と鎌倉方に討たれる藤原朝俊（下）
『承久記絵巻』高野山龍光院所蔵，高野山霊宝館提供

秀康は院の武力としての発展途中で承久の乱を迎えた。この乱で秀康は、五月の伊賀光季追討のときから動員され、六月の東国武士上洛の段階では追討使に任命されて兵士や兵糧の徴集にあたった。これは秀康が後鳥羽のもっとも信頼する武士だったからであるが、軍事経験の少ない彼にその役割は荷が重すぎた。京方の敗戦が確定した後、秀康は南都・河内と逃走したが、十月に捕縛され、自害もしくは斬首された。

義時追討宣旨の召し返し

六月十四日夜、鎌倉方が入京した。六月十五日、勅使小槻国宗《おづきのくにむね》が六条河原に陣を取る鎌倉方のもとに向かい、北条義時追討宣旨を撤回することを伝えた（実際に十八日に義時追討宣旨を召し返すとの綸旨が下される）。そして、帝都で狼藉をしないことを求め、鎌倉方からの諸々の申請に従って聖断を下すことを伝えた。鎌倉方は了承し、禁中《きんちゅう》への武士の参入を停止し、天皇・院の在所を把握して、とくに宮中は三浦義村が守護することとなった（『承久三年四年日次記』）。このとき後鳥羽の院宣には、「今度の合戦、叡慮に起こらず、謀臣等申し行う所なり」とあった（『吾妻鏡』）。

軍勢を率いて上洛した北条泰時・時房らは六波羅《ろくはら》の館《たち》に入り、鎌倉方武士の勲功を審査するとともに、後鳥羽から責任を転嫁された「謀臣等」の遠流・梟首《きょうしゅ》といった処罰を進めた。

泰時・時房は、承久の乱直後の処理が済んだあとも京にとどまり、洛中警固と西国成敗にあたった。彼らの邸宅が六波羅にあったことから、この鎌倉幕府の出先機関を六波羅探題《たんだい》と称している。

後鳥羽は在京御家人を直接軍事活動に動員したが、承久の乱後は、公家政権から六波羅に連絡し、六波羅が在京御家人を取りまとめて軍事活動にあたるという体制が基本となる。

京周辺住民の損害

合戦は京周辺の各地の住民にも大きな影響を与えた。承久三年（一二二一）七月日「平信正《たいらのぶまさ》敷地文書紛失状案《ふんしつじょうあん》」（東寺百合文書シ函三号（一））には、去る六月、天下の兵乱のときに、京都から宇治三室《みむろ》津に財産・文書を避難させていたところ、同月十一日に官兵らに奪われてしまったので、紛失状を立てたとある。六月十三日・十四日の宇治川合戦の前段階で、迎撃のために派遣された京方武士が住人にこうした乱妨狼藉を働いていたのである。

京に入った鎌倉方武士は追捕・狼藉に及び、霊社・霊仏をも恐れず憚らなかった。九条道家は北条泰時のもとに使者を派遣して、鎌倉方武士が平等院《びょうどういん》の宝蔵《ほうぞう》に収める摂関家の累代宝物や法成寺《ほうじょうじ》宝蔵の宝物を掠奪したことにたいして、返却するよう求めている（『百練抄』六月十六日条）。

3 京方の処罰

京方張本公卿の出陣と処刑

六月十三日・十四日の京周辺諸所の合戦で注目されるのは、京方の大将軍《たいしょうぐん》として複数の貴族が出陣したことである。『吾妻鏡』と流布本『承久記』で出入りもあるが、宇治には、近江の御家人佐々木広綱《ささきひろつな》らとともに、源有雅《ありまさ》・高倉範茂・藤原朝俊《ともとし》が出陣した。芋洗《いもあらい》には一条信能とその叔父の尊長、淀《よど》には坊門忠信《ただのぶ》が出陣した。また慈光寺本『承久記』

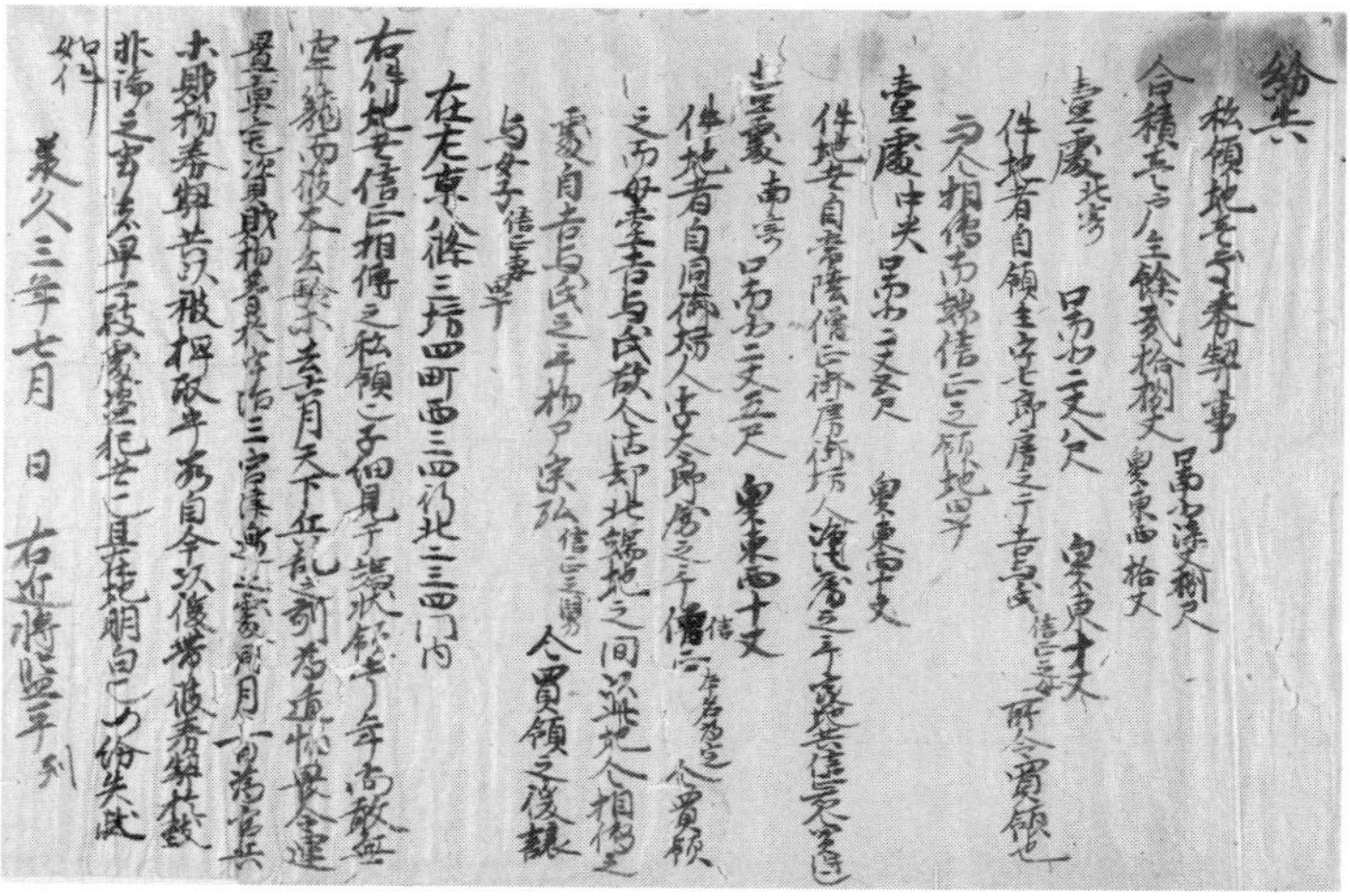

図38　平信正敷地文書紛失状案　東寺百合文書 WEB　シ函三号（一）

によれば、葉室《はむろ》（中御門《なかみかど》）宗行《むねゆき》は伏見《ふしみ》に出陣した。

このうち、宇治に出陣した藤原朝俊は戦場で死亡した（『尊卑分脈』新訂増補国史大系二―一一六頁）。

鎌倉方の入京後、出陣した貴族は「張本」として鎌倉方に捕縛された。六月二十四日に北条義時追討命令文書の発給を担った葉室光親《みつちか》と、葉室（中御門）宗行・源有雅・高倉範茂が「合戦張本公卿」として六波羅に引き渡され（『吾妻鏡』）、翌二十五日にも「合戦張本」として坊門忠信・一条信能や、長厳・観厳《かんげん》が引き渡された（『吾妻鏡』）。公卿のうち坊門忠信は、妹が鎌倉殿源実朝（一二一九年没）の室だったために死罪を免れたが（『吾妻鏡』八月一日条）、光親・宗行・有雅・範茂・信能の五名はそれぞれ関東御家人に預けられて流罪となり、下向途中で殺害された。

保元《ほうげん》の乱（一一五六年）で死罪が復活したのちも、公家法における最高刑は遠流であったが、武家や寺社では死罪が廃止されておらず、公家法は上位規範としての優越性を保ってはいなかった（上横手雅敬 二〇〇八）。この承久の乱の処罰においても、張本公卿にたいする処罰は形式的には流罪であるが、鎌倉幕府は「戦場に向かう人々」（『百練抄』六月二十四日条）である彼らに武士の論理を適用し、厳罰を処したのである。

処罰された公卿

承久の乱で後鳥羽に連坐《れんざ》して処罰された貴族も複数にのぼった。しかし既述のとおり、摂関家（摂家）や清華家の多くは後鳥羽の計画から距離を置いていた。朝廷の構成員すべてが処罰されたわけではなく、むしろ後鳥羽の計画に関与したのは朝廷のなかでも一部だったのである。

では、どのような者が後鳥羽に関与し、処罰されたのか。承久の乱当時の史料は数少ないが、そのことを考えるうえで定家本『公卿補任《くぎょうぶにん》』が注目される。『公卿補任』とは、毎年の公卿に至った者の官位異動を記した史料である。我々が通常目にする新訂増補国史大系『公卿補任』は山科《やましな》家などに伝わる流布本と呼ばれる写本《しゃほん》の翻刻であるが、それとは若干異なる本文の『公卿補任』が京都の冷泉家《れいぜいけ》時雨亭文庫《しぐれていぶんこ》に所蔵されている。同書には、承久の乱直後の処罰について、流布本にはみえない注記も多く、承久の乱の同時代人である藤原定家《さだいえ》みずからが筆写したという点でも貴重である。記載されているのは公卿（参議《さんぎ》以上・三位以上）であるため、当時公卿に至っていない者や僧侶（たとえば一条家出身の尊長）は検出できないが、特徴を見いだすことはできよう。

一二九ページの表4から、処罰内容は、①摂政・大臣の停止・辞任、②遠流・斬刑・停任・出家、

表3　京周辺諸所への京方出陣者

『吾妻鏡』6月12日条

地名	人名	軍勢数
三穂崎	美濃竪者観厳	1000余騎
勢多	山田重忠，伊藤左衛門尉，幷山僧	3000余騎
食渡	大江親広，藤原秀康，小野盛綱，三浦胤義	2000余騎
鵜飼瀬	長瀬判官代，藤原秀澄	1000余騎
宇治	源有雅，高倉範茂，藤原朝俊，藤原清定，佐々木広綱，佐々木高重，小松法印快実	2万余騎
真木島	足立親長	—
芋洗	一条信能，尊長	—
淀渡	坊門忠信	—

適宜，実名を補った．　計2万7000余騎

流布本『承久記』

地名	人名	軍勢数
勢多	山田重忠，山法師播磨竪者，小鷹助智性坊，丹後	2000余騎
供御瀬	大江親広，藤原秀康，小野盛綱，三浦胤義，佐々木高重，宗孝親，伊藤祐時	1万余騎
宇治橋	源有雅，高倉範義（範茂），藤原朝俊，佐々木広綱・惟綱，八田知尚，中条弥二郎左衛門尉，熊野法師：田部法印快実・十万法橋，万劫禅師，奈良法師：土護覚心，円音	1万余騎
牧島	足立親長，長瀬判官代	500余騎
芋洗	一条信能，尊長	1000余騎
淀	坊門忠信	1000余騎
広瀬	河野通信・通政	500余騎

適宜，実名を補った．　計2万5000余騎

③恐懼《きょうく》に分類できる。

③の「恐懼」がもっとも多いが、恐懼とは現代風にいえば数日〜数ヵ月の出仕停止・謹慎のことである。処罰事由の詳細が不明な者も多いが、多くは年内に許されており、軽度の関与があった者や、後述するとおり立場・姻戚関係で形式的に処罰を免れなかった者がこれを受けたと判断される。

①は大臣に至る最上級家格の者で、九条道家が摂政を止められ、久我通光《こがみちみつ》が上表を出して内大臣を辞している。道家は仲恭《ちゅうきょう》天皇の叔父であったため、責任を免れなかったのであろう。通光は義時追討の官宣旨発給の際に上卿《しょうけい》をつとめ、後述するとおり後鳥羽に同行している。

村上源氏では、久我通平・土御門定通《さだみち》・中院通方《なかのいんみちかた》も恐懼に処されている。これは土御門院の姻族としての処罰であろうが、承久の乱の最中には通光・定通が後鳥羽の近臣と近い行動をとっており、まったくの冤罪というわけでもなさそうである。『吾妻鏡』六月八日条には、後鳥羽院が美濃・尾張の敗戦を聞き、坊門忠信・土御門定通・源有雅・高倉範茂が宇治・勢多・田原に向かうだろうと記され、このうち定通以外は実際に出陣して配流（有雅・範茂は途中で斬首）されている。また同日条によれば、後鳥羽と土御門・順徳《じゅんとく》・冷泉宮頼仁《よりひと》親王・六条宮雅成《まさなり》親王・仲恭が比叡山《ひえいざん》に登った際、久我通光・水無瀬《みなせ》定輔《さだすけ》・同親兼《ちかかね》・坊門信成・四条隆親《しじょうたかちか》・尊長が同行しており、このうちの四条隆親以外は恐懼などの処罰を受けている。

②として、坊門忠信・葉室光親・葉室（中御門）宗行・高倉範茂・源有雅が「張本公卿」として配流（定家本『公卿補任』では「下向」と表記）され、坊門忠信を除いて配流途中で殺害されたことは既述の

図39　後鳥羽院と貴族諸家系図

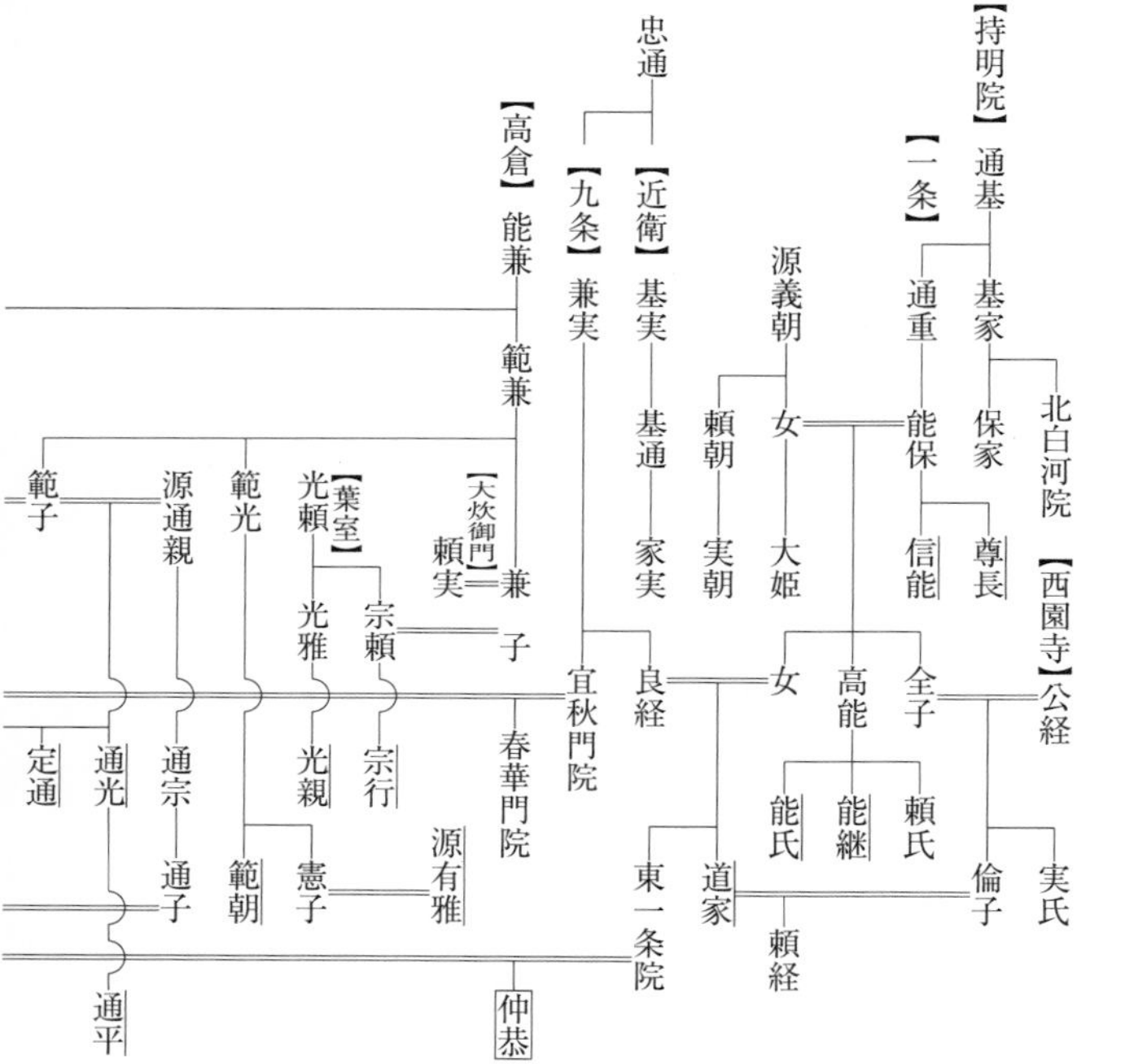

とおりである。彼らのなかでは、坊門忠信の父坊門信清が天皇の外舅として内大臣に至ったが、ほかはいずれも大納《だいな》言《ごん》を極官とする羽林家《うりんけ》・名家の昇進経路をたどっている。

葉室光親は後鳥羽院を諫止したが、院の意向に逆らえずに北条義時追討宣旨を書き下し（『吾妻鏡』七月十二日条）、承久の乱後に捕縛された際は「天下事偏《ひとえ》ニ我カ《（ガ）》申行タル事也」と罪を背負ったという（『左大史小槻季継記』）。このことは、摂関家や清華家ほどの基盤を有していない羽林・名家層の院近臣《いんのきんしん》が、後鳥羽の意向に逆らえなかったことも示唆する。

遠流・斬首された者たちは後白河院以来の近臣の家であり、特に高倉家や坊門家は後鳥羽院の外戚や姻族となることで官位を昇進させ、知行国《ちぎょうこく》や荘園を獲得した。恐懼に処された道隆《みちたか》流の坊門信成・水無瀬親兼・定輔・親定や貞嗣《さだつぐ》流の高倉範朝《のりとも》も、そうした一門であり、後鳥羽と一蓮托生だったといえよう。とくに坊門信成は「七月廿日恐懼。八月八日武士の為に召し取らる。十月これを免ず。十二日停任」とあり、水無瀬親兼は「恐懼。八月八日、子息三人相共に召し取る。即ち出家。九月、これを免ず」とあって、出陣せずとも後鳥羽の計画に実質的に関与していたことが疑われて召し取られたようだ。

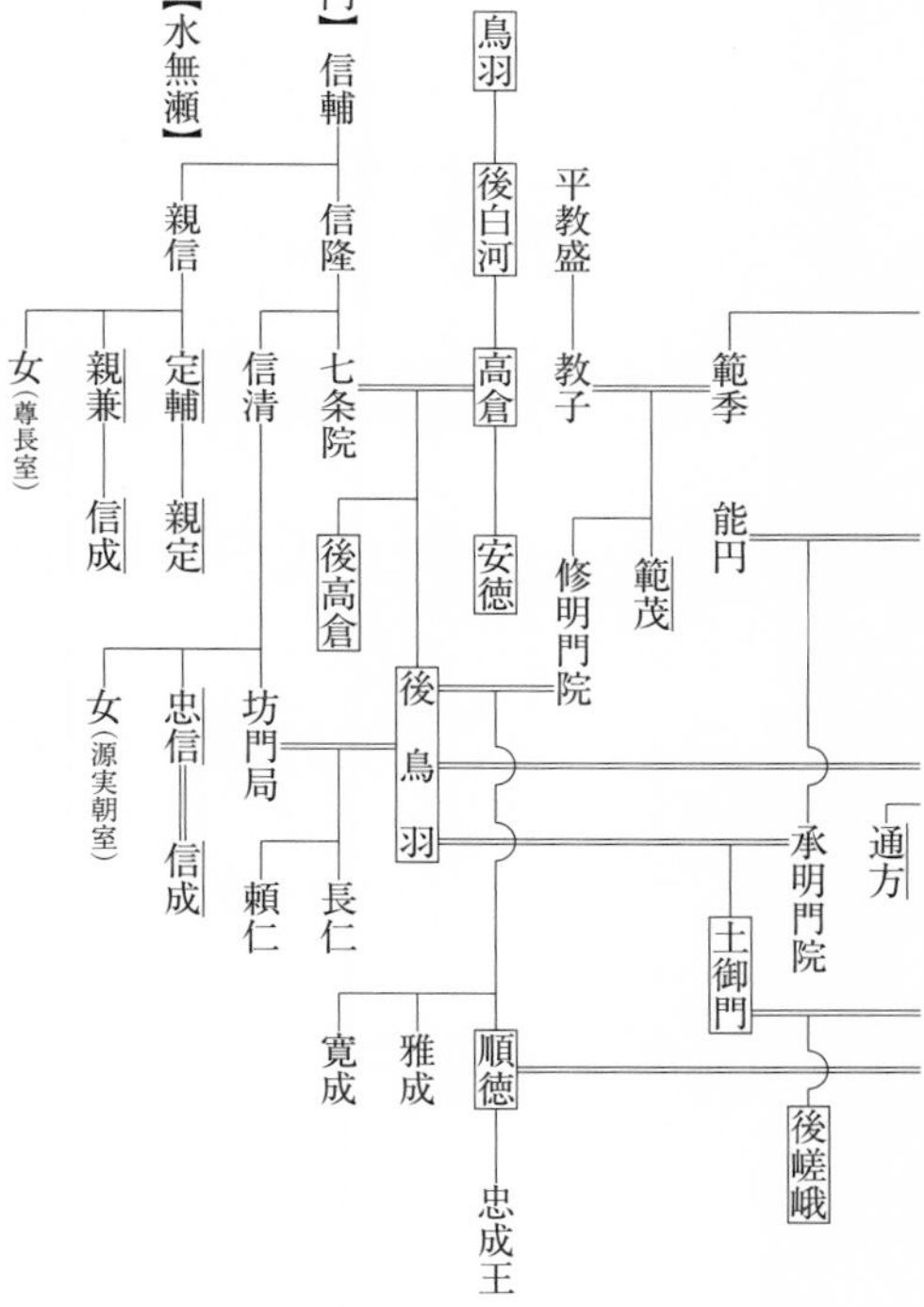

＝は婚姻、‖は猶子、人名は太上天皇・天皇、【 】内は藤原氏の家名、人名は承久の乱で処罰を受けた貴族を表す。作図の都合上、長幼の順は厳密ではない。

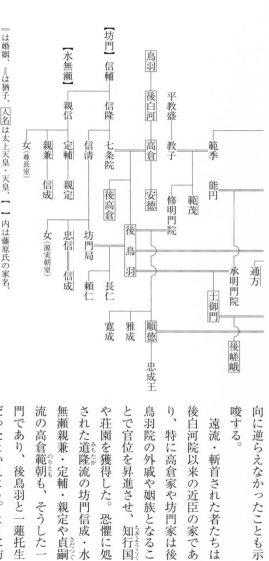

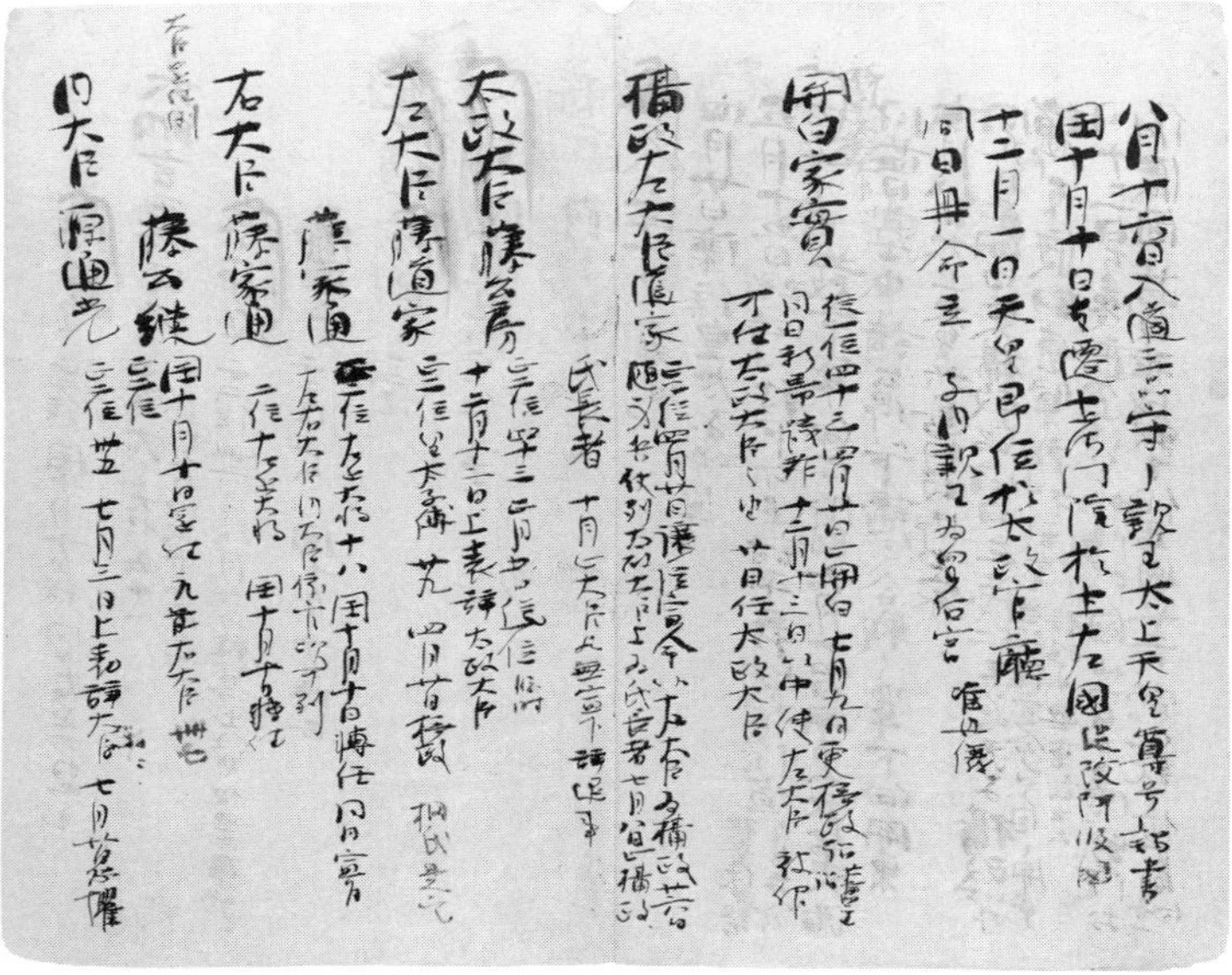

図40　定家本『公卿補任』138ウ・139オ　冷泉家時雨亭文庫所蔵

以上のとおり、承久の乱で処罰された公卿には上皇・天皇の姻戚が多いが、「召取」や「下向」「斬」といった処罰を受けた中級貴族、すなわち院近臣と呼ばれる彼らこそが後鳥羽の計画に実質的に関与した面々であった。

後鳥羽の手足となって動いた近臣は、合戦で死亡するか承久京方張本公卿として処刑され、上皇・天皇の姻族であった九条家・村上源氏も一時は逼塞したが、貴族社会の顔ぶれは大きくは変化しなかった。後鳥羽院政期に成長した公卿の多くは温存され、乱後の後高倉・後《ご》堀河《ほりかわ》・九条道家の政権を支えていくこととなる。

三上皇の遠流と廃帝

七月八日、後鳥羽は、息子である仁和《にんな》寺《じ》御《お》室《むろ》道助《どうじょ》を戒師《かいし》として鳥羽殿で

表4　定家本『公卿補任』承久三年の処罰系記事

氏	家・名	『公卿補任』記載項	処罰内容	備　考	尊　卑
道長流	九条道家	摂政左大臣	止摂政		1-86
村上源氏	久我通光	内大臣	辞大臣，恐懼		3-503
	久我通平	非参議	恐懼		〃
	土御門定通	権大納言	〃		3-509
	中院通方	権中納言	〃		3-512
道隆流	坊門忠信	権大納言	越後に下向	吾 6/25「合戦張本」	1-323
	坊門信成	参議	恐懼，停任	吾 5/29「乱逆之張本」	〃
	水無瀬親兼	前権中納言	恐懼，出家		1-327
	水無瀬定輔	前権大納言	恐懼		1-326
	水無瀬親定	参議	〃		〃
末茂流	山科教成	前権中納言	〃	鎌遺 5-3066「令向宇治云々」	2-376
為房流	葉室光親	〃	駿河で斬	吾 6/24「合戦張本公卿」	2-104
	葉室宗行	〃	関東下向の途中で斬	〃	1-113
貞嗣流	高倉範朝	〃	恐懼		2-477
	高倉範茂	参議	関東下向の途中で終命	吾 6/24「合戦張本公卿」	〃
	藤原有能	非参議	恐懼	室は藤秀康姉妹（尊卑 2-408）	2-490

氏	家・名	『公卿補任』記載項	処罰内容	備　考	尊　卑
宇多源氏	源有雅	前権中納言	関東下向の途中で斬	吾 6/24「合戦張本公卿」	3-391 4-148
頼宗流	一条信能	参議	美濃で斬	吾 6/25「合戦張本」	1-259
	藤原伊時	非参議	恐懼		1-271
高階氏	高階経時	〃	〃		4-123

藤原定家本『公卿補任』（冷泉家時雨亭叢書影印本）にみえる承久３年の処罰系記事を挙げた．
氏：藤原氏は省略し，門流を記した．
備考：処罰理由と考えられる史料や関係を記した．史料略称は次の通り．
『吾妻鏡』＝吾．『鎌倉遺文』＝鎌遺．
尊卑：新訂増補国史大系『尊卑分脈』○篇△頁を○-△のごとく記した．

出家した。『吾妻鏡』には、この日、藤原信実《のぶざね》が後鳥羽の御影を模したとある。水無瀬神宮に伝わる国宝の肖像画（口絵参照）が、このとき描かれた御影にあたると考えられている。

後鳥羽上皇は隠岐《おき》に、土御門上皇は土佐《とさ》（のち阿波《あわ》に遷る）に、順徳上皇は佐渡《さど》に、それぞれ流されることとなった。後鳥羽は順徳を寵愛しており、この二人は乱の主謀者として本州との往来に難のある遠島《えんとう》に流された。それにたいして土御門は、後鳥羽に退位させられた恨みもあって今回の計画に距離を置いていたが、みずから流されることを申し出たという（流布本『承久記』）。

七月九日、四歳の仲恭天皇は廃位され、以後は祖父九条道家や母立子のもとで暮らし、天福二年（一二三四）五月に没することとなる。半帝・後廃帝・九条廃帝などと呼ばれ、仲恭天皇という諡号が贈られたのは明治三年（一八七〇）七月のことである。

4　乱の社会・文化的影響

治天の君をも配流した鎌倉幕府にたいして、公家が恐怖におののいたことは想像に難くない。後鳥羽院政期の公家の古記録《こきろく》として『猪隈関白記《いのくまかんぱくき》』『玉蘂』『明月記《めいげつき》』『民経記』などがあるが、いずれも、なぜか承久の乱ごろの巻は現存していない。

失われた記録と承久の記憶

これら以外でも、承久三年当時の史料はほとんど残っていないのである。その一因として、張本公卿との交流など、自分たちに都合の悪いことを書いた〝可能性〟があるものはいっさい残さない方がよい——そうした考えが広まっていた可能性がある。

実際に張本の日記を押収して調べることも行われていたらしい。安貞元年（一二二七）六月、承久の乱後に隠遁していた尊長が京で発見され、在京御家人が捕縛した。後日、尊長法印の日記がすでに関東に渡っており、そこに「好《よしみ》ある人」が明記されているという風説を藤原定家が日記に記している（『明月記』八月十二日条）。

図41　天皇家系図

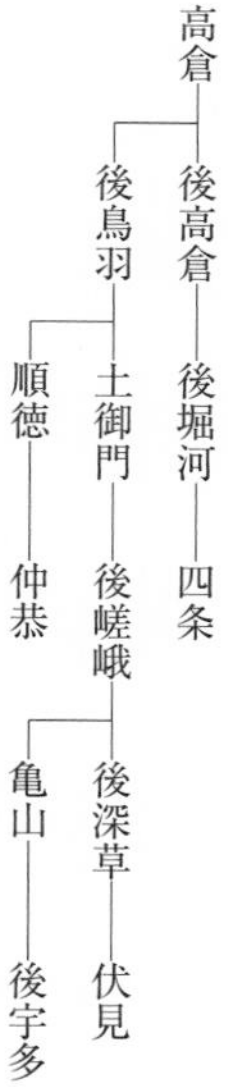

近年でも、海外紛争地帯に派遣された自衛隊の日報や、大阪の学校設置に伴う用地売買の交渉記録、国家的な功労者を招待して春の花を楽しむ会の招待者名簿が破棄されたという報道が

世間をにぎわせたが、承久ごろの記録の多くも、残念ながらこうした考えのもとに廃棄されたのではないかと推測される。

以上のとおり、同時代の史料が限られるにもかかわらず、承久の乱は、のちに公家が振り返ったときにとくに悪しき先例として記憶された。

鎌倉では貞応三年（一二二四）六月十三日に北条義時が没し、翌嘉禄元年（一二二五）七月十一日に北条政子が没した。さらに仁治三年（一二四二）六月に北条泰時が没したという報が京に届いた際、参議の広橋経光は次のような感想を日記に記している（『民経記』仁治三年六月二十日条）。

そもそも義時朝臣・尼《あま》二品（右大将頼朝の室政子）故右府の室家等六・七月の間有事、承久、東夷、帝都に乱入す、即ち六月十四日なり。彼是符合せしむるか。

義時・政子に加えて泰時が六月・七月に没したことと、承久三年六月十四日に鎌倉方が入京したことの合致を、報いと言いたいのであろう。すでに延応元年（一二三九）二月二十二日に後鳥羽は没していたが、承久の乱は二十年を経ても朝廷で記憶される出来事だったのである。

この後も承久の記憶は長く公家社会にあって忌むべき先例となった。室町時代、応永十九年（一四一二）に称光《しょうこう》天皇が践祚《せんそ》したのち、代始改元《だいはじめかいげん》が行われないまま、十数年が経過した。足利義持《あしかがよしもち》が没した応永三十五年（一四二八）、代始改元が行われることとなり、正長に改元した。このとき、新年号の候補を検討するなかで「文承」が挙がったが、「嘉承、堀河院の御事有り。治承、事有り。承久、尤《もっと》も不快。その後、承字用いられず」（『薩戒記』四月二十七日条）という意見が出されている。嘉承二年（一一〇七）に堀河天皇が逝去し、治承年間（一一七七―八一）には内乱が起こり、承久の乱の三上皇配流はもっとも不快だったので、その後年号に「承」は使われていないというのである。のち江戸時代に承応（一六五二―五五）という年号が用いられるが、「承」字の禁忌《きんき》は承久の乱から四百年以上守られたことになる。

歴史叙述の展開

承久の乱の記憶は、儀式の先例にとどまらなかった。臣下に過ぎない北条氏が三人の上皇を流すという前代未聞の事態が生じた理由を、どう理解すればよいのか。こうした関心が、歴史叙述を成立させる大きな原動力となった。承久の乱後、『保元物語《ほうげんものがたり》』『平治物《へいじ》語』『平家《へいけ》物語』『承久記』のいわゆる「四部之合戦書」（『蔗軒日録』文明十七年（一四八五）二月七日条）と呼ばれる軍記物語が成立したとされる。

こうした動向の初発に位置するのが、承久の乱後すぐの貞応年間（一二二二―二四）にある貴族が著した『六代勝事記《ろくだいしょうじき》』という歴史叙述である。同書執筆の契機は貞応二年（一二二三）五月の後高倉院死去と考えられる。その作者については藤原長兼《ながかね》・藤原隆忠《たかただ》といった説があるが（弓削繁 二〇〇三）、まだ確定には至っていない。同書は高倉天皇から後堀河天皇までの六代の歴史を描き、約四割が承久の乱関連の叙述である。

『六代勝事記』は終結部で、「時の人」と「心有人《こころあるひと》」の問答という形をとって承久の乱を論評する。「時の人」は、我国は皇孫《こうそん》が人王の位をつぐ神国なのになぜ「三帝一時に遠流のはぢ」があるのか、中国と比較して、なぜ本朝には名・恩を顧慮する臣が少なく、院方の壮士《そうし》は逃亡したのかと問う。それにたいして「心有人」は、「臣の不忠」は「国のはぢ」としたうえで、どの国であっても治世が短くなるのは帝王の悪政が原因である、とくに重要なのは君臣関係や臣の任用といった帝徳「知人」であり、民にたいする帝徳「撫民」も必要であると答える。

すなわち、神国日本における「三帝一時に遠流のはぢ」という結果を招いた「臣の不忠」は、帝王後鳥羽の「知人」の欠如という不徳の結果であるとして、現代史を叙述するのである。皇孫為君を主張する神国思想と、悪王個人を断罪する帝徳批判の並置、これらは、帝王権威の尊厳を保ち、後鳥羽個人に責任を負わせるという、承久の乱後の鎌倉幕府と公家政権の双方の要請に応える思想の体系であった。そのため、『六代勝事記』は承久の乱後も受容され続け、『承久記』『平家物語』『吾妻鏡』など多様な歴史叙述に影響を与えたのである（弓削繁 二〇〇三）。こうした神国思想と帝徳批判の思想の体系は、南北朝時代の北畠親房《きたばたけちかふさ》『神皇正統記《じんのうしょうとうき》』にも見いだせる（長村祥知 二〇一五）。

ただし、歴史叙述において後鳥羽は、批判だけを受けていたわけではない。南北朝時代の公家の作とされる『増鏡《ますかがみ》』第一「おどろのした」では、「世治まり民安うして、あまねき御うつくしみの浪、秋津島《あきつしま》の外まで流れ」と後鳥羽の治世を賞賛する。

後鳥羽という稀有の帝王をめぐって、批判・称賛のさまざまな評価が存したのである。

鎌倉御家人の一族分裂と西国進出

平安時代以来、各地の武士は、一族のうちの父子や兄弟で京都と在地所領での活動を分担していた。一一八〇年代の内乱を経て鎌倉幕府が成立すると、京・鎌倉・在地所領での活動を一族内で分担するという鎌倉御家人もあらわれた。

承久の乱の際には、伊賀光季など一部を除いて在京中の者が京方に編制され、関東にいた者が鎌倉方に編制されたため、父子や兄弟で京方と鎌倉方に分裂した武士の一族が複数存した。

承久の乱の直後に鎌倉の北条義時が山内首藤宗俊《やまのうちすどうむねとし》にあてた「関東下知状」が残っている（山内首藤文書。『鎌倉遺文』五―二七八三）。

備後《びんご》国地毘《じび》庄の事、地頭重俊《しげとし》の子息太郎（俊業）、京方に於いて死去せしむと雖《いえど》も、同次郎（宗俊）、御方に於いて合戦の忠を致し畢《おわ》んぬ。然《しか》らば重俊の地頭職、相違なく安堵《あんど》せしむべき状、仰せに依《よ》り下知件《くだん》の如し、

承久三年七月廿六日　陸奥《むつ》守平（北条義時）（花押）

山内首藤氏は相模国山内庄を名字地とし、伊勢《いせ》・伊賀や備後などに所領を有していた。そのうち山内首藤重俊が有していた備後国地毘庄地頭職について、重俊子息の太郎俊業が京方に属したが、次郎宗俊が鎌倉方で忠節を尽くしたので、宗俊に安堵するというのである。この文書にみえる太郎俊業と次郎宗俊のほかに、両者の叔父の経通《つねみち》が鎌倉方に属したとする史料や、大叔父の俊弘《としひろ》が京方に属したとする史料もあり（『吾妻鏡』六月十八日条、『大江系図』）、一族で京方・鎌倉方に分裂したことがわかる。

こうした父子・兄弟の分裂は、八田・三浦（佐久間《さくま》）・天野《あまの》・大江（毛利《もうり》・海東《かいとう》）・佐々木・後藤・若《わか》

図42　山内首藤氏系図

系図の人名は、承久京方、承久鎌倉方

狭《さ》・河野《こうの》・帆足《ほあし》といった御家人の一族でも生じた。多くの場合、京方に属した者の所領を鎌倉方に属した者が継承して、承久の乱後も一族内で東西の活動を分担した。

鎌倉幕府も、のちに『御《ご》成敗《せいばい》式目《しきもく》』十七条「同時合戦《（承久の乱）》罪過父子各別事」で、一族のなかで京方に属した御家人があっても、その者は処罰するが、鎌倉方に属した御家人は賞するとして、賞罰は異なることを明示している（長村祥知 二〇一五）。その一方で、式目十七条には、西国住人が一人でも京方に属した場合、住国の父子も処罰するとしている。これは藤原秀康のような武士を想定した規程であろう（長村祥知 二〇一五）。

実際、承久京方には西国武士が多く、承久の乱の勝利に貢献した東国武士が、没収した西国所領を恩賞《おんしょう》として与えられ、西国に進出した（田中稔 一九九一）。東国武士がその地の経営を進めるにあたり、西国所領網の結節点というべき京に立ち寄ることも多くなり、東西交流が進展した。鎌倉後期には、西遷すなわち西国に本拠を移した武士の一族も現れる。承久の乱は鎌倉御家人が西国に進出する一つの画期となったのである（長村祥知 二〇一四ａｂ・二〇一七）。

コラム4　篝屋

鎌倉幕府成立期から、京都の治安維持は朝幕交渉の重要課題であった。京中の警察を担う官司として検非違使があったが、治承《じしょう》・寿永《じゅえい》内乱以前から強訴《ごうそ》防禦《ぼうぎょ》などの大規模動員に対応する武力としては限界があった。平家のもとで創始された大番役《おおばんやく》を鎌倉幕府も継承し、とくに重要な御家人役と位置づけた。鎌倉幕府は京都守護を派遣し、御家人には在京を奨励したが、一一八〇年代から一一九〇年代には京都の治安維持にあたる武力が不足していた（長村祥知 二〇一八）。

一一八〇年代の内乱からの社会の復興、そして対立皇統の存在しない帝王として成長し、院政を開始した後鳥羽《ごとば》院の治世のもとで、一二〇〇年代には西国守護《さいごくしゅご》や御家人で在京する者が増えた。後鳥羽院は、京畿内の軍事警察的事案の発生に応じて彼ら在京中の守護や御家人を動員し、彼らをみずからの北面《ほくめん》・西面《さいめん》に組織していったが（長村祥知 二〇一五）、承久の乱（一二二一年）の京方敗北によって院が大規模な武力を組織・動員するあり方も否定される。承久の乱の際に鎌倉方軍勢を率いて上洛した北条泰時《やすとき》・時房《ときふさ》が、後世にいわゆる六波羅探題《ろくはらたんだい》として活動するなかで、洛中警固も担うようになったのである。

承久の乱後も京では群盗が跋扈《ばっこ》し、検非違使庁《けびいしちょう》の対応力には限界があったため、六波羅探題の指揮のもとで在京中の御家人が京都の治安維持にあたった。しかし、大番役は一義的には天皇の御所を警固するもので、承久の乱後は院御所も対象となったが、大番御家人は京都の日常的な治安維持を目的として在京したわけではない。そのほかの御家人も同様に、自身やその一族の都合で在京しているのであって、京都の日常的な治安維持に専従する武力は不足していた（木村英一二〇一六）。

こうした状況にたいして、嘉禎四年（一二三八）二月に上洛した鎌倉幕府四代将軍頼経《よりつね》は、五月ごろから京中の「縦横大路之末々」に御家人の詰め所を設けて洛中守護にあたらせることとした（東寺百合文書イ函。『鎌倉遺文』七巻五二四五号）。六月十九日には、洛中警衛のため辻々に篝火をたくことが定められ、その役を御家人らに賦課することとなった（『吾妻鏡』）。かくしてこの詰め所は「篝屋《かがりや》」と呼ばれ、御家人役として整備されていった（塚本とも子 一九七七）。

早い段階では大番御家人も篝屋に勤仕していたようだが、寛元四年（一二四六）正月以前に篝屋への大番衆の勤役を止め、在京武士が守護すべきこととなった（東寺百合文書イ函。『鎌倉遺文』九巻六六〇九号）。

すでに寛元元年十一月十日には「不退在京奉公」「不退祗候六波羅」の御家人は大番役を免除されることとなっていた（『吾妻鏡』）。「在京人」と呼ばれる彼らは主に西国を本拠とする御家人で、彼らが篝屋に勤仕して洛中警固にあたったのである。

洛中警固を担うことは、鎌倉幕府にとって軽くない負担であったが、寛元四年十月に鎌倉の北条時頼《ときより》が政治交渉のなかで篝屋の停止を用いたことからもうかがえるとおり（『葉黄記』十月十三日条）、朝幕交渉を鎌倉幕府が優位に進めるカードともなった（美川圭 一九九六）。

篝屋の設置場所を記した地図として、『仁和寺本系図』収録「平安京図」がある。同図は平安京左京の一部のみが現存し、永仁六年（一二九八）から元亨四年（一三二四）までの間の特定時点の篝屋十一ヵ所を示したものと考えられている（野口実 二〇〇五）。篝屋の数は、鎌倉時代末期には「四十八箇所」（『太平記』巻第一）に及んだという。

篝屋の視覚的な様子は『一遍上人絵伝』に描かれており（カバー写真。『大内裏図考証』巻一下も参照（二五七ページの図82））、楯《たて》を置き、垂布《たれぬの》をかけたようだ。『建武記（建武年間記）』所引「二条河原の落書」に、「町コトニ立篝屋ハ、荒涼五間、板三枚、幕引マワス役所鞆《ども》、其数シラス満《みち》ニタリ」とあって、傍線部は異本に「法量五間、横三間」とある（『大日本史料』六編一冊七六七頁）。一間とは柱と柱の間の寸法で近世には約一・八二メートル《メートル》になるので、おおよその面積が知られよう。

五　九条家・西園寺家と鎌倉幕府

1　承久の乱後の貴族社会

後高倉院政

承久三年（一二二一）七月九日、鎌倉幕府の要請により、仲恭《ちゆうきよう》天皇にかわって茂仁《ゆたひと》王が践祚《せんそ》した（後堀河《ごほりかわ》天皇）。神官《しんかん》の賀茂《かも》経久《つねひさ》が記した『賀茂旧記』七月七日条には、三《み》浦義村《うらよしむら》が茂仁のいる北白河殿《きたしらかわどの》に参り、践祚を説得したことが記される（尾上陽介 二〇〇二）。そして八月十六日、新天皇の父で、出家していた行助入道《ぎようじよにゆうどう》親王（守貞《もりさだ》）が太上《だじよう》天皇の尊号《そんごう》を奉られ（後高倉《ごたかくら》院）、治天《ちてん》として政務をとることとなった。

政治・社会の安定のために、天皇ではなく院が政治をとるという前代以来の形式を必要としたのは、むしろ鎌倉幕府の方であった。そして院政という政治形態が天皇の直系尊属であることを根拠として上皇・法皇が政治をとる体制であったため、践祚したことのない入道親王が太上天皇になるという異例の措置がとられたのである。

また、院政の本質は院領荘園群の管理・統括のためのものとする考えもあるように（岡野友彦 二〇

図43　九条家関係系図

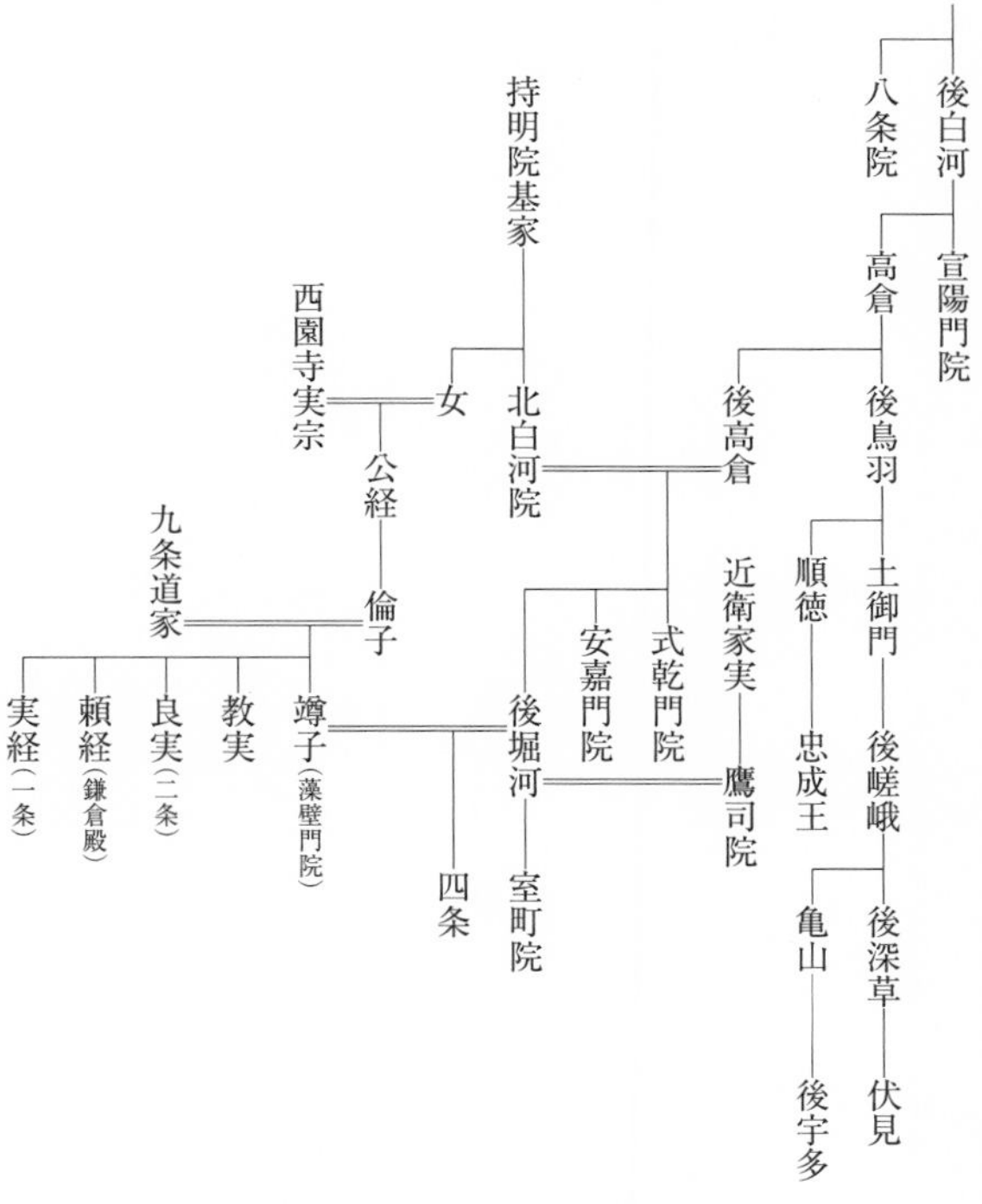

一三）、承久の乱後の後高倉による院政は、天皇家領荘園群の管理のために必要とされた面もあった。なお、本書で筆者は便宜的に、鎌倉時代の日本の国王である天皇を出す家を「天皇家」、その家の家長が管理（あるいは管理を予定）する荘園群を「天皇家領」と呼ぶが、専門家の間では「王家」「王家領」や「院宮家」「院領」という呼称が相応しいとする議論もあり、それぞれに説得力がある（佐伯智広 二〇一五、岡野友彦 二〇一三）。

平安時代後期に鳥羽《とば》院・後白河《ごしらかわ》院が集積した荘園群は、承久《じょうきゅう》の乱前までに後鳥羽《ごとば》の皇子が継承するように設定されていた。とくに大

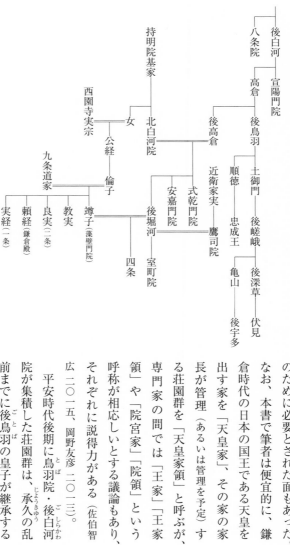

規模な荘園群としては次の二つがある。

- 八条院《はちじょういん》領：鳥羽院（一一五六年没）→八条院（一二一一年六月没）→春華門院《しゅんかもんいん》（一二一一年十一月没）→順徳天皇
- 長講堂《ちょうこうどう》領：後白河院（一一九二年没）→宣陽門院《せんようもんいん》→猶子雅成《まさなり》親王への伝領を予定

鎌倉幕府は、八条院領を中心とする後鳥羽が実質的に管理していた荘園群を没収した。ただし、北《ほうじ》条《よう》氏や関東御家人が荘園領有体系の頂点である後鳥羽に代わって荘園制的秩序を運用してゆくことなど、想像もできなかったのであろう。そこで「先院（後鳥羽）御領所々を以て悉《ことごと》く（後脱）高倉院に進《まい》らす。但し武家要用の時は返給すべき由《よし》、義村（三浦）朝臣を以て申し入れ了《おわ》んぬ。則ち許さると云々《うんぬん》」（『武家年代記』裏書）とあるように、いざというときには武家に「返す」ように約束させたうえで――すなわちいったんは武家の所有に帰したことを確認したうえで――、後高倉院に進上したのである。承久の乱の結果、鎌倉幕府は三千ヵ所の京方所領を没収したといい（『吾妻鏡』八月七日条）、天皇家領・公家領を含む列島諸国の土地にたいする鎌倉幕府の潜在的な影響力は飛躍的に拡大した。

天皇家領荘園群のゆくえ

異例の天皇を経ぬ治天となった後高倉院であったが、わずか二年後の貞応二年（一二二三）五月十四日、四十五歳で没した。後高倉のもとにあった荘園群は、その女子である後堀河天皇の姉妹に配分された。のちの伝領も先取りして、それらの荘園群のゆくえを概観しておこう。

貞応二年（一二二三）五月三日、後高倉は、安楽寿院《あんらくじゅいん》ほか八条院領の大部分を娘の邦子内親王に伝領した。邦子は承久三年十二月に弟後堀河天皇の准母として皇后の号を宣下《せんげ》されており、元仁元年（一二二四）八月に安嘉門院《あんかもんいん》の女院号を宣下された。本来であれば、八条院領の主要部分である安嘉門院領は後堀河に伝領されるはずだったが、先に後堀河が天福二年（一二三四）八月に没してしまった。のち、安嘉門院は弘安六年（一二八三）九月に死去し、安嘉門院領は亀山《かめやま》上皇が相続し、以後大覚寺《だいかくじ》統《とう》の代々に伝わることとなる。

後高倉の女の利子（一二二六年内親王宣下、一二三九年式乾門院《しきけんもんいん》）には、北白河院領そのほかの所領群が伝領された（曽我部愛 二〇〇九）。利子は天福元年（一二三三）六月に四条《しじょう》天皇の准母となっており、式乾門院領も本来であれば四条に伝領されるはずだったが、四条が先に仁治三年（一二四二）正月に没したため、式乾門院領は建長元年（一二四九）に後堀河天皇皇女である室町院暉子《むろまちいん》内親王に伝領された。のち室町院は正安二年（一三〇〇）に没し、室町院領は伏見《ふしみ》上皇・亀山法皇・永嘉門院《えいかもんいん》（鎌倉殿宗《むね》尊《たか》親王の娘瑞子女王）の相続争いの末、正安四年（一三〇二）に鎌倉幕府が伏見と亀山とで折半するように裁許した。

長講堂領を主要な部分とする宣陽門院領も、四条への伝領が予定されていた。嘉禄元年（一二二五）十月、宣陽門院は近衛家実《このえいえざね》の娘長子（のち鷹司院《たかつかさいん》）を猶子とし、長子は翌嘉禄二年六月に後堀河天皇に入内《じゅだい》、七月には中宮《ちゅうぐう》となり、寛喜元年（一二二九）四月には鷹司院の女院号を宣下された。鷹司院は嘉禎三年（一二三七）に四条天皇の准母となっている。四条天皇が先に没した後、宣陽門院は建長三年（一二五一）に上西門院《じょうさいもんいん》領のみを一期分として鷹司院に伝え、ほかの所領群は後深草《ごふかくさ》天皇に伝領し、以後は持明院統《じみょういんとう》で継承した。翌建長四年（一二五二）六月に宣陽門院は死去した。

以上のとおり、後高倉の没後、天皇家領荘園群は女院が領していた。将来は後高倉皇統の家長に伝領されるように予定されていたが、後堀河・四条が先に死去し、皇統が途絶えてしまった。一方、仁治三年（一二四二）正月に践祚する後嵯峨《ごさが》天皇は、その時点ではこうした大規模荘園群を伝領する予定がなかった。そのため、後嵯峨とその子である後深草・亀山は荘園群の回収を至上課題とし、それが十三世紀後半の政治史においても重要な意味をもつこととなるのである。

2　九条道家の権勢とその限界

九条家の復権

後高倉の死去後は弱冠十二歳の後堀河天皇が親政をしくこととなった。上皇が不在となり、幼少の天皇に代わって政務を主導する摂政の存在意義が増すこととなった。承久の乱以前、九条道家《くじょうみちいえ》は、息男に次期鎌倉殿頼経《よりつね》、甥に姉立子所生の仲恭天皇を擁し、自身も摂政となっていた。しかし承久の乱で仲恭が廃位されるのに伴って、摂政も九条道家から近衛家実に交代した。

嘉禄二年（一二二六）六月には近衛家実の女長子（のち鷹司院）が後堀河天皇に入内したが、それに先だって三月に中宮有子（三条公房女《さんじょうきんふさむすめ》。のち安喜門院《あんきもんいん》）が宮中から退出しており、近衛家実主導の後宮が形成されようとしていた。しかし安貞二年（一二二八）十二月、再び近衛家実にかわって九条道家が関白に就任した。これは近衛家実の罷免を目的に、北白河院が推進したものであり、西園寺《さいおんじ》公経《きんつね》も娘婿の道家を支持した。鎌倉幕府では、嘉禄元年（一二二五）七月に北条政子《ほうじょうまさこ》が没し、嘉禄二年正月に藤原頼経が征夷大将軍に補任《ぶにん》されており、この安貞二年の九条道家の関白就任にあたっても、子である頼経の「挙状《きょじょう》」が献ぜられていた。幕府は承久の乱直後の「非後鳥羽」政権の樹立という方針をくつがえして、道家の関白就任に妥協したのである（曽我部愛 二〇〇九、井上幸治 二〇一四）。

寛喜元年（一二二九）十一月には道家の女竴子（のち藻璧門院《そうへきもんいん》）が後堀河天皇の女御《にょうご》として入内し、寛喜三年（一二三一）二月に皇子秀仁《みつひと》が生まれた。秀仁は翌貞永元年（一二三二）十月四日に践祚する（四条天皇）。

図44　九条道家　『天子摂関御影』宮内庁三の丸尚蔵館所蔵

すでに安貞元年（一二二七）ごろから飢饉《ききん》が起こり、とくに寛喜二年（一二三〇）・三年ごろには寛喜《かんき》の飢饉と称される深刻な状況となっていた。寛喜二年八月以来の大風・洪水・彗星といった天変を背景として、この貞永元年九月からの彗星に後堀河天皇が驚歎し、種々の御《お》祈《いのり》を試みてもなお出現したことで、この譲位《じょうい》が沙汰《さた》されたのであった。京から関東の幕府に再三問い合わせ、分明の承諾はなかったが、九条道家が中心となって譲位を強行した。ただし、十月の譲位、彗星出現による譲位、二歳の譲位、同宿の譲位はいずれも先例がよくないとして、広橋経《ひろはしつね》光《みつ》は日記に不安を記している（『民経記』貞永元年十月四日条）。

結果としてこの後堀河から四条への譲位も、院政をしくこととなった後堀河上皇が天福二年（一二三四）八月に逝去し、四条天皇自身も仁治三年（一二四二）正月にわずか十二歳で世を去るという、よからぬ結末を迎えることとなった。

権勢とその限界

天福元年（一二三三）九月に藻璧門院が、翌天福二年八月には後堀河院が相次いで死去すると、後鳥羽の怨念や十楽院僧正仁慶《じゅうらくいんそうじょうにんけい》の所為《しょい》という風聞が流れた（『五代帝王物語』）。後鳥羽は隠岐《おき》になお存命であったが、承久の乱の記憶が強かったのであろう。仁慶は松殿基房《まつどのもとふさ》の男で、寛喜元年（一二二九）四月、九条道家の意向により、天台座主《てんだいざす》の座を競望していた良快《りょうかい》（道家の叔父）に奪われ、同月に没している。

さらに九条道家の男教実《のりざね》にも怨霊による死の恐怖が迫った。文暦二年（一二三五）三月十一日には教実の疾病によって非常赦《ひじょうしゃ》が行われており、三月十八日には道家と教実が、正月以来在京していた幕府評定衆《ひょうじょうしゅう》の中原師員《なかはらもろかず》を使者として、鎌倉幕府にたいして後鳥羽と順徳《じゅんとく》の帰洛を求めた（『明月記』四月六日条）。しかしその返事に将軍頼経の書状はなく、執権北条泰時《やすとき》の書状で「家人等一同、然《しか》るべからざる由を申す」と、幕府の総意としての拒絶の意が伝えられた（『明月記』五月十四日条）。北条氏の強い意志の前には、将軍頼経も、そして道家も無力であった。結局、教実は三月二十八日に死去した。

ただし、道家の権勢は京では確立されていった。九条道家は寛喜三年（一二三一）七月に教実に関白を譲っていたが、教実が死去すると、再びみずからが摂政に就任した。同年十一月には、朝廷で新制（寛喜新制）が発布され、天福元年（一二三三）五月には九条道家から四条天皇への「奏状《そうじょう》」（『天理図書館善本叢書　古文書集』九条家文書）という形式で官位昇進と訴訟決断の適正化を提案し、政務の再建に意欲を見せている。翌天福二年八月の後堀河上皇の死去後は、道家が上皇不在の四条天皇の外祖父として政務を主導した。

文暦二年（一二三五）五月には、石清水八幡宮寺《いわしみずはちまんぐうじ》領山城《やましろ》国薪庄《たきぎのしょう》と、興福寺《こうふくじ》領同国大住《おおすみ》庄との用水《ようすい》相論《そうろん》が問題化し、翌嘉禎二年（一二三六）に至るまで石清水と興福寺・春日《かすが》社との間で紛争が激化した。藤氏長者《とうしちょうじゃ》として氏寺《うじでら》興福寺を統括する立場の九条道家は事態の収拾に努めたが、興福寺を抑えこむことはできず、最終的には鎌倉幕府の武力が事態を落着させた。文暦二年（嘉禎元年）六月と十二月には興福寺にたいして六波羅《ろくはら》から軍勢を発し、嘉禎二年二月・八月には幕府評定衆の後藤基綱《ごとうもとつな》が説得に赴き、十月には大和《やまと》に守護を設置し、興福寺領に地頭《じとう》を置き、道を封鎖して兵糧が入らないようにするという強硬措置をとった。これに音を上げた興福寺衆徒《しゅと》が寺中を退散し、開門したのである（黒田俊雄　一九七五）。

この紛争がまだ解決を見ない嘉禎二年（一二三六）四月、道家は東福寺《とうふくじ》の創建を発願し、南都《なんと》の東《とう》大寺《だいじ》・興福寺から一字ずつを採った。こうした新たな宗教空間の構築のみならず、文暦二年（一二三五）ごろから道家は、既存の宗教界にも影響力を広げ、自身の子弟を配置していった。文暦二年三月に子の円実《えんじつ》が興福寺別当《べっとう》に、嘉禎三年（一二三七）五月に弟の道慶《どうけい》が園城寺長吏《おんじょうじちょうり》に、嘉禎四年（一二三八）閏二月に子の慈源《じげん》が天台座主にそれぞれ就任し、同年四月には子の法助《ほうじょ》が仁和寺御室《にんなじおむろ》道深法親王《どうしんほっしんのう》

図45　藤原頼経　『集古十種』より

に入室した。
　嘉禎三年（一二三七）正月、西園寺公経の勧めにより、九条道家は女仁子を近衛兼経《かねつね》の妻とし、同年三月に兼経に摂政を譲り、道家自身は翌暦仁元年（一二三八）に法性寺《ほっしょうじ》殿で出家、法名を行恵《ぎょうえ》と称した。
　嘉禎四年（一二三八）二月には鎌倉から将軍藤原頼経が執権北条泰時以下の御家人多数を従えて上洛し、十月まで在京した。この間に、頼経は外祖父西園寺公経や父九条道家をはじめ京の要人に面謁し、検《け》非違使《びいし》別当・権大納言《ごんのだいなごん》に補任されて在京中に辞任し、春日・石清水・賀茂・祇園《ぎおん》・北野《きたの》・吉田《よしだ》といった諸社に参詣《さんけい》している。六月には京の夜盗・群盗に備えて在京御家人が勤仕する篝屋《かがりや》が設置され、京の治安を守る権門としての鎌倉幕府の存在意義が確認された。
　以上のとおり、九条道家は、孫が天皇をつとめ、子弟が鎌倉殿や主要寺院の長であり、摂政もしくはその父として公家政権を主導した。上皇不在という状況のなかで、全権門の上に君臨するという空前の地位を確立していたのである。石清水・南都紛争を解決した鎌倉幕府の武力は摂政・氏長者《うじのちょうじゃ》の政治力よりも強大であったが、しかし後鳥羽の還京が叶わなかったことからも明らかなとおり、鎌倉殿は鎌倉幕府そのものではない。その点に道家の権力のほころびも内包されていたのである。

3　後嵯峨院政

皇統の変化と後嵯峨天皇

隠岐に流された後鳥羽は和歌と念仏中心の生活を営み、『新古今和歌集《しんこきんわかしゅう》』の補訂や『遠島百首《えんとうひゃくしゅ》』の編纂を進め、『無常講式《むじょうこうしき》』を著した。後鳥羽は延応元年（一二三九）二月二十二日に死去し、隠岐で火葬され、遺骨は山城国大原《おおはら》に移された。同年五月に顕徳院《けんとくいん》の諡《おくりな》が贈られたが、仁治三年（一二四二）七月に顕徳院から後鳥羽院に改められた。この諡号変更は、後鳥羽の怨霊が問題となったからである。

延応元年十二月には三浦義村、延応二年（一二四〇）正月には北条時房《ときふさ》が死去し、後鳥羽院怨霊がうわさされていた。さらに仁治三年（一二四二）正月九日、四条天皇がわずか十二歳で急逝した。これも後鳥羽上皇の怨霊や慈円《じえん》の祟りという説があった（『大日本史料』五編十四冊四〇頁）。

四条天皇に子がなく、後高倉皇統は断絶した。皇太子も定まっていなかったため、次期天皇について鎌倉に諮ることとなった。九条道家は順徳上皇の皇子忠成王《ただなりおう》を推したが、これを鎌倉の執権北条泰時と六波羅探題《たんだい》の北条重時《しげとき》が拒否したため（『平戸記』正月十九日条）、土御門《つちみかど》上皇の皇子邦仁《くにひと》王が正月二十日に践祚することとなった（後嵯峨天皇）。北条泰時の判断材料には、かつて承久の乱に積極的だった順徳と消極的だった土御門の記憶や、このとき順徳上皇がなお存命であったため（ただし、この年九月に佐渡《さど》で没する）、順徳の還京・院政に至ることへの警戒があったに違いない。一方、土御門はす

図46　大　原　陵（後鳥羽天皇陵）

図47　月　輪　陵（四条天皇陵）

でに寛喜三年（一二三一）に阿波《あわ》で没しており、院政が開始されることはない。

新天皇の践祚まで空位十一日に及んだが、幕府の意向を無視することはできなかった。ここに皇位選定の最終決定権が鎌倉幕府にあることが明らかとなり、道家の権力も鎌倉幕府の前には限界があることを再確認したのである。

外戚・摂関ではない九条道家に代わり、村上《むらかみ》源氏の土御門定通《さだみち》が禁裏《きんり》の実権を掌握した（『民経記』正月二十九日条）。定通は、北条義時《よしとき》の女（泰時・重時の姉妹）である竹殿《たけどの》を室としており、姪の源通子が後嵯峨の母であった。

関東申次と西園寺家

西園寺公経は、内大臣《ないだいじん》・太政《だじょう》大臣を経て、寛喜三年（一二三一）に出家して法名を覚勝と称した。彼は承久の乱の際に後鳥羽に監禁されたが、かえって乱後は北条氏の絶大な信頼を得て、京での存在感が一挙に増した。後高倉院の後家《ごけ》となった北白河院（一二三八年没）の甥として後堀河・四条を支えるとともに、娘婿である九条道家の権勢を導き、道家が政局の前面に出て反発を受けるのを横目に、みずからは矢面に立たずに果実を得るような立ち位置にあった。

図48　土御門定通　『天子摂関御影』
宮内庁三の丸尚蔵館所蔵

四条天皇没後の新帝選定にあたっても、西園寺公経は、当初は忠成王推薦に同意していたが、形勢をみて後嵯峨に接近し（『平戸記』正月十九日条・二十日条）、仁治三年六月には孫（実氏《さねうじ》の女）の姞子を女御として後嵯峨に入内させ、八月には中宮に立后《りっこう》させた。姞子は寛元元年（一二四三）六月に皇子（久《ひさ》仁《ひと》親王。後深草天皇）を生み、西園寺家と次代の天皇との血縁は維持された。のち姞子は宝治二年（一二四八）六月に大宮院《おおみやいん》の女院号を宣下され、後嵯峨との間に亀山《かめやま》天皇（一二四九年）をも生むこととなる。

また公経の推挙により、後嵯峨天皇の関白は近衛兼経から二条良実《にじょうよしざね》に交代した。良実は九条道家の男であったが、公経が養育していた。

かくして鎌倉中後期の西園寺一門の躍進の基礎を築いた

公経も、寛元二年（一二四四）八月に死去した。これにより、西園寺公経と九条道家の二人でつとめていた関東申次《かんとうもうしつぎ》は、道家のみがつとめることとなった。

なお、葉室定嗣《はむろさだつぐ》の日記『葉黄記《ようこうき》』寛元四年（一二四六）三月十五日条には、承久の乱後、関東申次は、重事を九条道家、細々雑事は九条家家司《けいし》の高階経雅《たかしなつねまさ》がつとめていたとある。ただし承久の乱後には、近衛家実・兼経も関東申次の役割を果たしており、九条道家の事例をあわせて考えると、摂関がつとめていた可能性が高い。また九条道家の家司と考えられる二条定高《にじょうさだたか》も朝幕間交渉にかかわっており、高階経雅に類似する役割だったようである。このころ、西園寺公経も朝幕交渉の窓口をつとめていたが、主な役割は摂関が担っていたのであろう（本郷和人 一九九五、白根靖大 二〇〇〇、美川圭 一九九六）。

寛元四年（一二四六）正月、後嵯峨天皇が後深草天皇に譲位し、後嵯峨院政がはじまった。これにあわせて、関白が二条良実から一条実経《いちじょうさねつね》に交代した。いずれも九条道家の男であったが、道家は教実の没後、実経を後継者として鍾愛し、良実に関白の退任を迫ったのである。二条良実と道家との関係は悪化した（『岡屋関白記』正月二十八日条）。

同年三月には、十余年ぶりの院政再開にあたり、九条道家から鎌倉に関東申次のことについて相談したところ、重事秘事は九条道家が、僧官《そうかん》俗官などのことは摂政一条実経が、雑務は院司葉室定嗣が担当することとなった（『葉黄記』三月十五日条）。後述するとおり、鎌倉ではこの三月に北条経時《つねとき》が弟時頼《ときより》に執権職を譲り、五月・六月には「宮騒動《みやそうどう》」と称される政変が生じており、鎌倉から積極的に意向を示す余裕はなく、道家からの要望を承諾するにとどまったと考えられる。

しかし北条時頼が六月に政変を鎮め、七月に将軍頼経が京に送還されると、父の九条道家も関与が疑われた。八月、関東の指示を受けた六波羅の北条重時が葉室定嗣を介して後嵯峨に、鎌倉での政変の顚末を報告した。そして徳政を行うこと、叙位《じょい》除目《じょもく》を正道に行うこととあわせて、関東申次について追って連絡する旨を伝えた（『葉黄記』八月二十七日条）。

ここに九条道家は権力の一源泉であった鎌倉幕府の支持を失い、失脚したのである。当然ながら関東申次も辞すこととなり、九月四日、道家は西山に籠居した。道家はこの失脚に二条良実の密告があったと疑い、良実を義絶《ぎぜつ》した。

十月、鎌倉の北条時頼は西園寺実氏を関東申次に指名し、徳政の実行を求め、篝屋の停止を申し入れている（『葉黄記』寛元四年十月十三日条）。関東申次について、おそらくこれ以前は、鎌倉殿が縁者を指名してきたが、ここに北条氏が指名権を奪取し、朝幕交渉においても鎌倉殿にたいする掣肘が進んだ。徳政の実行とは、後述する院評定衆の設置のことである。篝屋の停止は一時的なものであるが、この結果生じた京の治安悪化は、公家政権が幕府の申し入れに従うほかないという脅迫の効果を有した（美川圭　一九九六）。

これ以後、関東申次は西園寺家が代々就任することとなり、実氏が没した文永六年（一二六九）六月以降は西園寺実兼《さねかね》が継ぐこととなる。西園寺家は、公式の朝幕交渉窓口を家職として独占したことにより、公家政権内における権力基盤を確立したのである（森茂暁　一九九一）。

図49　後嵯峨院　『天子摂関御影』
宮内庁三の丸尚蔵館所蔵

後嵯峨院政

寛元四年（一二四六）正月にはじまった後嵯峨院政のもとでは、さまざまな制度が設けられた。とはいっても、関東申次と同様に、それ以前から運用されていた政務処理の方法を制度として明確化したという方が妥当である。

たとえば院執権は、院司のうち実務責任者として働く役職であり（白根靖大 二〇〇〇）、後鳥羽院政期の葉室光親《みつちか》が最初であったとのちの史料にみえるが（『左大史小槻季継記』）、確実な院執権補任者の最初は、後嵯峨院政発足とともに就任した葉室定嗣である（『葉黄記』正月二十九日条）。院執権は院と貴族の連絡をとりつぐ伝奏《てんそう》を兼ねることが多い。伝奏も、平安時代後期からその役割を果たす者はいたが、この後嵯峨院政期に確立した、宝治元年（一二四七）三月十二日には、吉田為《ため》経《つね》と葉室定嗣が伝奏をつとめており、院御所に伝奏の不在がないように隔日の当番で院御所に祗候することとなった（『葉黄記』）。この伝奏の当番祗候は院評定制と密接にかかわる。

平安時代以来、国政上の重要課題を現任の公卿が内裏《だいり》で議論する陣定《じんのさだめ》があったが、平安時代後期には、院の主導のもとに、院御所を会場として現任公卿に限らず前任有識者や実務官僚が加わって議論する院御所議定が、実質的な政務決定の場となることが多々あった（美川圭 一九九六）。また上皇不在の四条親政期には、九条道家やその子・婿である藤氏長者・摂関が主催する評定（殿下評定）で紛争の解決案が議論されていた（岡田智行 一九八六）。こうした前提を踏まえて、後嵯峨院のもとで成立した院評定制の特色は、式日（開催周期日）と評定参加者の固定にある。

鎌倉時代の公武両政権ではしばしば「徳政」が課題に挙がった。鎌倉時代後期の永仁五年（一二九七）には、売却済み所領の返還を命ずる徳政令が鎌倉幕府から出され、社会的な影響力も大きくなるが、鎌倉前中期の公家の徳政は、主に訴訟と叙位除目を論点とする。当時は、「雑訴《ざっそ》」と呼ばれる所領関係の訴訟が増加しており、公正で速やかな訴訟裁判の充実と公武の管轄調整が求められていた。人臣の秩序に直接かかわる叙位除目においても、重代の家か本人の能力かといった基準の揺れはあるが、当然ながら公正さが求められた。

院評定制も、直接には寛元四年八月および十月に鎌倉幕府から徳政の要求があって設定されたものだが、それ以前から公家政権内で課題としていた徳政の具体化の一帰結であった。具体的な対策案としても、すでに九条道家が、天福元年（一二三三）の奏状において、参加者を固定して毎月三度の日を定めて評議を開催することを提言していた（市沢哲 二〇一一）。

当初の院評定は、原則として毎月六回、後嵯峨の臨席のもとで開催され、院評定衆は太政大臣西園寺実氏・前内大臣土御門定通・中納言吉田為経・内大臣徳大寺《とくだいじ》実基《さねもと》・参議葉室定嗣の五人であった。その後、定員は増員されるが、前官を含み、大臣級貴族と、実務官人系の納言・参議級（中級）貴族が選ばれることは当初と同様である。やがて従来と同様に必要に応じて開催されるようになるが、非理訴訟や第三者介入の防止を優先する方針は維持された（井上幸治 二〇〇八）。

何を公正とするかは時代によっても、また同時代人のなかでも（現代人においてもそうであろう）一つに定めることは難しいが、評定の回数・間隔を確保することの公正さはわかりやすい。一方、評定参加者の固定は、彼らによる関係者への利益誘導が懸念されるが、そうだとしても判断傾向を固定するのが公正だというのが彼らの出した解答であった。

この院評定衆の人選には鎌倉幕府の承認が必要であった。さらに、関東申次が院評定衆を兼ねることで、鎌倉の意向が院評定に接続可能であった。また、吉田為経・葉室定嗣のごとく、伝奏は院評定衆を兼ねることが多く、評定を奉行（幹事役をつとめる）し、院との連絡調整を果たし、裁決の院宣《いんぜん》を奉じたのである（美川圭　一九九六・二〇〇六）。

後嵯峨院政のもとで関東申次・伝奏・院評定制が制度化され、有機的に結合することで、鎌倉幕府の影響下に院が政務を執行する体制が安定した。こうした事象を、平安時代の院政に比して「制度化された院政」と称している。ただしその一方で、承久の乱から二十余年を経て、鎌倉幕府は、院政を主導する治天を選ぶようになり、制度化された院政を駆動させる関東申次・院評定衆をも選定・承認するようになった。後嵯峨以降の院政の権力としての自律性は、後鳥羽院政以前に比すべくもなくなったのである（美川圭　一九九六・二〇〇六）。

4　摂家将軍・親王将軍の鎌倉下向と政変

伊賀氏の変

承久の乱後、国家・社会における鎌倉幕府の影響力が大きく増した。鎌倉幕府内でも、貞応三年（一二二四）六月に北条義時が没したのち、承久の乱以来、六波羅にいた北条泰時と時房が執権・連署《れんしょ》として「軍営御後見」をつとめることとなり、嘉禄元年（一二二五）十二月には幕政について合議する評定衆が設置された。京で寛喜新制・天福《てんぷく》奏状が出されたのと前後して、鎌倉では貞永元年（一二三二）八月に『御成敗式目《ごせいばいしきもく》』が制定された。

こうした統治権力としての習熟を志向する鎌倉幕府の中心に位置したのは執権北条泰時であるが、いかに北条氏が実権を掌握しようと、御家人を統合する鎌倉幕府の頂点には貴種をすえねばならない。源頼朝・頼家《よりいえ》・実朝《さねとも》という源氏将軍が三代続いた後、四代鎌倉殿として承久元年（一二一九）に関東に下向した藤原頼経は摂関家《せっかんけ》九条家の出身であった。

すでに源氏将軍の時代から、建仁三年（一二〇三）に源頼家男一幡《いちまん》の擁立を企図した比企能員《ひきよしかず》が誅殺され、元久二年（一二〇五）に平賀朝雅《ひらがともまさ》の擁立を企図した北条時政《ときまさ》・牧《まき》の方《かた》が伊豆《いず》に追われるなど、次期鎌倉殿をめぐる外戚の争いが生じていたが、藤原頼経の将軍期にも同様の事件が起こった。

源頼朝の甥にあたる一条実雅《いちじょうさねまさ》は、建保六年（一二一八）に京から下向し、翌年十月、北条義時女を室に迎え、貞応元年（一二二二）八月に在鎌倉のまま参議に補任されていた。貞応三年（一二二四）六月に北条義時が没した後、一条実雅室の母伊賀《いが》の方とその兄伊賀光宗《みつむね》が実雅を将軍とし、北条政村《まさむら》を執権にしようとしたとの嫌疑で、伊賀の方・伊賀光宗・一条実雅が配流されたのである。のちに伊賀光宗は許されて鎌倉に戻るが、伊賀の方と実雅は配流地で没した。

図50　伊賀氏系図

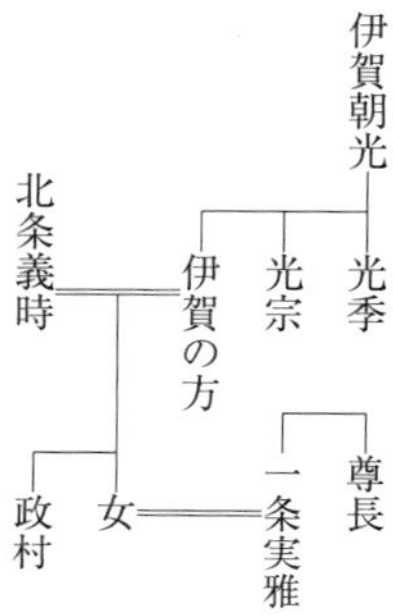

鎌倉殿をめぐる争いは関東だけで完結せず、京の貴族社会とも密接にかかわっている（岩田慎平 二〇一六）。興味深いのは、のち安貞元年（一二二七）、一条実雅の兄であり、後鳥羽の近臣僧で承久京方として追われていた尊長《そんちょう》が捕縛され、「義時が妻が義時にくれけむ薬、われに是《これ》くはせて早《はや》ころせ」と叫んだことである（『明月記』六月十一日条）。伊賀の方が義時を毒殺したとする説は事実ではないと判断されるが（山本みなみ 二〇二〇）、鎌倉での一風説が一条実雅の周辺から京の一条家を介して尊長に伝わっていたという可能性が想定される。承久鎌倉方として最初に討たれた伊賀光《みつ》季《すえ》の一族とわずか数年で対立に至るほどに、北条氏嫡流の立場は不安定であった。

寛元・宝治・建長の政変

こうした次期鎌倉殿の地位をめぐる外戚同士の対立に加えて、四代藤原頼経以降は、鎌倉殿自身が北条氏と競合する場面も生じた。京から迎えた鎌倉殿が成長するに従い、みずからの意志をもつ政治主体となるのは必然であった。かくして一二四〇年代には鎌倉で政変が続発するが、その一方の中心に京都から下向した摂家将軍が位置したため、京都の政界も無関係ではありえなかった。

仁治三年（一二四二）六月に北条泰時が六十歳で没すると、執権には弱冠十九歳の経時《つねとき》が就任した。このとき将軍頼経は二十五歳、執権・得宗家《とくそうけ》とは異なる権力核として成長しつつあった。寛元二年（一二四四）四月、執権北条経時の圧力により、頼経は将軍職を子の頼嗣《よりつぐ》（一二三九—五六）に譲ったが、

図51　将軍家関係系図

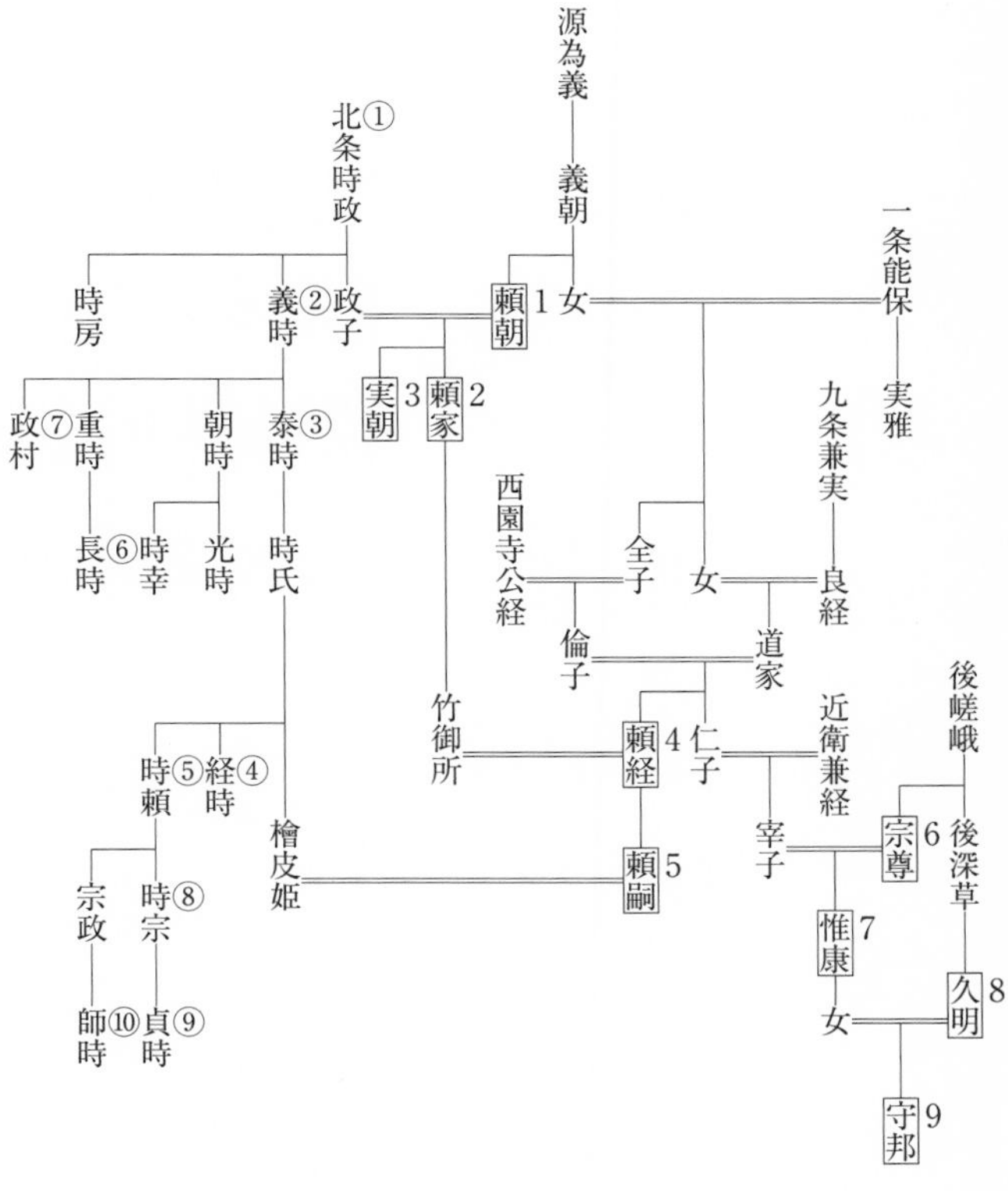

□は征夷大将軍（数字は就任順）、丸数字は執権の就任順

なおも鎌倉にあって大殿《おおとの》としての存在感を有していた。

寛元四年（一二四六）三月、病弱であった北条経時は、弟時頼に執権職を譲り、閏四月に没した。五月、北条氏庶流の名越《なごえ》光時《みつとき》が、前将軍頼経を推戴し、評定衆の後藤基綱・藤原為佐《ふじわらためすけ》・千《ち》葉《ば》秀胤《ひでたね》・町野《まちの》康持《やすもち》らと同心して、執権北条時頼の追討を企図した旨が露顕し、光時・時幸《ときゆき》兄弟は出家した。六月一日に時幸は自害させられ、七日には後藤基綱らが評定衆を免ぜられ、十三日には光時が越後《えちご》国務《こくむ》以下の所職《しょしき》を没収されて伊豆に配流された。七月十一日に頼経は鎌倉を追われ、七月二十八日に京に戻った。

京都でも、頼経の父である九条道家が関与を疑われ、九月に西山に籠居することとなった。道家の男一条実経は、翌寛元五年正月に摂政を辞した。

なお、この寛元四年の政変は、『鎌倉年代記』裏書《うらがき》に「閏四月以後鎌倉中騒動宮騒動と号す」とあるように、「宮騒動」と称されている。鎌倉では「宮」（皇族）の関与は確認できないが、九条道家が六条宮忠成《ろくじょうのみやただなり》王践祚による後嵯峨皇統転覆を謀ったという名分で失脚したためとする説もある（金澤正大 二〇一六）。

前将軍藤原頼経に近侍していた三浦泰村《みうらやすむら》・光村《みつむら》兄弟は宮騒動には直接関与していなかったが、とくに光村は、頼経が京都に送還された後も鎌倉に復帰できるよう企図していた（『吾妻鏡』八月十二日条）。

宝治元年（一二四七）六月、鎌倉で、執権北条時頼とその姻族の安達泰盛《あだちやすもり》一族によって、三浦泰村一族とその姻族の毛利季光《もうりすえみつ》・関政泰《せきまさやす》・千葉秀胤が滅ぼされた。この事件を宝治《ほうじ》合戦と呼んでいる。

建長三年（一二五一）十二月には了行《りょうぎょう》法師・矢作常氏《やはぎつねうじ》・長久連《ちょうひさつら》が謀反を企てたとして捕縛された。了行と矢作は千葉氏の一族であり、さらに了行は九条道家と密接な関係にあった（牧野和夫 二〇〇八、野口実 二〇一一）。宮騒動・宝治合戦の敗者が連携していたことがうかがえる。

翌建長四年二月、将軍頼嗣もこの陰謀に関与していたとして将軍位を追われることとなり、幕府は後嵯峨上皇の息宗尊親王を新将軍に迎えるよう京に申し入れた。建長四年四月一日、宗尊親王が鎌倉に到着し、その翌日、頼嗣は鎌倉を発して京に送還された。

頼嗣の祖父九条道家は建長四年二月二十一日に没し、すでに道家の男教実も文暦二年（一二三五）三月に没しており、教実の男忠家《ただいえ》は建長四年七月に右大臣を解任された。道家生前の九条家の威光は昔日のものとなったのである。のち、頼経は康元元年（一二五六）八月、頼嗣は同年九月、それぞれ京で没した。

5　関東祇候の廷臣たち

鎌倉に下向した中級貴族

平安時代中期以降、貴族社会の階層化によって、晩年に公卿に至るような中級の貴族（以下、便宜的に「廷臣」と呼ぶ）が、院・女院や摂関家などの権門に祇候するということが広く行われていた。鎌倉幕府は、軍事・警察という国家的職能を負うとともに多くの所領を有する権門として成立し、貴族社会の最上層が補任される右近衛大将《うこのえたいしょう》に至った源頼朝や、右大臣に補任された実朝は、廷臣が祇候する対象となった。平安時代であれば、ある廷臣・官人が京に邸宅を構える複数の権門に仕えるということも可能であったが、鎌倉を本拠とする権門に祇候するには、鎌倉に居住せねばならない。かくして、「関東祇候」の廷臣も生じることとなる。

公卿到達者層より一段下の下級官人層では、中原親能《ちかよし》・大江広元《おおえのひろもと》・三善康信《みよしのやすのぶ》のようないわゆる京下り官人が、内乱期以前から鎌倉に下向して頼朝のもとで活躍した。

公卿に到達する階層では、早くは治承《じしょう》・寿永《じゅえい》内乱期に、頼朝の妹婿である一条能保《よしやす》や平家一門の平

図52 一条家系図

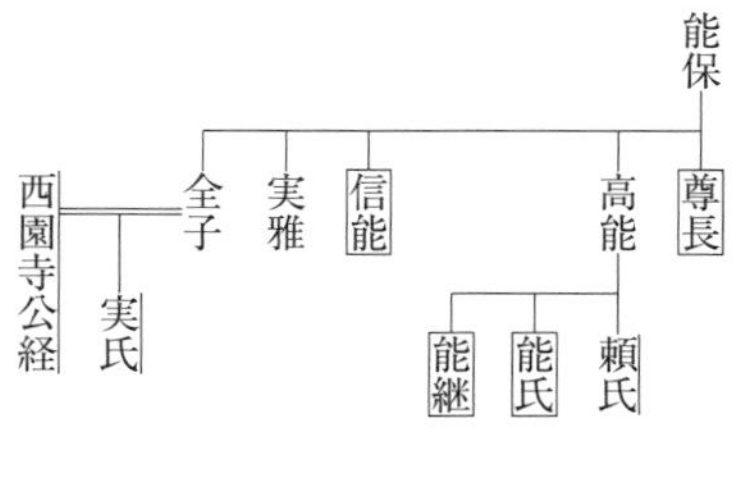

人名は、承久京方、承久鎌倉方

頼盛《よりもり》が鎌倉の頼朝のもとに滞在していた（岡野友彦 二〇〇二、塩原浩 二〇〇三）。

一条能保の子孫はその後も鎌倉との縁を維持した。能保の男高能《たかよし》は頼朝の女大姫《おおひめ》と婚姻の計画があった（が実現しなかった）ほか、頼朝の猶子であったらしい（『大日本史料』四編五冊三九〇頁『革匊別記』建久八年二月二十五日条）。能保は建久八年（一一九七）十月に没し、高能も建久九年（一一九八）九月に没するが、能保の男信能《のぶよし》・実雅と高能の男頼氏《よりうじ》・能氏《よしうじ》・能継《よしつぐ》は、建保六年（一二一八）六月二十七日と翌建保七年正月二十七日（実朝暗殺の日）、源実朝の昇進拝賀《はいが》の行列に殿上人《てんじょうびと》として供奉《ぐぶ》するなど、京・鎌倉を往来している。

ただし、一条家は鎌倉だけに依存するのではなく、京の貴族社会でも立身を模索し、尊長は僧侶として、信能は近臣として、後鳥羽に重用された。尊長と信能は承久の乱で軍勢を率いて出陣し、乱の直後、信能は斬首され、尊長は嘉禄三年（一二二七）六月まで逃亡したが、捕縛されて殺害された。それに対して高能の男頼氏は、承久の乱の際、伊賀光季の追討直後に京を脱出して鎌倉に急を知らせるなど（『吾妻鏡』五月二十一日条）、鎌倉との関係がとくに深かった（長村祥知 二〇一五）。

西園寺公経の猶子となっていた一条実雅は、承久元年七月の九条三《み》寅《とら》の下向に供奉し、そのまま鎌倉に滞在したが、貞応三年（一二二四）に伊賀氏の変によって配流されることとなる。

源実朝の時代には、『新古今和歌集』の撰者の一人である飛鳥井《あすかい》雅経《まさつね》もたびたび京・鎌倉を往還している（高島哲彦 一九八七）。

承久の乱後の増加

こうした関東祗候廷臣は、承久の乱後に増加した。

村上源氏の源具親《ともちか》は、建仁三年（一二〇三）末ごろ、北条義時の前妻姫前《ひめのまえ》と結婚した。彼は後鳥羽に見いだされて勅撰歌人となったが、怠惰で風変わりな人物だったらしく、廷臣としては父師光《もろみつ》以来低迷していたところ、承久の乱後、姫前との関係を足がかりに、具親と輔通《すけみち》・輔《すけ》時《とき》父子に「光華」がもたらされた。輔通・輔時は関東祗候廷臣としても活動することとなった（森幸夫 二〇一七）。

当初は一条家や村上源氏のような鎌倉殿・北条氏と姻戚関係のある家が中心であったが、後嵯峨院政期以降は、宗尊親王の下向に供奉した者から数世代にわたって鎌倉に祗候する家も生じた。藤原氏閑院流《かんいんりゅう》の八条・阿野《あの》・徳大寺、頼宗《よりむね》流の一条・中御門《なかみかど》、師実《もろざね》流の花山院《かざんいん》《かさんのいん》・難波《なんば》・飛鳥井、道隆《みちたか》流の坊《ぼう》門《もん》、長家《ながいえ》流の御子左《みこひだり》、末茂《すえもち》流の紙屋河《かみやがわ》・四条、勧修寺《かじゅうじ》流、南家《なんけ》や、村上源氏の例が指摘されている（高島哲彦 一九八七）。

関東祗候廷臣が増えると、関東御家人の女性との婚姻も増えた。『御成敗式目』には、二十五条「関東御家人、月卿雲客《げっけいうんかく》を以て婿君となし、所領を譲るに依って、公事《くじ》の足減少の事」という条文があり、御家人が関東祗候廷臣を婿とする女子に所領を譲ったとしても、その所領に伴う公事（経済的負担の義務）をきちんと納めよ、婿の（朝廷官位の高さによる）権威を振りかざして納めなかったり、将軍御所に仕えるからといって納付を怠ったりしてはいけない、納付を難渋するようなら所領を知行《ちぎょう》すべからず、と定めている。

六　両統の分立とモンゴル襲来

1　両統問題の淵源

京都を中心に鎌倉後期の政治史を描くとき、もっとも重要な問題となるのが両統の分立という政治現象である。天皇家（当時は「王家」と称された）が持明院統《じみょういんとう》と大覚寺統《だいかくじとう》に二分し、皇位・政務をめぐって繰り広げた熾烈な対立は、南北朝動乱の淵源をなした。その激動の政局の起点となったのが、文永九年（一二七二）二月十七日の後嵯峨院《ごさがいん》の死である。

後嵯峨院の遺言と鎌倉幕府

後嵯峨にとって、次の治天《ちてん》の君《きみ》の候補は二人いた。一人は後嵯峨の長子にあたる後深草院《ごふかくさいん》、もう一人はその弟の亀山《かめやま》天皇であった。四月七日、後嵯峨の正妻である大宮院姞子《おおみやいんきつし》（後深草・亀山の母）と、円助法親王《えんじょほっしんのう》（後深草・亀山の異母兄）によって、後嵯峨の残した処分状（図54はその写）が開かれた。

この処分状によれば、後嵯峨は、知行国《ちぎょうこく》・荘園・邸宅などの財産を、天皇の亀山、上皇の後深草、正妻の大宮院、寵妾の平棟子《たいらのとうし》（京極准后《きょうごくじゅごう》）・西園寺成子《さいおんじせいし》（大納言二品《にほん》）、皇子の円助法親王らに分与して

図53　鎌倉後期の天皇家（王家）系図　丸番号は天皇即位順

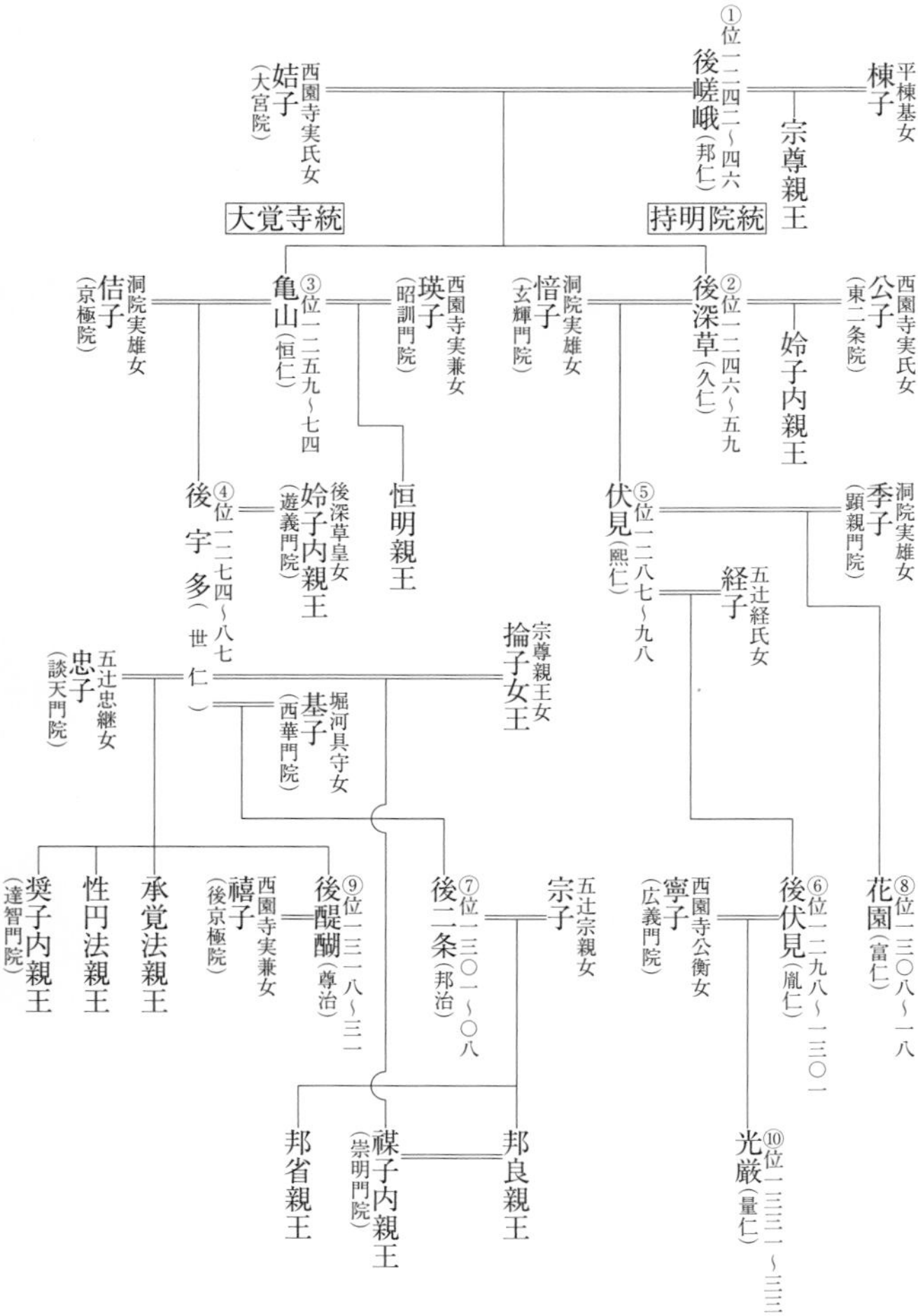

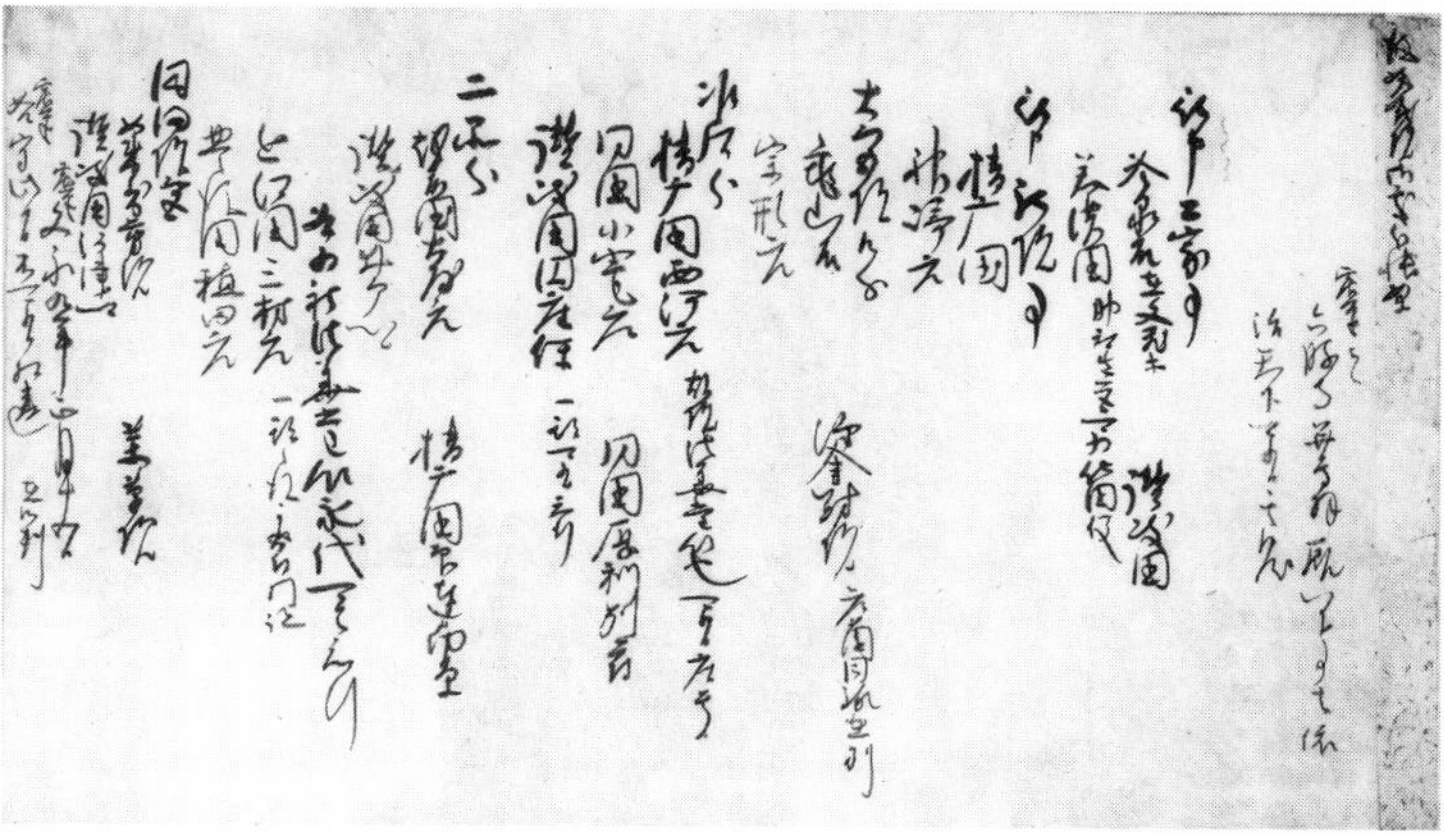

図54 「後嵯峨院処分状案」（崇光院筆） 『後嵯峨院御文類』のうち 宮内庁書陵部所蔵伏見宮本

いる。そして、処分状の冒頭には、「皇位に帰属する六勝寺《りくしょうじ》・鳥羽厩《とばのうまや》以下の事は、治天の君となるべき人物が沙汰せよ」という後嵯峨の追記があったが、治天の君に誰がつくかという肝心の問題については、まったく記されていなかった（『宸翰英華 別篇 北朝』五一。三浦周行 一九〇六、八代國治 一九二五ａ）。

実は、後嵯峨は治天の君の決定を、鎌倉幕府に委ねていた。ときの幕府の執権《しっけん》は、かの北条時宗《ときむね》である。時宗らは、重大事を専断することを避け、ひとまず大宮院に、後嵯峨の意志を確認した。

これにたいして、大宮院は後嵯峨の意志は亀山にあったという回答を示したので、亀山が治天の君につくことに決した。中世社会では、家長が亡くなると、その後家《ごけ》が家長の権限を代行することが多い（野村育世 一九九一、飯沼賢司 一九九二）。それだけに、大宮院の発言には千鈞《せんきん》の重みがあったのである。

さて、後嵯峨が、治天の君として亀山を選ぶ意思

図55　後深草院　『天子摂関御影』
宮内庁三の丸尚蔵館所蔵

図56　亀山院　『天子摂関御影』
宮内庁三の丸尚蔵館所蔵

をもっていたのかどうか。これについては議論があり、後深草の側は、後嵯峨の真意を、亀山と親密であった円助法親王がゆがめたと主張していた。後深草の皇子であり、のちに即位する伏見《ふしみ》天皇も、後嵯峨による後深草へのさまざまな厚遇を覚書に列記して、正統性の拠りどころとした（以上、『宸翰英華』一―六八・六九）。

しかし、後深草の主張がどうあれ、彼は後嵯峨の意中にいなかった可能性が高い。後嵯峨は、晩年の文永五年六月に、亀山の皇子である世仁《よひと》（のちの後宇多《ごうだ》天皇）を親王とし、続けて同年八月に、鎌倉幕府の同意を得て世仁を皇太子に冊立《さくりつ》している。世仁は前年の文永四年十二月一日に生れたばかりであったから、これは格段の配慮といえよう。「世仁」という名前も、立親王の際に後嵯峨が学者の勘申した候補を退け、自分で決めたものであった（『吉続記』文永五年六月二十五日条）。

そうなると、後嵯峨の在世中に、亀山の皇子が皇太子に立てられた事実は、やはり亀山の皇統に皇位を継承させようとする、後嵯峨の意思を示すと考えてよいのである（三浦周行

一九〇六、八代國治　一九二五a、龍粛　一九五七）。

亀山院の訴訟制度改革と貴族社会

さて、亀山が治天の君に定まった日時については未詳であるが、文永九年（一二七二）六月二十五日に内裏《だいり》清涼殿《せいりょうでん》の鬼間《おにのま》で国政を議する議定《ぎじょう》が行われているので（『民経記』）、それ以前であることは確かである。

亀山親政期では、この議定がもっとも枢要な会議であった。これは、後嵯峨院政期の院評定《いんのひょうじょう》を引き継ぐものであり、構成員もほとんど変わらない。議定の裁決を当事者に伝達する文書は、主に蔵人《くろうどの》頭《とう》が発給する綸旨《りんじ》が用いられたが、これは院評定の裁決を伝達する院宣《いんぜん》と同じく、書状様式であった。さらに、亀山親政では、職事《しきじ》（蔵人頭・蔵人）や弁官《べんかん》らが伝奏《てんそう》を介して政務全般の指示・裁断を仰ぐ奏《そう》事《じ》も、後嵯峨院政と同様に行われていた。

概して、鎌倉後期の院政と親政は類似点が非常に多く、両者に根本的な差異は存在しない（橋本義彦　一九七〇、富田正弘　一九七八、図57）。これは、亀山親政ばかりでなく、のちの伏見親政や後醍醐《ごだいご》親政を考えるうえでも、留意すべき事実である。

文永十一年正月二十六日、亀山は譲位して、皇太子の世仁親王が践祚《せんそ》した（後宇多天皇）。院政を開始した亀山は、二月十二日に最初の院評定を開き、四月二十七日の文殿始《ふどのはじめ》で開闔《かいこう》（事務主任）および文殿衆十人を定めた。文殿は、元来、院庁《いんのちょう》の文書を管理する下部機関に過ぎなかったが、亀山院政期に入ると、訴訟制度を支える役割を担うようになる（本郷和人　一九九五）。

鎌倉後期の朝廷が、仏神事《ぶつしんじ》と雑訴《ざつそ》の興行を要とする徳政《とくせい》を展開したことは、学界の共通認識となっ

終年月日	在位の天皇（続柄）
文永 11 年(1274)正月 26 日(譲位)	
弘安 10 年(1287)10 月 21 日(後宇多，伏見に譲位)	後宇多(子)
正応 3 年(1290)7 月 26 日(政務移譲)	伏見(子)
永仁 6 年(1298)7 月 22 日(譲位)	
正安 3 年(1301)正月 21 日(後伏見，後二条に譲位)	後伏見(子)
徳治 3 年(1308)8 月 25 日(後二条没)	後二条(子)
正和 2 年(1313)10 月 14 日(政務移譲)	花園(子)
文保 2 年(1318)2 月 26 日(花園，後醍醐に譲位)	花園(猶子＝弟)
元亨元年(1321)12 月 9 日(政務移譲)	後醍醐(子)
元弘元年(1331)9 月 20 日(光厳践祚)	
元弘 3 年(1333)5 月 25 日(光厳廃位)	光厳(子)

富田正弘 1978 所収「親政表」参照.

て久しい（笠松宏至 一九七六）。ここでいう「興行」とは、振興を意味する。亀山院政は、歴代の院政のなかでも、徳政の展開に積極的であり、とくに寄沙汰《よせざた》（本来の訴訟当事者が、訴訟を有力な第三者に委託すること）を取り締まるほか、理非による決断を実現すべく、訴訟制度の整備につとめたことで知られる。

その一つが担当奉行制と称すべき制度の確立である（藤原良章 一九八五）。すでに平安時代のころから、六勝寺の造営・仏事・人事・訴訟について、特定の上卿《しょうけい》や弁官が奉行をつとめていたが（上島理恵子 二〇一二）、後嵯峨院政期から亀山院政期にかけて、ほかの重要な寺社にも同様の奉行が設けられるようになる。

また、弘安二年（一二七九）五月、奏事の手続きが整備され、伝奏六人を三番に編成し（各番二人）、交代で任にあたらせた。伝奏には、亀山の腹心であった中御門《なかみかど》経任《つねとう》・吉田《よしだ》経長《つねなが》兄弟が配されており、彼らは院評定にも出席して、亀山の上意に沿うよう、意見を述べている（百

表5　鎌倉後期の院政・親政一覧

政務	皇統	種別	始年月日
亀　山	大覚寺統	親政	文永9年(1272)6月25日以前(後嵯峨没)
〃	〃	院政	文永11年(1274)正月26日(譲位)
後深草	持明院統	〃	弘安10年(1287)10月21日(伏見践祚)
伏　見	〃	親政	正応3年(1290)7月26日(後深草より政務移譲)
〃	〃	院政	永仁6年(1298)7月22日(譲位)
後宇多	大覚寺統	〃	正安3年(1301)正月21日(後二条践祚)
伏　見	持明院統	〃	徳治3年(1308)8月26日(花園践祚)
後伏見	〃	〃	正和2年(1313)10月14日(伏見より政務移譲)
後宇多	大覚寺統	〃	文保2年(1318)2月26日(後醍醐践祚)
後醍醐	〃	親政	元亨元年(1321)12月9日(後宇多より政務移譲)
後伏見	持明院統	院政	元弘元年(1331)9月20日(光厳践祚)

＊院政は宮内庁書陵部編1980所収「院政表」，親政は『旧記抜書 鬼間議定部類』および

瀬今朝雄 二〇〇〇)。亀山は訴訟制度の整備を通して、政務の主導権を確実に掌握していった。

この時期から、治天の君による貴族の家への介入も、次第に顕著となっていく。氏長者《うじのちょうじゃ》や家督の決定への関与は、その好例である(市沢哲 一九八八、西谷正浩 一九九八)。たとえば、花山院《かざんいん》家では、当主の師継《もろつぐ》が弘安四年四月に亡くなったのち、その「家記《かき》・庄薗〔園〕・和漢文書」などをめぐって、師継の猶子師藤《もろふじ》と実子師信《もろのぶ》が争った。弘安十年八月に、亀山院の院宣で、師信の管領《かんりょう》を認める裁許が下されたが、この折に上意によって、師藤のもとにあった家記・文書の目録が作成され、現物には封が加えられている(『勘仲記』)。家督の決定ばかりか、その家産である家記・文書にまで介入した点に、治天の君の権力の浸潤を見て取ることができよう(松薗斉 二〇〇六)。

また、貴族にとって重要な経済基盤である知行国・家領《かりょう》《けりょう》・諸官司は、「拝趨《はいすう》の羽翼」(『俊光卿記』文保元年(一三一七)十月四日条、『鎌倉遺文』三六―二七九九八)と称され

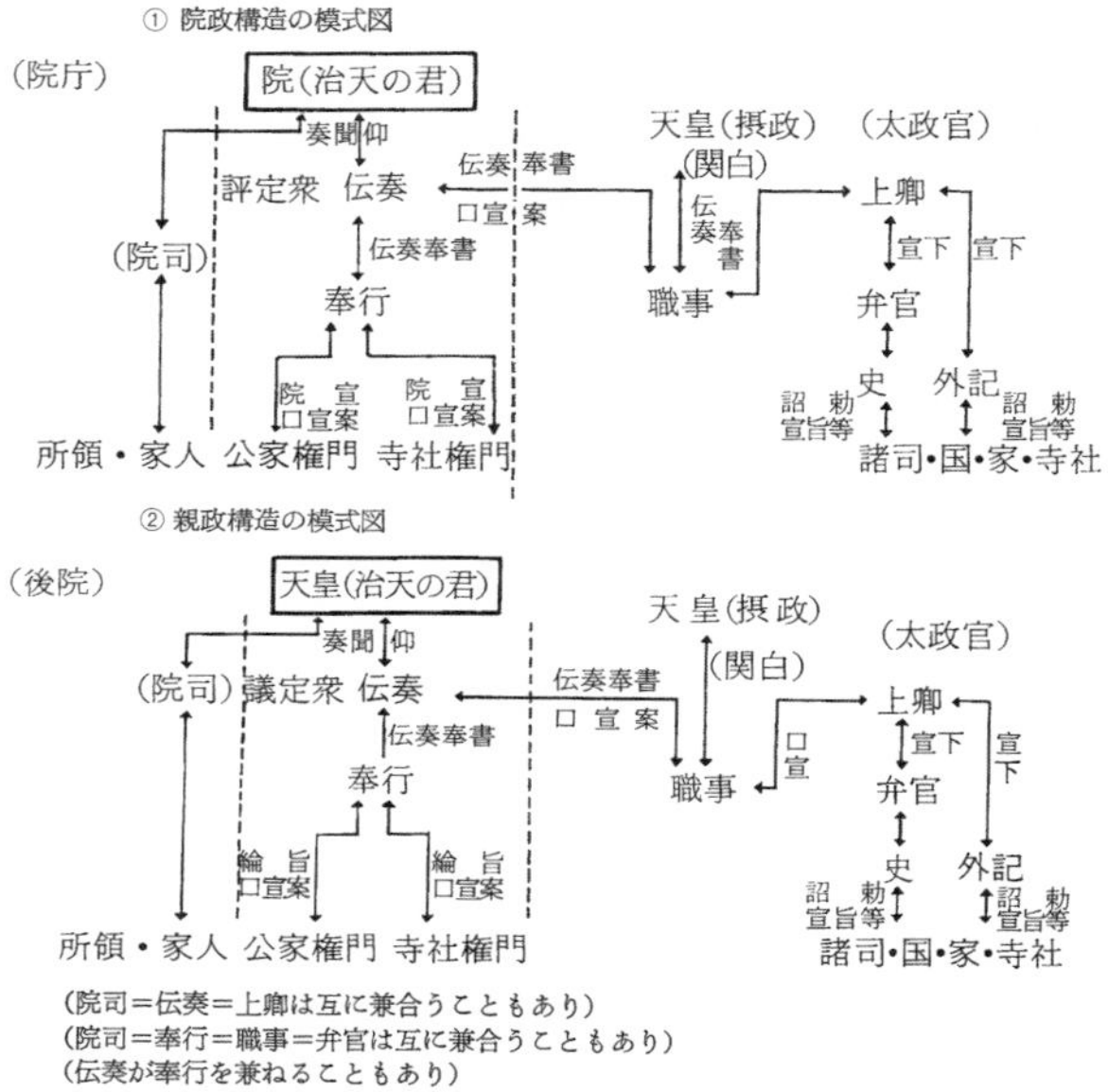

図57　親政・院政機構図　富田正弘「室町殿と天皇」『日本史研究』319, 1989より

たが、文永から弘安（一二六四―八八）にかけて、これらが「朝恩」と称されるようになり、治天の君の給与・安堵権が重視される傾向が顕著となった（本郷恵子 一九九五・一九九八）。これも右の動向と軌を一にしたものであろう。

このように、時代の変化とともに、貴族社会にも再編の時期が訪れていた。そして、皇統の対立が決定的になると、貴族の家内部における分裂と抗争がこれに結びつき（羽下徳彦 一九八八b）、治天の君による個別安堵が行われる。しかし、治世を占める皇統が交代するごとに、家督や家産（知行国・所領など）についての給恩・安堵・裁許などが覆され、両統の対立が増幅されることになる（臼井信義 一九六九、遠藤基郎 一九九一、市沢哲 一九九二）。また他方では、特定の皇統に密着するのではなく、政局の変化に応じて素早い変わり身を見せる貴族も多かった（市沢哲 一九八八）。『徒然草《つれづれぐさ》』第二十七段に引かれた花園《はなぞの》天皇の和歌は、人心転変の寂しさを詠んだものとして興味深い。

2 文永の役と両統・幕府

近づくモンゴルの脅威

さて、この時期の政局を考えるうえでは、モンゴル襲来との関係を見逃すわけにはいかない（以下、森茂暁 一九九一、佐伯弘次 二〇〇三、関周一 二〇一〇、石井正敏 二〇一三）。時代は、少し前の後嵯峨院政期にさかのぼる。文永五年（一二六八）正月、九州の大宰府《だざいふ》に、モンゴル皇帝のクビライと高麗《こうらい》国王の元宗《げんそう》が発した国書（牒状《ちょうじょう》）二通が届いた。二月、国書は鎌倉幕府から関東申次《かんとうもうしつぎ》を経由して、院へ奏上される。これらは、「日本国王」に敬意を表して通好を結ぶことを求めた丁重な文面であったが（舩田善之 二〇〇九、石井正敏 二〇一三）、その対応をめぐって院評定や議定が開かれた。議論の結果、モンゴルの国書の「兵を用いることを誰が好むだろうか。王はよくよく考えよ」という文言が問題視され、恫喝を見て取った貴族の意見にもとづき、返牒は送られなかった。多くの寺社で異国降伏《いこくごうぶく》の祈禱が勤修《ごんしゅう》され、幕府は国内の防備を固める。

翌文永六年に入ると、モンゴルの使節が、二月と九月の二度にわたり、対馬《つしま》に到来して返牒を求めた。とくに、九月に使節がもたらしたモンゴルの国書（『異国出契』。張東翼 二〇〇五）は、日本の臣属を要求したもので、これを拒否した場合、軍を動員して万艘もの戦艦で「王城（京都）」をおし潰すと、威嚇している。

これにたいして、朝廷は、交流のないモンゴルに日本が好悪の感情を抱いていない事情を述べて、武力発動を批判する返牒の草案を用意した（『鎌倉遺文』一四—一〇五七二）。しかし、北条時宗を中心とする幕府は、無礼ゆえ返牒に及ばずという意見を示し、沙汰止みとなった。強力な外圧に対抗すべく、北条氏嫡流の家督たる時宗の専制は一段と強化され、戦時体制への対応が進められていく。

朝廷は、かろうじて形式面で外交権を保持していたが、その内実では、幕府の意向に従属的であった。これは、京洛の人々が幕府に強い依存意識を抱いていたこととも無関係ではない。当時の中世国家において、強大な武力をもつ武家権門は優位であり、朝廷の弱体化は明白であった（上横手雅敬 一九八七）。

文永八年（一二七一）九月、幕府は、九州における防衛体制を固めるべく異国警固番役《いこくけいごばんやく》を開始し、九州に所領をもつ御家人《ごけにん》を現地に下向させるとともに、所領における悪党の鎮圧を命じた。そのころ、大宰府に到着したモンゴルの使者趙良弼《ちょうりょうひつ》は、大宰少弐《だざいのしょうに》であった武藤資能《むとうすけよし》にクビライの国書の写を示し、これは幕府から朝廷に奏上された。

その内容は、返牒の期限を十一月までに限り、もし返牒のない場合は兵船を派遣する、という強硬なものであった。これにたじろいだ朝廷は、返牒を送る決断を下したが、『五代帝王物語《ごだいていおうものがたり》』によれば、これは送られなかったという。おそらく、以前と同じように幕府の反対によるものであろう。趙良弼は、成果を得ずして帰国する。こうして、元《げん》の日本攻撃は間近に迫っていた。

文永の役と幕府権力

文永十一年（一二七四）十月、元の大軍は、対馬・壱岐《いき》を制圧し、博多湾に上陸した。敗色濃い日本側は、大宰府の水城《みずき》まで退却する。二十四日、元軍は大宰府に攻め寄せたが、まもなく博多湾から撤退した（服部英雄 二〇一四・二〇一七）。これが、文永《ぶんえい》の役《えき》である。

十一月一日、幕府は、山陽道の安芸《あき》国において、御家人はもとより、これまで幕府の指揮下になかった本所一円地《ほんじょいちえんち》（幕府直轄領や御家人領を内部に含まない荘園・公領）の住人にまで、軍事動員をかけた（『鎌倉遺文』一五―一一七四二）。兵力を補充すべく、非御家人をも取り込む方針を固めたのである。

幕府は、右の措置を実施するにあたって、朝廷にたいする手続きを経ていなかったようである（三浦周行 一九〇九）。村井章介氏は、執権の北条時宗にとって、「生涯でもっとも勇気のいる決断だったのではないか」と推測する（村井 二〇〇一）。結局、元軍が早々に撤退したことで、この折に非御家人が出陣することはなかったが、幕府による非御家人動員の梃子《てこ》として、本所一円地が機能しはじめたことは大きな変化である（高橋典幸 一九九八）。

建治元年（一二七五）には、異国警固番役の強化や、異国降伏祈禱の体制的な整備が急速に進められ、元に協力的な高麗に出兵する計画まで立てられた（決行予定は翌年三月）。西国《さいごく》方面の少なくとも十一ヵ国で、守護《しゅご》が交代する（以上、村井章介 一九七八、川添昭二 二〇〇一）。また、異国警固に従事する御家人には京都大番役《おおばんやく》（内裏・院御所の諸門の警固）を免除し、その代わりに在京人《ざいきょうにん》（京都常駐の西国御家人）を大番役にあたらせるほか、公家・武家ともに公事《くじ》を減らし、倹約につとめて民力の充実をはかる、といった方針が打ち出された（『関東評定伝』『鎌倉年代記』裏書）。翌建治二年正月、六波羅《ろくはら》は、山城《やましろの》国《くに》の御家人にたいして、内裏の門の大番に参勤するよう指令している（筧雅博　一九九二）。

ただし、幕府にとって、本所一円地を組み込んだ軍事体制を構築することは、容易ではなかったようである。建治三年十月二十五日、幕府の寄合《よりあい》において、京都の本所・領家が申し入れた兵粮料所《ひょうろうりょうしょ》および在京武士拝領の所々については、いずれも返付する、という決定がなされた（『建治三年記』）。この兵粮料所とは、建治元年の高麗出兵計画と関係があろう。また、拝領の所々とは、建治元年に措置した、大番役にあたる在京人への経済的補助であろう。これらは、幕府が本所・領家の了承を得て、本所一円地の得分《とくぶん》（収益）を割いて給付したものと考えられる（久保田収　一九三六）。

おそらく、兵粮料所などでは、武士による押領や紛争が頻発して、本所・領家の苦情が幕府に殺到していたのではないか。建治元年十月十八日に幕府の使者が上洛して、立太子・摂政の件とともに、「所々の庄々の押領」について朝廷に奏上したのは、これへの対応であろう（『一代要記』）。二年後に幕府が料所を返付したのは、京都側の反発を抑えるための政策であった可能性が高い。

幕府による荘園制への軍事的支配は、異国警固を契機とするが（高橋典幸　二〇〇二）、建治の段階では本格化するに至らなかったと考えられる（高麗出兵計画も直前に中止された）。やがて弘安四年（一二八一）に至り、対外的緊張が頂点に達したとき、幕府の勢力拡大は一気に進展するのである。

持明院統の復権

このころ、皇位と治世を掌握していた大覚寺統にたいして、持明院統の前途は閉ざされていた。失意の日々を送る後深草院は、文永十二年（建治元年、一二七五）

四月に出家を決意し、太上天皇の尊号を辞退する意思を表明した。

これにたいして、幕府は後深草の面目が立つよう、亀山院に配慮を求める。この年の十月十八日に幕府の使者が上洛したことは先に述べたが、この折に立太子と摂政について奏上がなされている。これをうけて、十月二十七日に後深草の皇子が親王に立てられ、熙仁《ひろひと》と命名された（のちの伏見天皇）。さらに、十一月五日、熙仁は亀山の猶子として皇太子となった（『神皇正統記』）。

北条時宗以下の幕閣が持明院統を尊重する政策を取ったのは、対外情勢を考慮したことが大きかったようである（村井章介 一九七八）。後深草が出家を表明した直後には、元使の杜世忠《とせいちゅう》らが長門《ながと》室津《むろつ》に到着しており、元の脅威はいっそう高まっている。幕府が先にみたような臨戦体制を布くうえで、朝廷の内部対立は早急に解決されねばならなかった。

ちなみに、この時期の幕府では、安達泰盛《あだちやすもり》（有力御家人）と平頼綱《たいらのよりつな》（得宗《とくそう》被官）の対立が深刻化しつつあった。のちに頼綱が、弘安八年（一二八五）の霜月騒動《しもつきそうどう》で泰盛を滅ぼし、大覚寺統から治世の権を奪って持明院統に移した事実を念頭に置くならば、すでに建治元年の段階で、頼綱が大覚寺統に近しい泰盛に対抗するため、持明院統への配慮を北条時宗に進言した可能性もある（森幸夫 二〇〇一）。

ともあれ、持明院統の勢力回復に成功した後深草は、出家を取りやめる。その年の暮れ、後深草は、亡き後嵯峨院が眠る浄金剛院法華堂《じょうこんごういんほっけどう》（のちの嵯峨南陵）に参拝し、熙仁親王の立太子を報告して、後嵯峨の加護によるものと述べた。そして、熙仁の践祚に向けての決意を示したのである（八代國治 一九二五a、龍粛 一九五七）。

かくして、京都の政界では、大覚寺統と持明院統が並び立つ構図となった。以後、両統は皇位と治世をめぐり、熾烈な政争を繰り広げることになる。

3　弘安の役と徳政の展開

弘安の役と京都

さて、文永の役ののち、南宋《なんそう》を降伏させた元は、日本再征の計画を立てた。弘安二年（一二七九）七月、幕府は、元との通好を説得するために来日した使者周福《しゆうふく》（宋の旧臣）らを、博多で斬らせた。日本服さずとの報告をうけた元は、翌年の至元十七年（日本の弘安三年）八月に、征収日本行中書省《せいしゆうにほんこうちゆうしよしよう》（征東行省《せいとうこうしよう》）を設けて、文永の役を凌駕する戦備を整える。

弘安四年五月二十六日、すでに壱岐・対馬を攻略した東路軍《とうろ》（高麗軍）四万は、筑前《ちくぜん》の志賀島《しかのしま》に上陸する。しかし、六月初旬に日本側が反撃し、東路軍の一部は肥前鷹島《ひぜんたかしま》に移動した（服部英雄 二〇一四・二〇一七）。やがて七月中旬、江南軍《こうなん》（旧南宋軍）十万が鷹島に到着する。京都に戦況の第一報が入ったのは、六月一日のことであった（八代國治 一九一八）。その後も、鎮西《ちんぜい》からの早馬《はやうま》が幾度も六波羅に到来したという（『弘安四年日記抄（壬生官務家日記抄）』）。

朝廷では院評定が行われたが、軍事力をもたない以上、その対応策は祈禱しかない。『勘仲記《かんちゆうき》』および『弘安四年日記抄』によれば、二十二社や延暦寺などの諸寺社に異国降伏の祈禱を命ずるほか、伊勢神宮に公卿勅使が発遣されている。院宮権門の祈禱も盛んに行われた（八代國治 一九一八、龍粛 一

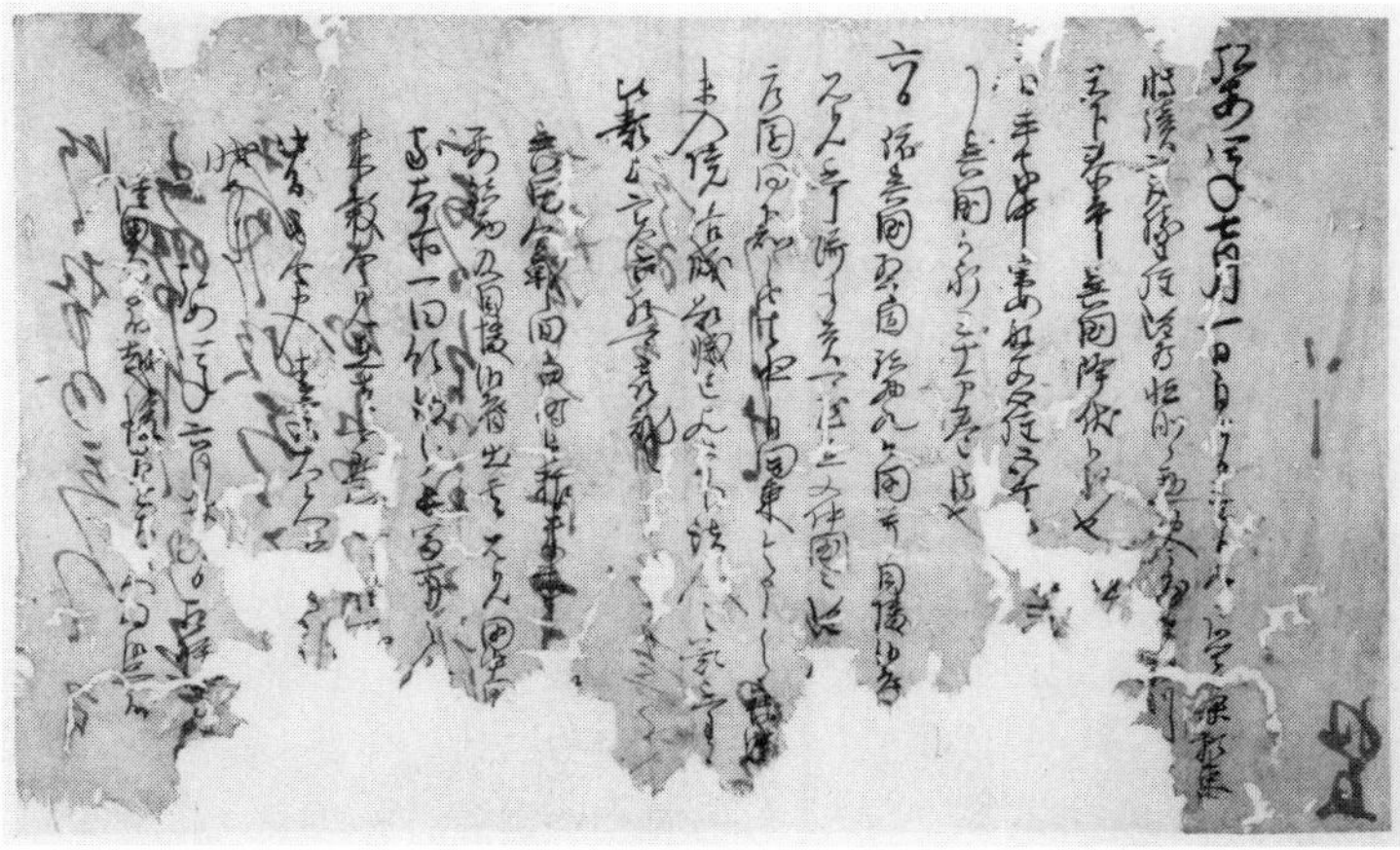

図58 『弘安四年日記抄(壬生官務家日記抄)』弘安4年7月6日条 京都大学総合博物館所蔵

九一八、相田二郎 一九五八)。

閏七月一日の夜、暴風雨が北九州沿岸に吹き荒れ、元軍の大半が潰滅した。武士による残兵の掃討は苛烈を極め、七日に戦いは終結した(服部英雄 二〇一四・二〇一七)。これが弘安の役である。

元軍再襲の報に接した鎌倉幕府は、六月二十八日に、鎮西九ヵ国および因幡《いなば》・伯耆《ほうき》・出雲《いずも》・石見《いわみ》の年貢を兵粮米として点定《てんじょう》(差し押さえ)することや、これらの国々にある本所一円地の得分、富有者の貯蔵米を徴発することなど、軍役賦課の範囲拡大を決断した(以下、相田二郎 一九五八)。七月五日の夜、幕府の指示をうけた六波羅は、朝廷の了承を得るべく、関東申次を通して交渉している。翌日にこの情報を得た左大史《さだいし》小槻顕衡《おづきのあきひら》は、「異賊が境域に入る前から、京都は滅亡しようとしている。上下諸人の歎きは、比類ないのではないか」と痛憤した(図58、『弘安四年日記抄』)。

また、閏七月九日、幕府は朝廷にたいして、寺社権門領・本所一円地の荘官以下が武家の下知《げち》に従って出陣するのを認める宣旨を要求している。すでにその日、京都には、元軍の兵船が大風で漂没、あるいは破損したという速報が届いていたが、幕府はなお戦備の増強と、軍事動員権の拡大を企図したのである。同月二十日、宣旨が下されたが、その日付はさかのぼる閏七月九日であった(『弘安四年日記抄』)。

かくして、危急存亡というべき非常事態のなかで、幕府は、従来指揮下になかった本所一円地の住人まで動員する裏づけを得たわけである(高橋典幸 一九九八)。これ以後、異国警固を梃子とする武家勢力の支配圏拡大は、公武両政権の関係に影響を及ぼしていく。その一方、先の小槻顕衡にみられるように、武家側への不満が醸成されていたことも軽視できない(三浦周行 一九〇九)。

寺社嗷訴と公武政権

さて、建治・弘安年間(一二七五―八八)には、大寺社による嗷訴《ごうそ》が頻発していた。ここでは、弘安元年(一二七八)の事例を選んで、寺社勢力と公武両政権の関係について見てみたい。

同年五月十二日、延暦寺《えんりやくじ》の衆徒《しゆと》が、かねてより敵視していた園城寺《おんじようじ》(図59)において、金堂供養《こんどうくよう》が准御斎会《じゆんごさいえ》の格式で行われるのを問題視し、日吉社《ひえしや》の神輿《しんよ》を奉じて入京している。衆徒は、東山鹿ケ谷《ひがしやましししがたに》にあった園城寺長吏《ちようり》の隆弁《りゆうべん》の房舎を焼き払うばかりか、園城寺近辺の大津《おおつ》・錦織《にしごり》にも火をかけた。そのため、亀山院は、供養を認可した宣旨を取り戻し、神輿を帰座させた(『勘仲記』『僧官補任』)。

この金堂供養には、亀山の異母兄にあたる円助法親王(園城寺円満院門跡《もんぜき》)が関与していたようである。円助は亀山と親しく、亀山が治天の君の座についたのも、円助の力添えが大きかった。円助は、亀山の政務にしばしば発言しており、供養にかんしても宣旨の発給を働きかけたのである。また、円助とともに供養を推進したのが、房舎を焼き払われた隆弁であった。隆弁は、鎌倉の鶴岡八幡宮寺別《つるがおかはちまんぐうじべつ》当《とう》でもあり、北条時頼《ときより》・時宗から絶大な信任をうけていた（湯山学　一九八一、平雅行　二〇〇九）。

　このように、延暦寺の嗷訴は、亀山院政の権力中枢にいた円助と、鎌倉幕府の庇護をうけた隆弁による園城寺興隆策が招いたものであったといえよう。延暦寺と園城寺の関係は、以前にも増して険悪となり、公武両政権と両寺の関係にも微妙な影響を及ぼしたのである。

図59　園城寺境内古図　園城寺所蔵

　延暦寺と同じく、南都《なんと》興福寺《こうふくじ》の嗷訴も活発であった。同年六月十四日、参議葉室頼親《はむろよりちか》が、興福寺によって放氏《ほうし》された。放氏とは、藤原氏に属する者が、氏寺《うじでら》たる興福寺によって、氏人《うじびと》としての資格を奪われることをいう。これは、興福寺が掌握しようとしていた大安《だいあん》寺《じ》の別当の人事について、頼親が関与し、興福寺の意に染まない結果となったのが原因であった。まもなく、興福寺は頼親の流罪を朝廷に要求した。そして、朝廷が要求を拒否すると、興福寺は七月二十二日に春日社の神木《しんぼく》を擁して京都に進発する動きを見せたのである（永島福太郎 一九四七）。

結局、頼親は安芸国《あきのくに》に流罪となり、事態は落着するが、この事件は、貴族社会に心理的な圧迫を与えた。とくに、興福寺が放氏した頼親の処罰まで求め、神木動座の姿勢を示したことは、注目に値する。以前にも、興福寺による放氏はあったが、対象者の処罰を要求したことはなかった。これは、モンゴル襲来を克服すべく、多くの寺社で異国降伏祈禱が活発に行われ、仏神の権威が高揚していた時代相の反映にほかならない（清水英恵 一九九二）。

総じて、対外的緊張の続く状況下でも、寺社嗷訴は止むどころか、むしろ活発となっており、朝廷も幕府も対応に苦慮した。この趨勢のなか、紛争解決に向けての幕府の主導性は増すようになり、六波羅探題がその実務に従事することが多くなる（海津一朗 一九九八a・b、木村英一 二〇〇八）。ただし、朝廷の側も漫然と手をこまねいたのではなく、理非決断の回復を意識し、これを徳政のなかで実現しようと模索していく（笠松宏至 一九七六）。

弘安徳政の展開

鎌倉幕府では、弘安七年（一二八四）四月に北条時宗が亡くなると、その子貞時《さだとき》が執権に就任した。しかし、貞時は弱冠十四歳に過ぎず、幕政を主導したのは、その外祖父にあたる安達泰盛であった。泰盛は、「弘安徳政」と称される大規模な改革を行ったことで知られ（村井章介 一九八八）、貴族社会や諸寺院とも密接な関係を結んでいた（多賀宗隼 一九四〇、福

島金治　二〇〇六)。

このような事情もあってか、泰盛を中心とする武家の徳政からの影響をうけつつ、朝廷においても徳政が展開されていく。その動きが活発化をみせるのは、弘安七年ごろであり、亀山院政の訴訟を支える文殿の予審・注進機能の強化がはかられた。とくに、文殿での審理結果を院に勘奏する、文殿注進状という文書が成立したことは注目される(森茂暁　一九八六)。

翌弘安八年十一月、亀山院は、全二十ヵ条に及ぶ公家新制を発した。この新制は、公家法史上、裁判規範の実質をそなえた成文法の嚆矢と考えられている(笠松宏至　一九七六)。とりわけ重要であるのは、「勅裁の地は、再審しないこと」(第四条)や「朝恩の地は、思うままに処分してはいけないこと」(第八条)のように、治天の君の判断に絶対性を付与しようとした点である(村井章介　二〇〇一)。また、同年十二月には、路頭《ろとう》・書札《しょさつ》・院中などの諸礼式も定められた。

そして、弘安九年十二月、院評定制に大改革が加えられた。すなわち、評定を徳政沙汰と雑訴沙汰に分けたうえで、前者は毎月一・十一・二十一日の三度、大臣・大納言らが国政にかかわる議題を審議すること、後者は毎月六度、中納言・参議らが訴訟を審理することが定められたのである(橋本義彦　一九七〇)。評定を政務の審議と訴訟の審理に分かち、後者の独立性を強化したのは、中世の公家官制史に画期的な意義を占めるものであった(笠松宏至　一九七六)。

とくに、この改革の眼目は、年々増大する訴訟を円滑に処理することにあった。翌弘安十年正月に発された宣旨でも、朝廷への提訴の増加が政務の障害となっている現状を指摘し、「諸家所領、僧家門跡・諸社・諸寺領等」についての裁判は、諸権門が公正に行うよう強く求めている。本所裁判の厳格化・自律化を促し、朝廷の負担減少をはかったのである（市沢哲 一九八八、佐藤泰弘 二〇〇八）。

また、雑訴評定については、訴人《そにん》（原告）と論人《ろんにん》（被告）の双方を文殿に召し出して子細を聴取し、その場で裁許の院宣を発給する制度が設けられた。とくに、訴人と論人にたいする聴取は、評定衆が直接行ったと考えられ、幕府の訴訟手続きからの影響が指摘されている（佐藤進一 一九八三）。かくして、文殿は、訴訟を迅速かつ的確に裁決する機関として、十分な機能を備えることになった（稲葉伸道 一九八七b）。

以上のように、弘安末年の公家徳政の展開はめざましく、当時の廷臣は、「最近の徳政が盛んなことは、前例が見あたらぬ」と感嘆したほどであった（『勘仲記』弘安九年十二月二十四日条）。とくに、雑訴評定の分離と文殿の整備は、これ以降の朝廷訴訟制度に大きな影響を及ぼすことになる。

しかし、公家徳政が本格化しようとするころ、鎌倉の武家徳政を主導する安達泰盛は、平頼綱との暗闘の末、弘安八年（一二八五）十一月の霜月騒動で討たれた。そして、大覚寺統は、幕府の実権を掌握した頼綱に危険視され、政治の中枢から退場を余儀なくされるのである。

七　両統迭立への道

1　転変する治世と両統の確執

伏見天皇の践祚と平頼綱

弘安十年（一二八七）十月、皇太子の煕仁《ひろひと》親王は、後宇多天皇の譲位をうけて践祚《せんそ》した（伏見天皇）。鎌倉幕府の奏請による皇位の交替に伴い、大覚寺統が掌握していた治世も、持明院統に移ることになる。新帝の父院として院政を担う後深草院は、西園寺《さいおんじ》実兼《さねかね》（関東申次《かんとうもうしつぎ》）から献上された常盤井殿《ときわいどの》を院御所とし、十一月四日に奏事始《そうじはじめ》を行った。西園寺実兼《さねかね》院御所の常盤井殿は、八月に新造されたばかりであった（『外記日記（新抄）』）。これは、西園寺実兼が治世の交替を見越して、あらかじめ差配したものであろう。自家の繁栄を目指す実兼は、やがて娘の鏱子《しょうし》を伏見天皇の女御《にょうご》として入内《じゅだい》させ、中宮に冊立《さくりつ》した。古くからいわれるように、治世の交替について、水面下で実兼が策動した可能性は否定できない（三浦周行 一九〇六、龍粛 一九二八）。

弘安十一年（正応元年）正月二十日、幕府の使者が上洛し、持明院統に七ヵ条の事書を奏上した。これは、政道興行にかんする意見を述べたものであり、任官・叙位について順番を乱さぬこと、僧

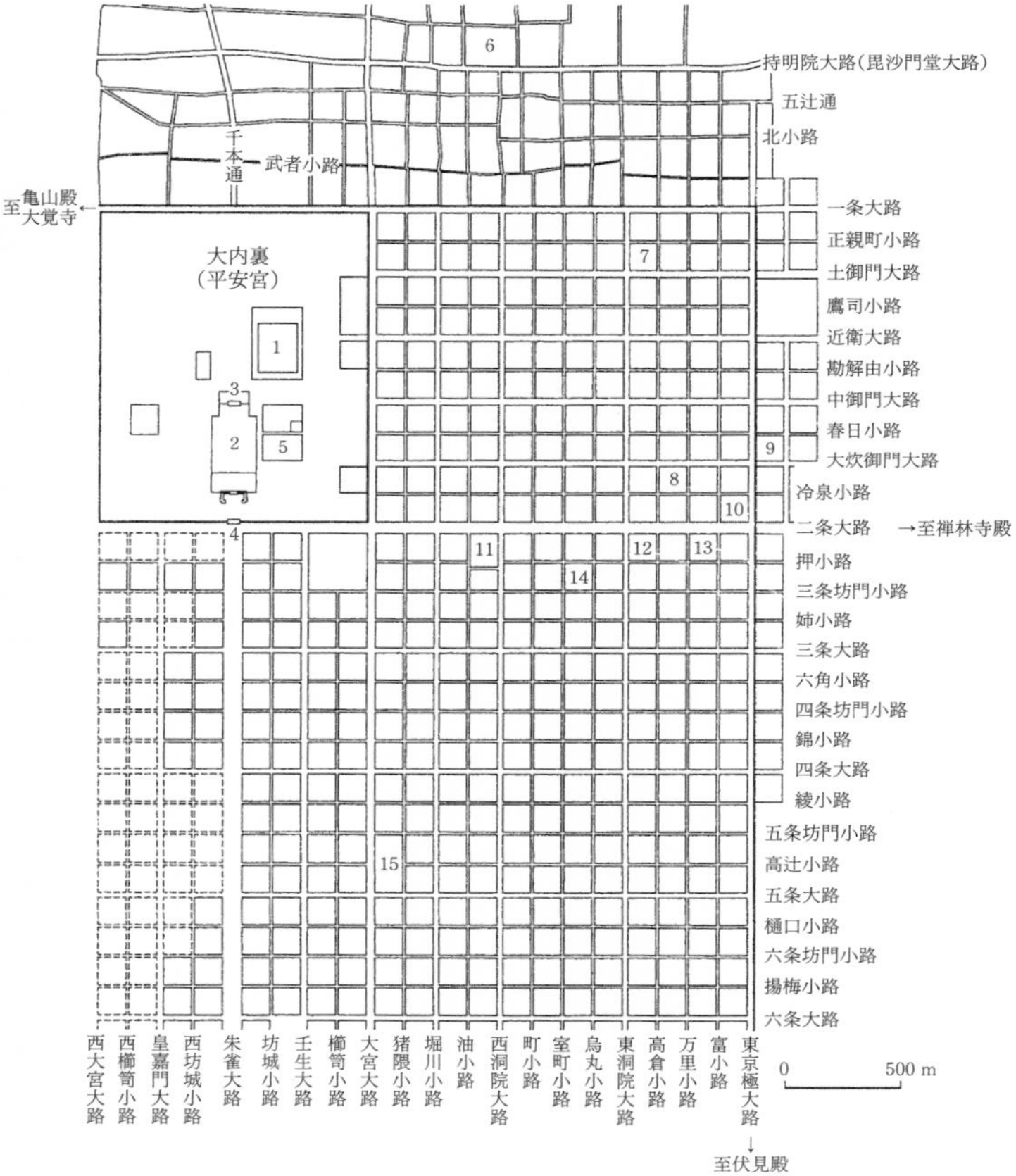

図 60　鎌倉後期の里内裏・院御所所在図

1 内裏（大内）　2 八省院　3 大極殿　4 朱雀門　5 太政官庁　6 持明院殿　7 土御門東洞院殿　8 冷泉万里小路殿　9 常盤井殿　10 二条富小路内裏（冷泉富小路殿）　11 閑院内裏　12 二条高倉殿（二条東洞院殿）　13 二条南富小路殿　14 三条坊門殿　15 五条大宮殿

山田邦和「中世天皇制と都市京都」（『歴史評論』836，2019）所載「邸宅配置図」をもとに，柳原紀光編『続史愚抄』，川上貢『日本中世住宅の研究〔新訂〕』（中央公論美術出版，2002．初刊 1967），近藤成一「内裏と院御所」（『鎌倉時代政治構造の研究』校倉書房，2016．初出 1992）を参照して作成した．

侶・女房らの政治への口入《こうじゅ》《くにゅう》を停止すること、諸人相伝の所領を本主《ほんしゅ》に返付することなどが要望されている（『公衡公記』）。このような朝政への指導的介入は、亀山院政期では考えられないことであった。以後、幕府の中枢にあった平頼綱《たいらのよりつな》は、次第に朝廷の訴訟や人事にも介入していく（森幸夫 一九九四）。

正応二年（一二八九）四月、伏見天皇の皇子であった胤仁《たねひと》親王が皇太子に立てられた。伏見の即位後、皇太子の座は空白が続き、そこに大覚寺統が付け入る隙もあったが、胤仁の立太子によって、その可能性は消えたのである。九月七日、失意の亀山院は、禅林寺《ぜんりんじ》松下殿《まつしたどの》の中にあった南禅院で出家を遂げた。母の大宮院による制止を振り切っての落飾であり、鎌倉幕府にたいする事前連絡もなかったという（『吉続記』正応二年九月三日条・五日条）。南禅院は、こののち南禅寺として、大覚寺統の庇護のもと発展していく（桜井景雄 一九四〇、原田正俊著・大本山南禅寺編 二〇一六）。

図61　西園寺実兼　『天子摂関御影』
宮内庁三の丸尚蔵館所蔵

大覚寺統とは対照的に、持明院統は順風満帆というべき足取りであった。その家長である後深草院は、仏道の冥加《みょうが》を得るべく、正応三年二月十一日に出家を遂げる。亀山院と異なって、身の上の幸福をかみしめながらの出家であった。

浅原事件と深まる両統の確執

さて、後深草院の出家からまもない正応三年（一二九〇）三月十日の朝、二《に》条《じょう》富小路《とみのこうじ》内裏《だいり》に三人の武士が乱入するという事件が起こった。その首領は、浅原八郎為頼《あさはらはちろうためより》という。為頼は甲斐源氏《かいげんじ》の小笠原《おがさわら》氏の庶流で、霜月騒動《しもつきそうどう》で敗死した安達泰盛《あだちやすもり》に加担したため没落し、諸国流浪を余儀なくされた。そして、いつしか狼藉行為を働く悪党として、幕府から指名手配をうけたのである（『保暦間記』）。

為頼は、子息二人とともに、京極面《きょうごくおもて》の門から内裏に入り、紫宸殿《ししんでん》に向かったという。おりしも伏見天皇と中宮鏱子の側には、わずかな殿上人《てんじょうびと》と女房らがいるばかりであったが、からくも難を避けた。やがて篝屋《かがりや》と内裏警固の武士らが為頼父子の立てこもる紫宸殿に攻め寄せ、さしもの為頼らも自害して果てる。

この前代未聞の不祥事は、持明院統の君臣を震撼させた。このころ、伏見天皇は、行幸《ぎょうこう》する際、六波羅より召し寄せた警固の武士に太刀を携行させて、輿の左右を歩かせたという（『花園天皇日記』元弘二年（一三三二）二月十七日条）。幾重にも用心を期したのである。ただし、事件を起こした為頼らが、果たして天皇暗殺を企図して内裏に乱入したのかどうか、その真意はなお検討を要しよう。

浅原事件は疑惑を生み、京都の政界に波紋を及ぼすことになる。ただちに詮議が開始され、四月に鎌倉幕府の使者として、宇都宮景綱《うつのみやかげつな》・二階堂行藤《にかいどうゆきふじ》らが上洛している。その結果、為頼が自害に用いた刀が、三条実盛《さんじょうさねもり》（亀山院の近臣）の家に伝わった、鯰尾《なまずお》という名刀であると判断された。四月八日、六波羅の武士が三条実盛の邸宅に馳せ向かい、実盛とその子息公久《きんひさ》、さらに小童一人を召し取っている（以上、『皇代暦（歴代皇紀）』第四、『増鏡』第十一「さしぐし」）。

そして、疑惑は実盛の主人である亀山院にも及んだ。『増鏡《ますかがみ》』によれば、西園寺公衡《さいおんじきんひら》（実兼の子、中宮鐘子の兄）は、後深草院の前で、この事件が大覚寺統の陰謀によるものと断じ、亀山をまず六波羅に移すよう、承久《じょうきゅう》の乱の先例（後鳥羽院《ごとばいん》らの配流）を引き合いに出しかねない剣幕で、強く主張したという。いまだ事件の恐怖さめやらぬ伏見天皇も、思いは同じであったろう。

しかし、伏見と異なり、持明院統の家長である後深草は、亀山への追及を避けた。おそらく、持明院統が政務を掌握して日は浅いため、大覚寺統を不用意に刺激することを繋念《けねん》したのであろう。一方、嫌疑をかけられた亀山の側は、ただちに事件に関係がない旨の告文《こうもん》（誓紙）を幕府に送り、事なきを得た。

ただし、亀山はかねてより幕府の心証が悪かったから、事件とのかかわりを疑われたのは、大覚寺統にとって痛恨の打撃となった。また、亀山は、幕府に告文を捧げるという屈辱的な形で危機を脱しただけに、持明院統への憤懣は押さえがたかったに違いない。かくして、両統の政治的対立は、抜き差しならぬものとなる（龍粛 一九二八・一九五七）。

伏見親政と後深草院

正応三年（一二九〇）七月二十六日、伏見天皇は、父院の後深草院から政務を譲られた。以後、奏事の一切は、伏見に言上されることになり、八月八日に内裏清涼殿《せいりょうでん》の鬼間《おにのま》で議定始《ぎじょうはじめ》が行われた（以上、『旧記抜書　鬼間議定部類』）。伏見による親政の開始が、後深草の出家から五ヵ月を要したのは、浅原事件による混乱が原因であろう（なお、『帝王編年記』が親政の開始を三月二十六日とするのは、誤りと考えられる）。

ただし、伏見は親政を執りはじめたものの、必ずしも自由な裁量を有したわけではなかった。それ

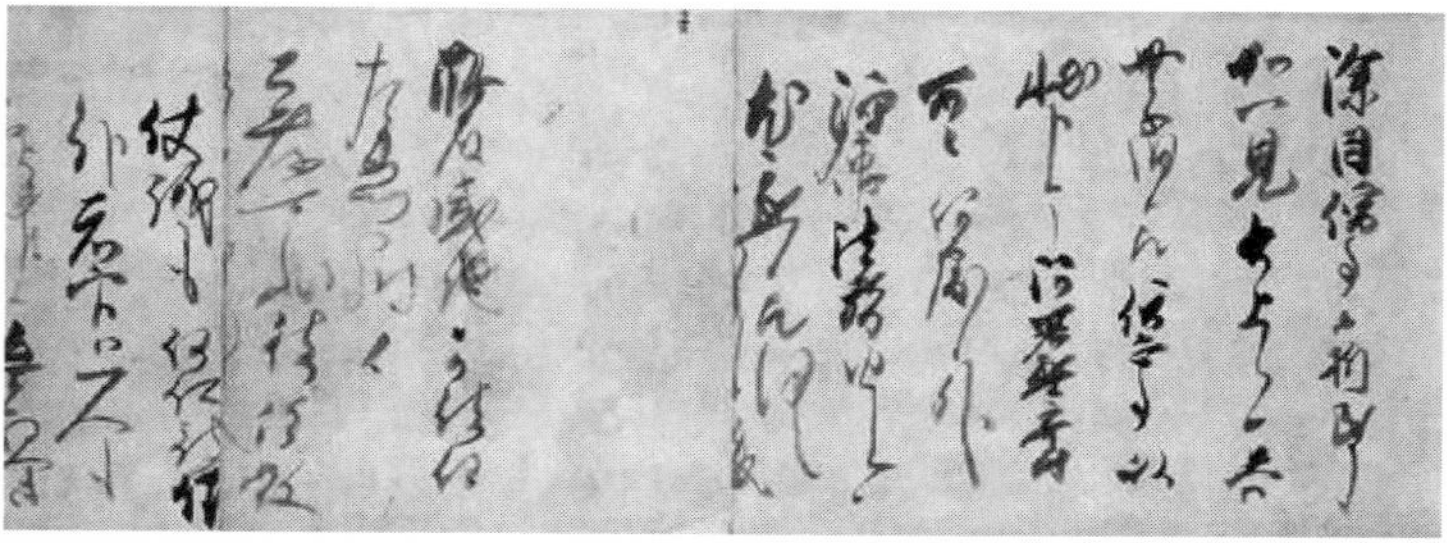

図62 「後深草天皇宸翰消息」 京都国立博物館所蔵，ColBase より

は、後深草が、問題の大小を問わず意見を示し、政務を操縦していたからである。

京都国立博物館に所蔵される「後深草天皇宸翰消息」（図62、京都国立博物館編 二〇〇五）を見ると、後深草は、除目《じもく》・僧事のたびに、その任人《にんじん》を列挙した折紙を伏見から召し寄せ、目を通して返却したようである。また、後深草が、任人の推挙に及ぶことも少なくなかった（『宸翰英華』一―三五・三六も参照）。総じて、朝廷の人事について、後深草は積極的に意見を示しており、伏見の判断や決定に影響を与えていたと考えられる。そして重要であるのは、次のような国家的大事についても、後深草の意見がかなり反映された事実である。

正応五年、元《げん》の皇帝クビライが三度目の日本遠征を計画すると、その属国であった高麗《こうらい》は、元への朝貢を勧める国書（牒状《ちょうじょう》）を日本に送った（以下、村井章介 一九七八）。十二月九日、鎌倉幕府の使者は、国書を朝廷に奏上するが、同じ日に後深草院は伏見天皇に書状を送って、国書が奏上され次第、ただちに見せるようにと伝えている（『宸翰英華』一―三一）。やがて国書を一見した後深草は、伏見にたいして、幕府の使者より対策を聴取すること、議定を開いて公卿らの意見を徴すること、寺社に祈禱を命ずること、以上の提言を書状で書き送った（『宸翰英華』一―三二）。

十二月十六日、国書にかんする事書と、幕府への返答をしたためた綸旨《りんじ》が、関東中次の西園寺実兼に下された。これらは、ただちに関東に送られたと考えられる。また、翌正応六年（永仁元年、一二九三）には、宮中で大熾盛光法《だいしじょうこうほう》（密教修法）が行われ、朝廷の命令で伊勢神宮が異国降伏《いこくごうぶく》祈禱を行った。同年七月には、公卿勅使として京極為兼《きょうごくためかね》が、伏見天皇自筆の宣命《せんみょう》を携えて、神宮に赴いている（相田二郎 一九五八）。以上の施策が、後深草の意見を多分に踏まえたものであることは疑いない。

このように、引退したはずの後深草院は、実際のところ、日常の政務から国家的大事に及ぶまで、たえず積極的な発言を欠かさなかった。おのずと、治天の君である伏見天皇の判断や決定が、父院の意見に拘束されたことは容易に推察される。また、同時期の後深草は、年始の石清水《いわしみず》御幸《ごこう》や賀茂祭《かもまつり》見物御幸、あるいは新日吉社《いまひえしゃ》小五月会《さつきえ》御幸といった枢要な神社御幸を、従来どおりに行っていた（平泉紀房 二〇〇九）。これも父院としての権威を誇示するものにほかならない。

以上述べてきた事実を踏まえると、鎌倉後期における天皇親政について、一つの示唆が得られる。すなわち、天皇（治天の君）による親政が布かれていても、その父院（家長）の政治的意志が強く作用する限り、天皇は自由に政務を執れたわけではなかったのである。伏見親政が、父院の干渉を不可避としたことは、三十年後の後醍醐天皇による親政を考えるうえでも参考となる。

ちなみに、同様の事情は、家産の支配にも見て取れる。そもそも、中世前期の天皇親政では、治天の君の立場にあった天皇が家政機関である後院《ごいん》を設置し、後院領などの資産の管理や仏事の運営にあたらせた。たとえば、亀山親政期にも後院庁《ごいんのちょう》が置かれ、後院司《ごいんじ》が活動している（八代國治　一九〇四、伴瀬明美　一九九八）。これは、やがて到来する亀山院政下での院庁の前身をなすものであった。ところが、興味深いことに、伏見親政期においては、後院が存在した形跡が認められない。この相違は、亀山親政期に後嵯峨院がすでに死去していたのにたいして、伏見親政期に家長たる後深草院が健在であったことと関係があろう。要するに、家政経済の面でも、伏見は父院の制約をうけていたのである。

院政期から鎌倉前期にかけての後院および後院領は、天皇家（王家）の家長たる治天の君がこれを管領したが（栗山圭子　一九九八）、鎌倉後期の後院を考えるうえでは、家長と治天の君の分離（白根靖大　二〇〇〇）を念頭に置かなければならない。そして、この構造変化の端緒をなした画期こそ、ほかならぬ伏見親政期であった。

2　伏見親政期の政治と文化

禅空失脚事件

持明院統の治世が始まったころから、後深草院に仕える近臣集団が、宮廷で幅をきかせるようになった。彼らは、後深草の信任を笠に着て増長し、政務や任官・叙位に盛んに口出ししたため、おのずと廷臣の不満が募る。やがて、近臣集団の中心にいた伝奏《てんそう》六条康能《ろくじょうやすよし》と神祇伯《じんぎはく》資緒王《すけおおう》は、鎌倉幕府の通告によって、正応元年（一二八八）十月に失脚したが、伏見親政期になって、再び動きをみせている。そこで、伏見天皇は、彼らの排除をもくろんだ（以下、森幸夫

一九九四、平雅行 二〇〇四)。

正応四年五月末、京都の貴賤は、大きな混乱に見舞われた。朝廷が、幕府の通告をうけて、ある人物の関与した所領相論の裁許をすべて無効とし、相論の地をことごとく本主《ほんしゅ》に返付したのである。その数は二百ヵ所に及び、あちらこちらで悲喜転変の様相を呈した。

幕府が問題視した人物とは、禅空《ぜんくう》(善空とも)という律僧である。禅空は、平頼綱の側近であり、頼綱が朝廷に介入するうえでの窓口として重用されたが、頼綱の権勢を背景に、この四、五年来、朝廷の訴訟裁許や任官に盛んに介入していた。禅空によって敗訴の憂き目をみた者は多く、幕府に寄せられた愁訴の数は、相当なものであったという。そこで、事態を重くみた執権北条貞時は、禅空を譴《けん》責《せき》したのである。

この事件は、訴人たちによる働きかけもさることながら、伏見天皇の水面下における政治工作も、大きな契機となったようである。すなわち、伏見は、近臣の京極為兼を勅使として鎌倉に派遣し、禅空の所行を幕府に訴えたという。さらに興味深いのは、禅空の失脚とともに、後深草院の近臣であった六条康能・源資顕《みなもとのすけあき》・平兼俊《たいらのかねとし》らが一斉に解官され、資緒王も出仕を止められたことである。実は、この人々の官位昇進は、いずれも禅空の口入によるものであったらしい(以上、『実躬卿記』正応四年五月二十九日条)。要するに、伏見は、後深草の近臣たちを、その跋扈《ばっこ》を許した禅空もろとも処分し、政務の主導権を握ることを考えたわけである。

鎌倉幕府の側も、禅空を取り締まる理由は十分にあった。先述したように、持明院統の治世が始まった当初、幕府は七ヵ条の事書において、任官・叙位の厳正や、僧侶・女房らの政治への口入を停止することを求めている。禅空の所行は、これらを紊乱《びんらん》するものにほかならない。また、執権北条貞時は、この時期より、権勢を誇る平頼綱を疎ましく思っており、頼綱による朝政介入の窓口であった禅空を排除することで、頼綱の勢力を削ぐことを狙ったようである。

このように、禅空とその関係者の失脚は、朝廷・幕府ともに、政治の潮目が変わることを示す事件であった。これ以後も、伏見天皇は、政務運営のうえで後深草院の意向を尊重しているが、みずからが政務を主導する状態を、着実に整えていくのである。

伏見親政の訴訟制度改革

禅空失脚事件から二年後の正応六年（永仁元年、一二九三）は、多事であった。まず、この前年の正応五年末から、三度目のモンゴル襲来が危惧されていたことは、先述した。年が改まると、正月元日より地震が立て続けに起こった。とりわけ四月十三日に鎌倉で発生した大地震では、鶴岡八幡宮寺や建長寺《けんちょうじ》などが甚大な被害をこうむり、死者二万余人に及んだという。この地震による混乱が続いていた四月二十二日、平頼綱は、その愛息飯沼資宗《いいぬますけむね》とともに、北条貞時の命により誅殺されている（平禅門の乱）。さらに、夏には旱魃が猛威を振るった。以上の外患・災害・政変は、人々にこの上ない恐怖と不安を与えるに十分であった。

およそ中世前期の社会では、天変地異とこれに呼応して発生する飢饉・疾疫などを、為政者の失政や徳の衰えによるものとみなし、これらの災厄を打ち消すために、徳の回復、すなわち徳政の実施が希求される（稲葉伸道　一九八七a）。おりしも、治天の君である伏見天皇は、前年の七月に十三ヵ条の新制を発して、雑訴手続法の整備を行うなど、政務にたいする意欲はすこぶる盛んであった。

六月一日、伏見は、訴訟制度に大規模な改革を加える。すなわち、かつての亀山院政にならって、雑訴沙汰を取り扱う雑訴議定（雑訴評定《ひょうじょう》・小議定とも）を設けるとともに、記録所庭中《ていちゅう》という制度を創設したのである（古田（水戸部）正男　一九三八、橋本義彦　一九七〇、森茂暁　一九八六）。おりしも同時期の鎌倉幕府では、北条貞時が訴訟処理の迅速化に着手しており（岡邦信　一九八六）、これと呼応して公家側も訴訟制度に大改革を実施したのであった。

図63　伏　見　院『天子摂関御影』
宮内庁三の丸尚蔵館所蔵

なかでも、記録所庭中は、担当奉行の怠慢などによる訴訟審理や判決の遅滞について、訴人が訴える制度であり（藤原良章　一九八五）、雑訴沙汰の不備を救済する性格を帯びていた。庭中では、記録所の寄人《よりうど》が、訴人の申詞《もうしことば》（発言）を記録し、みずからの所見を書き添えて上卿《しょうけい》に注進する。そして、上卿が、内侍《ないし》（あるいは伝奏）を通して、伏見天皇に奏聞したようである。記録所庭中が、議定を介さずに天皇に結びつく直訴の性格を帯びていたのは見逃せない（稲葉伸道　一九八七b）。

翌七月、伏見天皇は、近臣の権中納言《ごんのちゅうなごん》京極為兼を公卿勅使として伊勢に派遣し、神宮に自筆の宣命を奉納させた。この宣命は、一連の社会不安に触れて天照大神《あまてらすおおみかみ》の加護を祈念するとともに、政道への抱負を示したものである（『宸翰英華』一―七八）。とくに、「最近、徳政を興行し、雑訴を決断するこ

図64　二条・京極・冷泉家系図　勅撰撰者の脇に代数と撰集名を付した

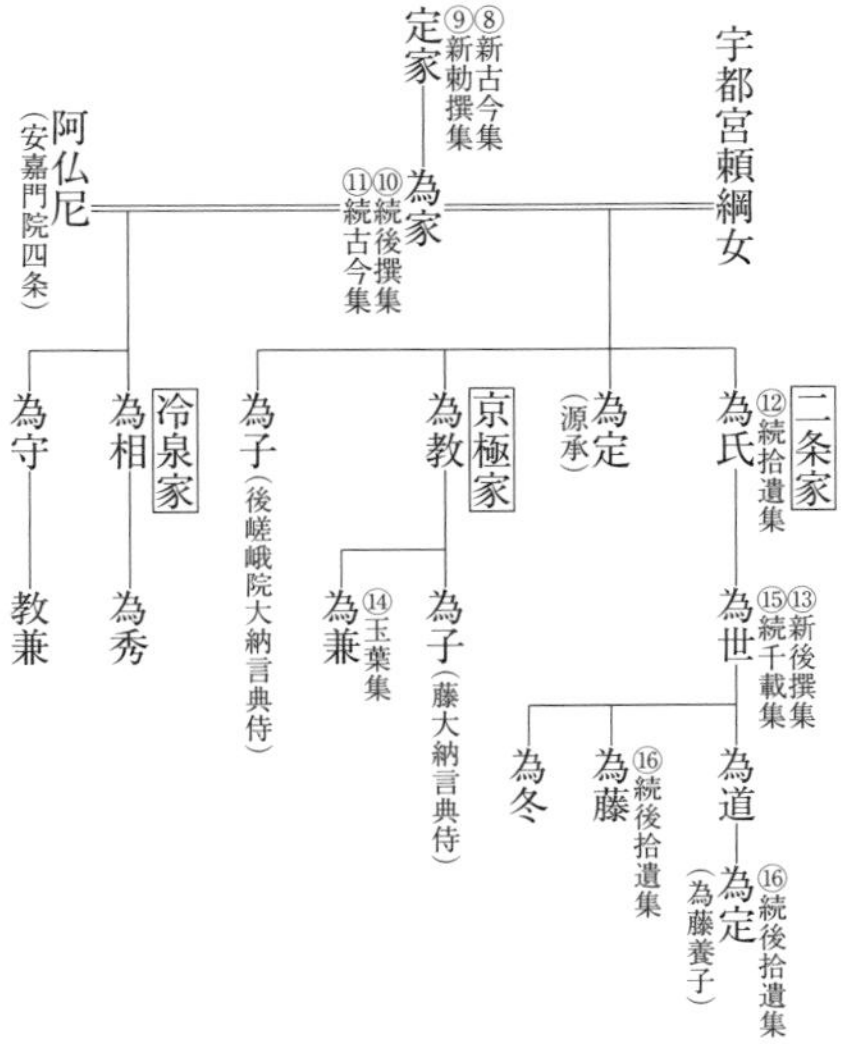

とについては、志が及ぶかぎり粗略の思いはなく、道理が赴くところ私曲の儀はない」という強い決意を述べたくだりは興味深い。この一文から、伏見が、道理にもとづく公平無私の裁断を行うことに、いかに心を砕いたかが読み取れる。

持明院統を率いる伏見にとって、かつて亀山院が展開した弘安徳政に劣らぬ改革の手腕を示すことは、幕府の期待に応えるとともに、大覚寺統の再起を抑えるうえでも必要であった。継起する社会不安と絶え間ない政治的緊張のなかで、伏見は、治世の実績を上げるべく努力を重ねていた。

京極為兼と永仁勅撰の議

伏見天皇は、皇太子のころから古典や和歌を愛好し、小さなグループを作っていた。そこには同好の近臣や女房が集い、『日本書紀』や『源氏物語』を講じたり、和歌を詠んだり、あるいは歌書を写している（岩佐美代子　一九九七）。伏見の文学への沈潜には、言葉を通して先人の魂に触れようとしてやまない、心の脈動が息づいていた（中村健史　二〇一五・二〇一七）。

そして、この活気溢れる集いで、もっとも強烈な存在感を発揮したのが、京極為兼である。為兼は、かの藤原定家《ふじわらのさだいえ》《ていか》の曾孫で、為家《ためいえ》の孫にあたる。為家の子孫は、二条・京極・冷泉《れいぜい》の三家に分かれ、二条家が嫡流として重きをなした。庶流の為兼は、西園寺実兼に仕えたことで、実兼の推挙によって、皇太子時代の伏見に重用されるようになった（井上宗雄 二〇〇六）。

二条家が枕詞《まくらことば》・縁語《えんご》・掛詞《かけことば》などを駆使した修辞的技巧をよしとするのにたいして、為兼の目指す歌境はまったく異なる。それは、言葉で心の動きを和歌に詠もうとするのではなく、心の感動のままに言葉が浮かび上がる和歌を詠もう、というものであった（図65、『為兼卿和歌抄』）。為兼が具現化しようとした清新な歌風は、伏見とその周辺にいた京極派歌人たちに、深甚な影響を与えることになる（次田香澄 一九六四、岩佐美代子 一九七四）。一方、二条派門流でも、歌合《うたあわせ》において、表現の新奇性が目立つ歌を「聞きよからず」「耳に立つ」「聞きなれず」といった具合に批判するなど（『伊勢新名所絵歌合』）、京極派に対抗する動きがあった（阿尾あすか 二〇一二）。

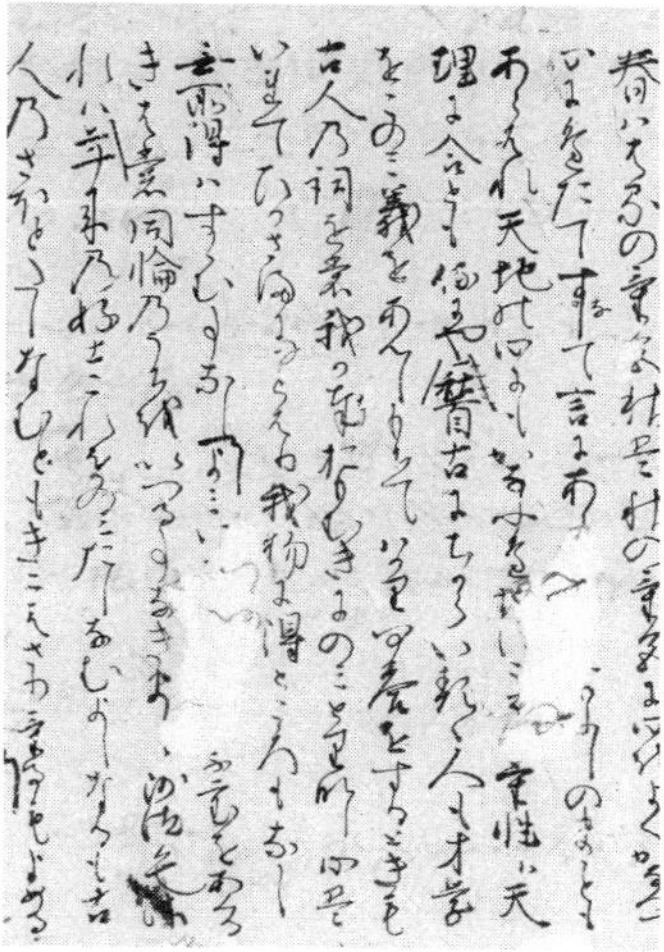

図65 『為兼卿和歌抄』 冷泉家時雨亭文庫所蔵

さて、永仁元年（一二九三）八月二十七日、かねてより勅撰集の撰集を企図していた伏見天皇は、歌道家の二条為世《ためよ》・京極為兼・飛鳥井《あすかい》雅《まさ》有《あり》・九条隆博《くじょうたかひろ》らを召して下問することにした。

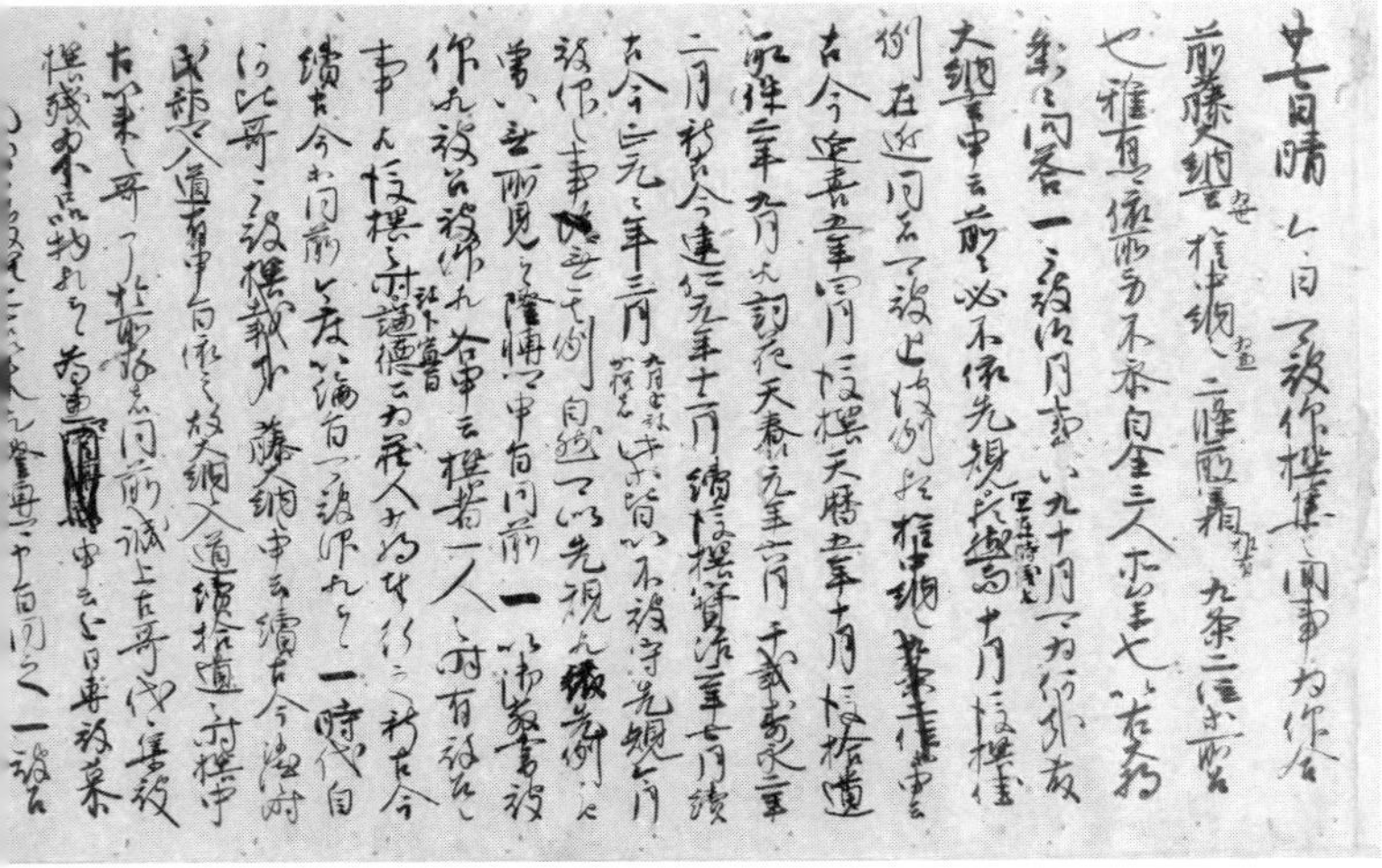

永仁元年8月27日条　宮内庁書陵部所蔵伏見宮本

四人のうち、雅有を除く為世・為兼・隆博が参内し、撰集下命の月と形式、撰歌の範囲、百首歌などについて、各自の見解を奏上した。その詳細は、伏見の日記に書きとめられている（図66）。

とくに問題となったのは、撰歌の範囲である。為世は、父の為氏《ためうじ》が『続拾遺和歌集《しょくしゅういわかしゅう》』を撰集する際、祖父の為家の庭訓《ていきん》を守って、「中古」以来の和歌を撰んだ例を引く。そして、もはや「上古」の歌には採るべき和歌はなく、撰び残された和歌は「下品《げぼん》の物」に過ぎない、と述べた。『続拾遺和歌集』は、正暦年間（九九〇—九九五）以来の和歌を撰んだので、為世のいう「中古」は、だいたい平安中期以降となる。また、「上古」は、『古今和歌集』『後撰和歌集』『拾遺和歌集』の三代集、さらに『万葉集』にまでさかのぼる（山田英雄　一九五三、福田秀一　一九六七）。

一方、為兼は、伏見天皇が「古風」すなわち万

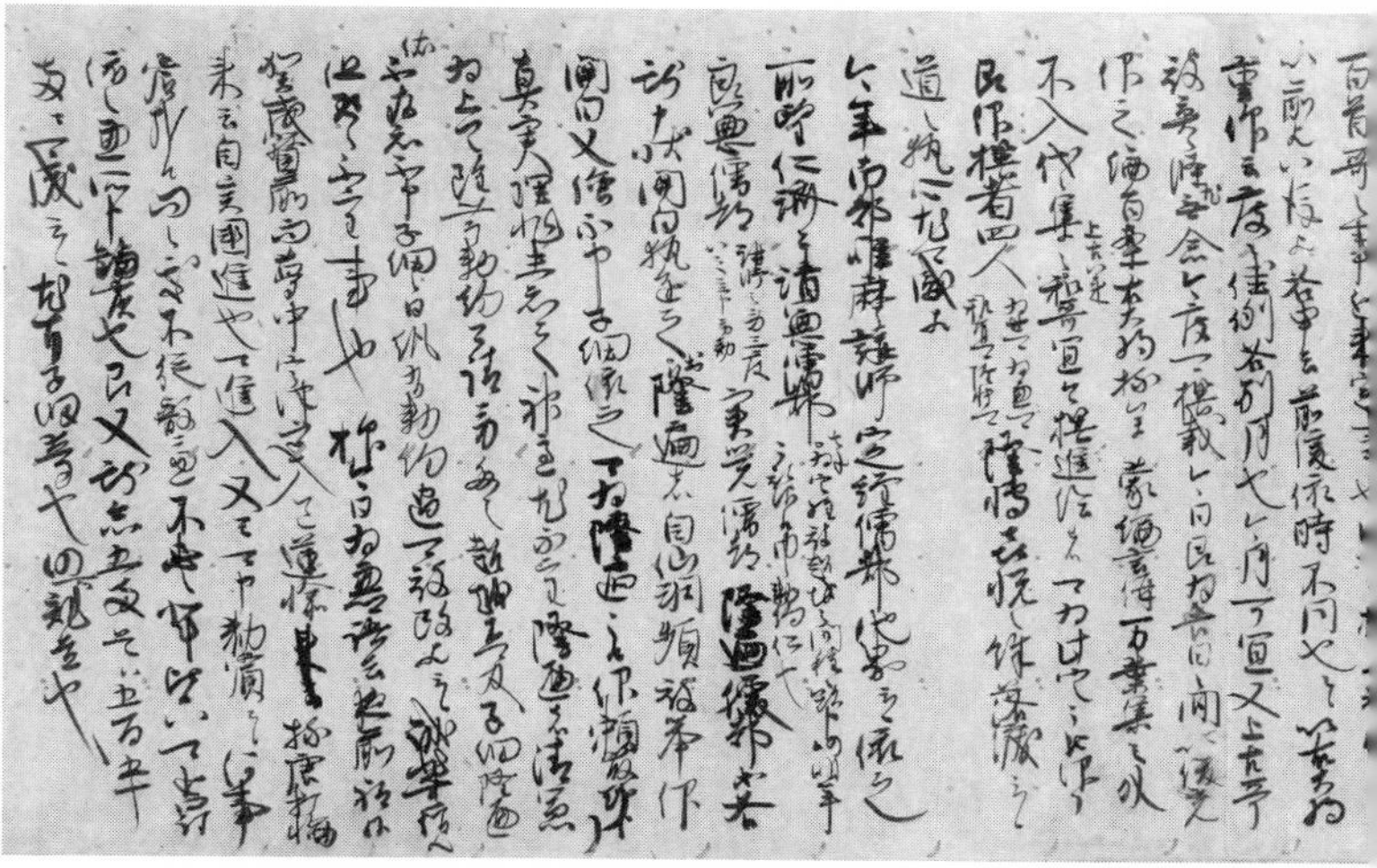

図66 『伏見院宸記（伏見天皇日記）』巻六

葉風を慕っていることに触れて、「上古」以来の和歌を撰ぶべきであると主張した。伏見は『万葉集』を愛好することきわめて深く、複数の写本を所持し、しばしば『万葉集』の歌句をとって和歌を詠んだほどであった（和田英松 一九二〇、次田香澄 一九六四）。為兼にしても、『万葉集』の尊重は同意するところであったから、ここぞとばかりに持論を述べ立てたわけである。

所詮、為世と為兼は水に油であり、調和の余地がない。ただし、隆博が為兼の意見に賛同したことから、為世の意見は牽制される。その結果、伏見は、『万葉集』のほかにも、代々の勅撰集に入らなかった「上古」以来の和歌を撰ぶことを決定し、綸旨をもって、為世・為兼・雅有・隆博の四人に撰者を下命した。為兼の主張が、ほぼ全面的に認められたわけである。

雅有・隆博は、為兼とともに撰集作業を進めたが、歌道家の本流たる為世としては、みずからの和歌の入集数まで庶家の為兼の風下に立たされ、不満を禁じえない（小川剛生 二〇〇二b）。また、為世と抗争していた冷泉為相《ためすけ》（在鎌倉）が撰者への加入を愁訴し、為兼がこれを強く支持したことも、為世には我慢ならなかった（村田正志 一九五二、次田香澄 一九六四）。為相の撰者への参入は実現しなかったが、ことごとく面目を潰された為世は、撰者を辞退する。

永仁三年（一二九五）九月成立と考えられる『野守鏡《のもりのかがみ》』は、作者不明ながらユニークな歌論書であるが、そこでは『万葉集』に傾斜して「今様姿の歌」を撰ぶ為兼への激烈な批判が展開されている。『古今和歌集』の風を尊ぶ同書の作者にとって、歌道家に生まれながら伝統の逸脱を憚らぬ為兼は、敷島の道を荒廃させる獅子身中の虫にほかならなかった（福田秀一 一九五七～七二）。

このような反発を物ともせず、撰集作業をほぼ終えた為兼にとって、もはや歌道における覇権の掌握はあと一息のように思われた。しかし、この傲岸《ごうがん》な天才歌人の行く手には、波瀾に満ちた運命が待ちうけていたのである。

京極為兼の失脚

永仁六年（一二九八）正月七日、京都で事件が起きた。伏見天皇の股肱《ここう》の臣であった京極為兼が、六波羅によって拘引されたのである（以下、小川剛生 二〇〇三、井上宗雄 二〇〇六）。このとき、石清水八幡宮寺《いわしみずはちまんぐうじ》執行《しぎょう》の聖親法印《しょうしんほういん》と、白毫寺《びゃくごうじ》の妙智房《みょうちぼう》らも召し捕られたという（『興福寺本 皇年代記（興福寺略年代記）』）。

為兼は、この少し前の永仁四年五月に、政道に口入したことが問題視され、権中納言の官職を辞して籠居していた。しかし、為兼に陰謀の企て（幕府への叛逆計画）ありという傍輩（何者か未詳）の讒言《ざんげん》があり、これを問題視した幕府は、為兼らの逮捕に踏み切ったのであった。伏見天皇は、北条貞時に消息を遣わして陳弁につとめ、貞時より慇懃《いんぎん》な返事があったが（『二条殿秘説』。小川剛生 二〇〇三）、この一件は、持明院統にとって大打撃となった。

やがて永仁六年三月、為兼は佐渡《さど》に配流された。おのずと例の勅撰集撰集の事業も、完成を目前にして沙汰止みになってしまう。のちに伏見が、その口惜しさを、

我が世にはあつめぬ和歌のうらちどり　むなしき名をや跡にのこさん

（『新後撰和歌集』巻第十七　雑上・一三三一）

と詠んだことは、『増鏡』第十二「浦千鳥」で知られている。

さて、この事件の性格を考えるうえでは、為兼と同時に召し捕られた、聖親法印と妙智房らにも注目する必要がある。

まず、聖親については、彼が執行をつとめた石清水八幡宮寺が、鎌倉後期を通して、歴代の治天の君から崇敬をうけ、神社御幸《ごこう》の重要な対象であった（平泉紀房 二〇〇九）ことが関係する。とりわけ、持明院統の祖である後深草院は、治天の君となった直後の弘安十一年（正応元年、一二八八）正月に石清水に御幸して、新たに最勝八講《さいしょうはっこう》の法会をもうけている。また、伏見天皇も石清水をあつく崇敬したことは、その和歌にうかがえる（坂口太郎 二〇一〇）。このような背景のもと、聖親は、持明院統の君臣と接点をもったのであろう。そして、為兼とともに政道に容喙《ようかい》して（あるいはそのようにみなされて）、

幕府から睨まれたと考えられる（小川剛生 二〇〇三）。

次に、妙智房は、法名を静基《じょうき》と称し、東密の小野・広沢両流のみならず、天台寺門の密教をも相承した律僧であった（福島金治 一九九五、『寺門伝法灌頂血脈譜』）。静基が属した白毫寺（院）とは、京都東山にあった速成就院《そくじょうじゅいん》（大和西大寺《やまとさいだいじ》の末寺）という律院のことであり、「東山太子堂」という異名で知られていた。同院の歴代長老は、いずれも持明院統と密接な関係を有し、伏見天皇の皇子にあたる花園《はなぞの》天皇などは、その葬礼まで速成就院に任せたほどである（以上、林幹彌 一九七二・一九八〇、納冨常天 一九八八、苅米一志 一九九二）。

さらに、永仁年間（一二九三―九九）の静基については、伏見天皇が祇園社《ぎおんしゃ》に「永代勅願」の「本地《ほんじ》・垂迹勤行料所《すいじゃくごんぎょう》」を寄進した際、その本地方の勤行をつとめたことが確認できる（『社家条々記録』）。おそらく、静基は持明院統に親近した律僧であろう。その関係から、先にみた聖親と同様に、為兼と結んで政道に関与した可能性がある。

このように、永仁年間の為兼の周囲には、特殊な人脈が形成され、それに列なる人々が、伏見天皇の親政に口入していたようである。とくに、静基が、かつて伏見によって排除された禅空と同じく、律僧であったことは興味深い。伏見は、不用意にも父の後深草院と同じ轍《てつ》を踏み、幕府から政道への厳しい是正勧告を被ったことになる。為兼もまた、自己にたいする絶対的自信があだとなり、政道への口入が度を越したのは、いかにも慎重を欠く態度であったといわねばならない。

やがて永仁六年七月、伏見は譲位し、皇太子の胤仁親王が践祚した（後伏見天皇）。これが為兼失脚の余波であったことは、いうまでもない。新帝の皇太子となったのは邦治《くにはる》親王、すなわち後宇多院の第一皇子である。かくして、持明院統と大覚寺統の明暗は、あざやかな反転の時期を迎えた。

3 両統迭立

正安三年の治世交替

さて、京極為兼の配流による持明院統の劣勢を見逃さず、正安二年（一三〇〇）に、大覚寺統の亀山院は、鎌倉幕府に政権の奪取を働きかけた。やがて翌正安三年正月二十一日、後伏見天皇はわずか十四歳で譲位し、皇太子の邦治親王が践祚した（後二《ごにじ》条《よう》天皇）。そして、新帝の父にあたる後宇多院が院政を開始する。

両統にとって、次の争点は皇太子に誰を立てるかであった。持明院統では譲位した後伏見院に皇子がいないため、伏見院の第二皇子を後伏見の猶子とし、その立太子をはかる。大覚寺統も、六条有房《ろくじようありふさ》と吉田経長《よしだつねなが》を続けて鎌倉に派遣した。経長は、幕府にたいして「国に二主あるべからず」と述べ、亡き後嵯峨院の素意が大覚寺統にあることは明白であると力説した（以上、『万一記』正安三年四月二十五日条、『東京古典会出陳文書』。『吉続記』正安三年十一月二十五日条。村田正志編 一九八六）。

やがて七月末に入り、幕府は持明院統の要望をうけ容れた。伏見院の第二皇子は富仁《とみひと》親王と名づけられ、八月二十四日に皇太子となる。ただし、幕府は、大覚寺統にも配慮し、後二条天皇の譲位の時期を叡慮に任せるという姿勢も示した（松本周二・村田正志 一九四〇）。

以上の決定には、このときの幕府の中心にあった北条貞時の意向が大きく反映していた。貞時は、父の時宗が建治元年（一二七五）に打ち出した方針を継承し、両統迭立《りょうとうてつりつ》という方法を常態化させたのである。これは、持明院統一辺倒であった平頼綱と異なる政治方針であり、積極的な介入を避けたものであった。さらに、貞時は、後深草・亀山両院の正嫡のみが、皇位を継承する資格を有するとし（『近衛家文書』、村田正志編　一九八六）、持明院統が後伏見院と富仁親王の両流に分裂することにも懸念を示している（『鎌倉遺文』二七―二〇八五七）。このような貞時の方針は、その後の公武関係に深甚な影響を及ぼす（森茂暁　二〇〇五、西谷正浩　二〇〇六）。

ちなみに、この時期における両統の抗争は、多くの荘園群にも及んでおり、安嘉《あんか》門院《もんいん》領（旧八条院領）や室町院《むろまちいん》領などの女院領をめぐって、熾烈な相論が繰り広げられた。両統がこれらの獲得に執念を燃やしたのは、経済基盤の拡充に目的があったことはいうまでもない。各皇統の家長は、これまで分散していた荘園群の管領権を獲得することで、他統を凌駕することを企図したのである。同時に、各皇統では、家長が所領を一元的に集約し、后妃や皇子女らが自身の所領を自由に処分することを強く規制した（伴瀬明美　一九九三）。

また、右の女院領をめぐる相論で注意すべきは、鎌倉幕府が裁許者の立場にあったことである。実は、安嘉門院領や室町院領は、承久の乱後に幕府が後鳥羽《ごとば》院から没収した「承久没収地《もっしゅうち》」であり、幕府は各荘園の下位の所職《しょしき》（預所職《あずかりどころしき》など）にたいする実質的な安堵・裁許権を留保したうえで、後高倉《ごたかくら》院に返進した経緯があった。このような「承久没収地」の由緒は、両統が女院領の一元的な掌握を企図するとき、幕府の裁許を不可避としたのである。承久の乱は、このような面でも、鎌倉後期の公武関係を大きく規定していた（高橋一樹 二〇〇四）。

第一次後宇多院政の訴訟制度改革

さて、治天の君となった後宇多院は、正安三年（一三〇一）正月より、初度の院政を開始した。後宇多は、儒学や仏教などを広く修学した人物であり、『神《じん》皇正統記《のうしょうとうき》』によれば、後三条天皇以後の天皇で、後宇多に匹敵する才学の持ち主はいなかったという。それだけに、後宇多の政務への抱負は、ライバルの伏見院に劣らぬものがあった。

第一次後宇多院政では、庭中への出御や、聴断《ちょうだん》の設置といった、訴訟制度の改革が行われている。これは、正応・永仁年間の伏見親政が、雑訴興行にめざましい実績をあげたことに対抗するかのようであった。

まず、庭中は、伏見親政のくだりで述べたように、訴人が治天の君に直訴する制度であり、鎌倉後期の公家訴訟において、とくに重要な位置を占めていた。時代が下った南北朝期では、治天の君が庭中に臨席して訴人の主張を聴取し、裁断する形態が定着する（藤原良章 一九八五、稲葉伸道 一九八七b、廣澤洋子 一九八七）。

この点にかかわって注目したいのは、後宇多院が、毎月六日間、みずから文殿《ふどの》に出向き、庭中の訴訟を裁断した事実である。これを世人は「賢王が世に出られた」と賞美したというが（『元徳二年三月日吉社並叡山行幸記』律二）、庭中が導入された伏見親政期に、治天の君の出御が認められないことを勘

図67　後宇多院　『天子摂関御影』
宮内庁三の丸尚蔵館所蔵

案すると、その意義はまことに大きい。すなわち、後宇多は、治天の君が庭中に臨席する先例を開いたわけであり、以後の公家庭中に与えた影響は軽視できない。

次に、聴断は、複数名の聴断衆（聴断番とも）によって構成された雑訴審理の合議体である。これは、鎌倉後期では、第一次後宇多院政にのみ存在した制度であるが、亀山院政期の雑訴評定を引き継ぐものであったと考えられる（橋本義彦 一九七〇、美川圭 一九九一）。その沿革は、不明な点も多いが、第一次後宇多院政の末期には、評定衆・伝奏を中心とする公卿から職事・弁官に至るまで、幅広い廷臣が聴断衆を構成していたようである（『実躬卿記』嘉元三年（一三〇五）十一月二十八日条、『公秀公記』徳治三年（一三〇八）六月十八日条）。

さらに、嘉元三年十一月の段階で、聴断が毎日行われていたことも注意を引く（『実躬卿記』十一月二十八日条）。すなわち、亀山院政期の雑訴評定が毎月六度の開催に過ぎなかったのにたいして、聴断は格段に開催数が多いのである。これは、年々増大する訴訟件数に対処するための措置と考えてよかろう。また、徳治三年六月十八日に亀山殿の桟《さ》敷殿《じきどの》で開かれた聴断では、後宇多が臨席していた（『公秀公記』）。その議題は不明であるが、後宇多の臨席は、庭中と同じく、雑訴興行への積極的な取り組みを示すものであったと考えられる。

なお、第一次後宇多院政の政務は、亀山院の意向が強く反映していた点にも留意する必要がある。たとえば、治天の君が摂関とともに人事を決定する任人沙汰《にんじんさた》という会議があるが（中井裕子 二〇一九）、亀山は後宇多のいる二条殿《にじょうどの》に赴き、その任人沙汰に出席していた（『実躬卿記』嘉元二年十一月二日条）。総じて、亀山は政務全般にみずからの意向を反映させており、治天の君たる後宇多の権限にも制約があった。その意味で、後宇多院政が完全な成立を迎えるのは、亀山の死を待たねばならなかった。

両統の融和と遊義門院

先に述べたように、正安二年（一三〇〇）から翌三年にかけて、両統は熾烈な抗争を繰り広げた。ところが、第一次後宇多院政期になると、両統の親密度は逆に深まりをみせる。その早い例は、正安三年十月二十日に、亀山院と伏見院・後伏見院らが西園寺家の北山邸《きたやまてい》に御幸し、亀山と伏見が対面したことであろう（『実躬卿記』）。両統迭立の趨勢《すうせい》が定まったことで、厳しい対立は緩和へと転じたのである。

翌正安四年（乾元元年、一三〇二）二月十七日、亀山殿において、亡き後嵯峨院を供養する法華《ほっけ》八講が勤修された。この八講には、持明院統の後深草・伏見・後伏見、そして大覚寺統の亀山・後宇多、あわせて五人の院が臨席した。廷臣の三条実躬《さんじょうさねみ》は、日記に「希代の事か」と評している。総じて、同年は、五人の院が仏事や遊宴で勢揃いする機会が多く、鎌倉後期では稀にみる一年となった（三浦周行 一九〇七）。

これ以後も、両統の院はいっそう親睦を深め、他統の院御所を訪問することが少なくなかった。興味深いのは、彼らの交流が、芸能を介して行われた点である。とりわけ、若い後伏見院は、蹴鞠《けまり》について亀山院に弟子入りし、作法の指南を仰ぐほか、歌謡の朗詠《ろうえい》についても、亀山に師事した（以上、青柳隆志 一九九三、小川剛生 二〇〇二a）。後伏見が亀山に抱いた親近感は、きわめて強かったようである（『実躬卿記』嘉元三年（一三〇五）七月二十日条）。

この蜜月ムードが生まれた背景には、治天の君であった大覚寺統の後宇多院が、永仁二年（一二九四）六月に持明院統の遊義門院《ゆうぎもんいん》姈子内親王《れいし》（後深草院の皇女）と婚姻を結んだことが関係していた。

乾元元年（一三〇二）十二月二十三日、遊義門院は、その御所伏見殿において、寿命経と薬師如来を供養し、後深草院六十歳の賀を行った。『吉続記《きちぞくき》』によれば、この盛挙には亀山・後宇多・伏見らの諸院が参列しており、両統の絆を深める催しとなった。多くの院が居並ぶなかで、遊義門院は銀の杖とともに、長寿を祈る和歌を老父の後深草に贈ったという。

法皇（後深草）六十にみたせ給うけるに、寿命経供養せられけるついでに、しろかねの杖たてまつるとて　遊義門院

つく杖にむそぢこえ行くことしより　千とせのさかの末ぞひさしき

（『新後撰和歌集』巻第二十　賀・一五九八）

両統の媒介者として機敏に立ち回る遊義門院の姿には、卓越した政治的センスを感じとれる。彼女はたんなる深窓の佳人ではなく、両統の確執を沈静させようとした女性政治家と評してよいかもしれない。

ともあれ、乾元年間は、熾烈な権力闘争を繰り広げた鎌倉後期の両統にとって、前後に比類ない融

和の時代であった。しかし、それもまた束の間に過ぎず、やがて後深草や亀山ら旧世代の退場とともに、宮廷の空気は再び微妙な変化を遂げることになる。

4　後宇多院の政略と密教興隆

後深草・亀山両院の死と恒明親王

嘉元二年（一三〇四）七月十六日、後深草院は、京中の富小路殿《とみのこうじどの》で六十二年の生涯を閉じた。後深草は、その直前に作成した処分状において、長講堂《ちょうこうどう》領・法《ほう》金剛院《こんごういん》領・播磨国《はりまのくに》・富小路殿などを伏見院に譲っている（『宸翰英華』一―七〇）。さらに、後深草は、この処分状で、正妻の故東二条院《ひがしにじょういん》が生前に娘の遊義門院に譲与した伏見殿にも言及し、遊義門院一代の権利しか認めなかった。これは、持明院統相伝の伏見殿が、遊義門院の夫である後宇多院の手に移ることを防ぎ、後継者の伏見院に相伝させるためであった（金井静香 二〇〇七）。亡くなる直前まで細心の注意を欠かさなかった点に、後深草の入念な人柄がうかがえる。伏見殿は、こののちも持明院統の京外における拠点としてあり続けた（八代國治 一九二五b）。

翌嘉元三年四月、今度は亀山院が病に臥した。『実躬《さねみ》卿記《きょうき》』によれば、病状はいったん回復の兆しをみせたが、七月になって頭に腫れが生じて深刻化したという。死を覚悟した亀山は、二十一日に嵯峨の亀山殿に移り、二十六日に子孫や妻妾への譲状を一通ずつ作成する（『亀山院御凶事記（公衡公記）』。村田正志編 一九八六）。亀山が心配であったのは、寵愛する昭訓門院瑛子《しょうきんもんいんえいし》（西園寺実兼の娘）が生んだ幼い恒明《つねあき》親王（三歳）の将来であった。亀山は、恒明に安楽寿院《あんらくじゅいん》領・歓喜光院《かんぎこういん》領を譲るほか、後宇多院にたいして、恒明を皇太子に立てるよう命じた（以下、三浦周行 一九二四、森茂暁 一九八七b）。

この下命に接して、後宇多は心中驚愕を禁じえなかったであろう。恒明の皇位継承は、後宇多―後二条の流れに対抗する皇統の誕生を意味する。それは大覚寺統の分裂にほかならない。しかし、後宇多は表面では亀山の命に従うそぶりをみせ、七月二十八日に承諾の書状を捧げた。

亀山は、恒明のために、政界の諸方面に根回しを行う。昭訓門院の兄西園寺公衡に恒明の扶持を命ずるほか、持明院統の伏見院にもこの件を諮り、同意を得た。また、亀山は、伏見の皇子である後伏見院にたいして、所領五ヵ所を譲ったが、これは恒明への政治的支援を期待したものであった。

亀山は、後宇多と伏見の返事を恒明に渡し、幕府にこの旨を通達すること、万事公衡を頼るべきことを遺言し（『宸翰英華』一―四三）、九月十五日に五十七年の生涯を終えた。

後宇多院の決断

亀山院の死後まもなく、西園寺公衡は、亀山の遺命に従って遺領を配分し、恒明親王を皇太子とするよう後宇多院に要求した。しかし、大覚寺統の家長となった後宇多が、自分や後二条天皇を脅かしかねない恒明に、惜しげもなく皇太子の座を用意するはずはなかった。やがて嘉元三年（一三〇五）十一月、後宇多は、腹心の六条有房を幕府に派遣し、亡き亀山に遺領配分の判断を誤らせた咎《とが》で、公衡を勅勘に処すことを通知する（小川剛生 一九九六b）。

世間では、幕府が使者を上洛させて、公衡を取りなすだろうという噂が流れた。しかし、閏十二月二十二日、後宇多は、幕府の返答を待たずして公衡に勅勘を加える。そして、西園寺家が知行する伊《い》予《よ》・伊豆《いず》両国、鳥羽殿預《とばどのあずかり》、院御厩別当《いんのみまやべっとう》、左馬寮《さまりょう》などを召し上げるという、まことに峻烈な処置を下したのであった。後宇多が関東申次の公衡を処罰するばかりか、家領同然であった伊予国や五代相伝の御厩別当まで召し上げたのは、諸人を仰天させるに十分であった（『実躬卿記』）。

父の亀山との約束を反故にしたうえ、西園寺公衡に厳罰を下したことは、後宇多の生涯のなかでも、とくに重大な政治的決断であった。『実躬卿記』によれば、翌嘉元四年（徳治元年、一三〇六）二月十三日、上洛した幕府の使者安達時顕《ときあき》らが、公衡の勅勘を解くことを要請する。二十日、後宇多は、しぶしぶ公衡の籠居を解き、没収した所領を返付した。幕府が皇位問題にまで介入し、後宇多の意向を覆す恐れも生じたため、四月十八日に後宇多の重臣吉田定房《さだふさ》が鎌倉に下向する。使命を果たした定房は、五月に帰京し、まもなく六月に院執権《いんのしっけん》の重任についた（『公卿補任』。松本周二・村田正志 一九四〇）。

図68 西園寺公衡 『天子摂関御影』 宮内庁三の丸尚蔵館所蔵

一方、攻勢に出た後宇多に対抗すべく、恒明親王の母にあたる昭訓門院も、葉室頼藤《はむろよりふじ》を関東に遣わし、恒明の復権を幕府に訴えた（『実躬卿記』嘉元四年二月五日条）。昭訓門院は持明院統と密接に連携していたようであり、翌年の徳治二年（一三〇七）に、伏見院が腹心の平経親《つねちか》を鎌倉に派遣し、昭訓門院を援護している（『公卿補任』）。

経親が幕府に示した可能性がある「恒明親王立坊事書案」は、後宇多の政道が天意に叶わないために、天変地妖が頻発していると指弾し、亀山院の遺言を守らず、恒明親王を立坊させなかった後宇多を「不孝」として批判する。ただし、持明院統の真の目的は、恒明の立坊よりも、皇太子の富仁親王の践祚にあったことはいうまでもない（三浦周行　一九二四、森茂暁　一九八七b）。

徳治二年七月、幕府は、後宇多にたいして、亀山院の遺領のうち安楽寿院領を恒明親王に、美濃国《みののくに》を昭訓門院に渡すよう申し入れた（『実躬卿記』七月十八日条）。ところが、肝心の立太子の件は、まったく触れられていない。これは、前年の吉田定房による工作が奏功したためであろうが、幕府の中心にいた北条貞時らも、大覚寺統の御家騒動に深入りし、皇位継承をめぐる抗争を激化させるのを避けた節がある。深刻な暗闘の末に、後宇多はその目的を何とか達成したのである。

後宇多院の密教興隆

以上のように、後宇多院は、恒明親王を擁立する西園寺公衡らを抑え込み、大覚寺統の主導権を掌握することに成功した。その一方で、後宇多に大きな不幸も舞い込んだ。徳治二年（一三〇七）七月二十四日、最愛の后妃である遊義門院が、当時流行した赤斑瘡《あかもがさ》（はしか）が原因で、急逝したのである。享年三十八。

二日後の二十六日、遊義門院の遺体は、嵯峨の今林《いまばやし》で荼毘《だび》に付され、悲嘆に暮れる後宇多は、亀山殿如来寿量院《にょらいじゅりょういん》で出家を遂げた。まさに衝動的というほかなく、後宇多が鎌倉幕府にたいして、治世を後二条天皇に譲る意向を連絡したという風聞さえ流れている（『実躬卿記』）。

さて、後宇多は、幼少より仏法に帰依し、在俗の身でありながら真言密教の伝法灌頂《でんぽうかんじょう》まで伝受していたが（真木隆行　一九九八）、出家を契機に密教への傾倒をますます深め、その興隆に執念を燃やすようになる。次にその具体相を見ることにしよう。

まず、後宇多は、平安時代の宇多院（寛平法皇《かんぴょうほうおう》とも）のように、聖俗両界に君臨する「輪王《りんのう》」となることを目標とし、真言密教の二大法流であった小野流と広沢流を統合する「法流一揆《ほうりゅういつき》」を企てた（永村眞 一九九三、藤井雅子 二〇〇八）。さらに、後宇多は、京都の東寺はもとより、神護寺《じんごじ》・高野山《こうやさん》・室生寺《むろうじ》・善通寺《ぜんつうじ》・観心寺《かんしんじ》などの由緒ある真言寺院に、荘園の寄進、寺内機構の拡充、伽藍の整備、重宝の修補など、多面的な施策をもって援助を行う（辻善之助 一九四九a、横山和弘 二〇〇七）。これらの事業では、後宇多の側近僧である道我《どうが》や我宝《がほう》らがめざましい活躍をみせ、その結果、東寺などは、中世寺院として飛躍的な発展を遂げることとなった（網野善彦 一九七八b）。

そして、後宇多が密教による鎮護国家を通して、聖俗両界に君臨することをめざす以上、密教興隆は両統対立の克服への回路ともなる。おのずと、密教興隆は、政治的色彩を濃厚に含み、大覚寺統の王権護持に収斂していく。

その枢軸たる施策こそ、大覚寺統の権門寺院である大覚寺門跡の創出であった。そもそも、平安時代以来、院・天皇と真言密教との紐帯の役割を担ったのは仁和寺御室《にんなじおむろ》であったが、鎌倉後期では持明院統がこれを掌握していたため、大覚寺統は御室による密教修法の功験《こうげん》を獲得できなかった。そこで、後宇多は、徳治三年五月に大覚寺の整備を開始し、仁和寺に匹敵する門跡寺院となすべく、その機能の拡充をはかる。やがて、大覚寺は、事相《じそう》・教相《きょうそう》にわたる密教研鑽の道場として発展し、伽藍や寺領についても、ほかの真言寺院を凌駕する規模を得た（以上、横内裕人 一九九八、坂口太郎 二〇一三）。

その大覚寺で、後宇多が死去直前に著した『御手印遺告《おていんゆいごう》』（武内孝善編 二〇〇七）の第二条には、「鎮護国家の根本は、ひとえに武将の長久にかかっている」という一節がみえる。すなわち、軍事権門たる鎌倉幕府の役割を重視し、武威長久を祈念するわけである。

総じて、後宇多は、密教興隆が公武関係の円滑化に寄与し、さらには中世国家の安寧に直結することを、再三強調していた（『宸翰英華』一―四九、『鎌倉遺文』三五―二六七八八）。これは、幕府の歓心を買うことで、大覚寺統の優位を勝ち取り、両統対立の克服に繋げることを企図したものでもあろう。

かくして、大覚寺統は、後宇多による密教興隆を契機として、真言密教との一体化の道を歩みはじめた。この延長線上に、やがて後醍醐天皇による密教への傾倒が生じることになる（網野善彦 一九八六、坂口太郎 二〇一四）。ただし、後醍醐の政治思想は、後宇多のそれと大きく隔たっており、密教への期待も、武家政権の打破に力点を置くものであった点に十分な注意を払う必要があろう。

八　後醍醐天皇と討幕

1　後醍醐天皇の登場

花園天皇とその個性

徳治三年（一三〇八）六月下旬、後二条天皇が病の床に臥し、やがて八月二十五日に二十四歳の若さで亡くなった。このため、大覚寺統の治世は、予期せぬ終焉を迎える。まもなく富仁《とみひと》親王が践祚《せんそ》し（花園天皇）、九月十九日に尊治《たかはる》親王（後宇多院の第二皇子）が皇太子となった。

新帝の花園は、伏見天皇の第二皇子として、永仁五年（一二九七）に生まれた。腹違いの兄に、後伏見院がいる。庶子の花園はもともと皇位に縁遠かったが、兄の後伏見に皇子がいなかったので、正安三年（一三〇一）八月に後伏見の猶子として皇太子に立てられた。このとき、伏見は、いずれ生まれる後伏見の皇子こそ持明院統の正嫡であると定め、花園がこれに争う意思をいだいたならば、「不義・不孝の仁」であるとした（『鎌倉遺文』二七―二〇八五七）。花園はこの厳命を守り、後伏見と、その皇子量仁《かずひと》親王（のちの光厳《こうごん》天皇）を終生支えていく。

図69　花園天皇　『天子摂関御影』
宮内庁三の丸尚蔵館所蔵

花園と同様の立場を強いられたのは、大覚寺統の尊治親王こと、のちの後醍醐天皇も同じであった。しかし、後醍醐にはみずからの皇子に皇位を伝えようとする気持ちが強く、その執念が鎌倉幕府の打倒へとつながることになる。花園と後醍醐、それぞれの歩んだ生涯は、あざやかな対照の妙をみせている。

　好学の天皇であった花園の日記は、豊かな教養と明晰な批判精神に溢れ、天皇の日記にふさわしい風格が備わる。彼が甥の量仁親王のために著わした『誡太子書《かいたいしのしょ》』（中村健史　二〇一七）と併読することで、天皇の視線を通して、鎌倉後期の宮廷の雰囲気を知ることができよう。また、しばしば後醍醐への批評がみえるが、これは後醍醐の人物像を考えるうえで、またとない貴重な素材を提供してくれる。

　ちなみに、花園は、絵画への関心も深かった。図70は十六歳にあたる応長二年（正和元年、一三一二）二月十八日の日記裏書であり、皇位の象徴である三種の神器の一つ、八尺瓊曲玉《やさかにのまがたま》を納める箱を描いている。縦横に交差する線は、箱を結ぶ紐である。花園の内面では、天皇とはいかなるものか、という自問自答が繰り返されていた。その関係で、花園は神璽の箱の中身に関心をもっており、『日本書紀』や『慈鎮和尚夢想記《じちんかしょうむそうき》』などを通して、天皇の権威を象徴する神器と、その由来に思索を凝らしていたのである（以上、岩橋小弥太　一九六二、岩佐美代子　一九八四、村田正志編　一九九五）。

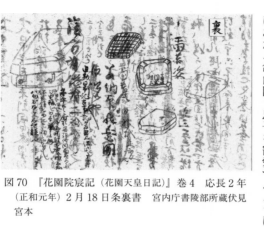

不遇の尊治親王

次に、尊治親王こと、のちの後醍醐天皇に焦点を移したい。尊治は正応元年（一二八八）に、後宇多院の第二皇子として誕生したが、複雑な幼少期を過ごした。この原因は、ひとえに母の五辻忠子《いつつじちゅうし》（のちの談天門院《だんてんもんいん》）にあった。そもそも、忠子は後宇多の在位時に典侍《ないしのすけ》《てんじ》として出仕し、後宇多の寵愛をうけて、四人の皇子女をもうけていた。ところが、後宇多の父にあたる亀山院も忠子を寵愛するようになり、冷泉万里小路殿《れいぜいまでのこうじどの》の内にあった西殿《にしどの》を与えて住まわせたのである（『実躬卿記』正安三年七月二十日条）。

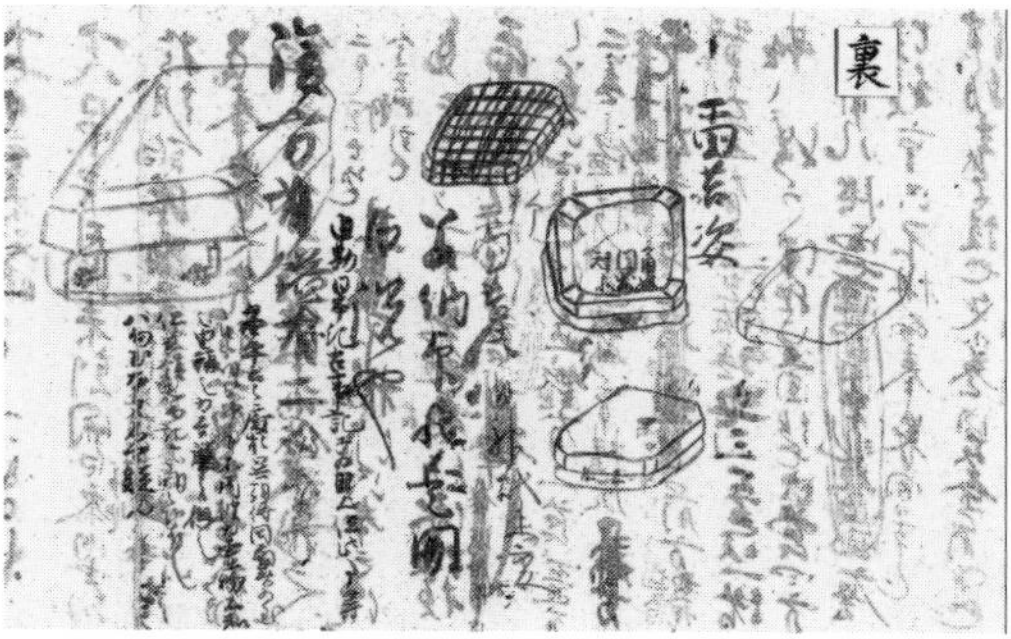

図 70　『花園院宸記（花園天皇日記）』巻 4　応長 2 年（正和元年）2 月 18 日条裏書　宮内庁書陵部所蔵伏見宮本

このような事情から、少年時代の尊治は、父の後宇多とは疎遠であり、むしろ祖父の亀山のもとで成長していく（以下、松本周二 一九三九、村松剛 一九七八、森茂暁 二〇〇〇）。

尊治は、正安四年（乾元元年、一三〇二）六月十六日に、甥の惟善《これよし》（後二条天皇の皇子、のちの邦良《くによし》）とともに親王を宣下されるが、惟善が三歳であるのにたいして、尊治は十五歳であり、この立親王の遅さは、当時の尊治がいかに微弱な立場に置かれていたかを物語る。その後、尊治は、嘉元元年（一三〇三）十二月二十日に元服《げんぷく》して三品《さんぼん》に叙され、翌嘉元二年三月七日に大宰帥《だざいのそち》に任ぜられた（このため、「帥《そち》宮《のみや》」と称される）。しかし、この少し前の乾元二年（嘉元元年、

図71　後醍醐天皇　『天子摂関御影』
宮内庁三の丸尚蔵館所蔵

一三〇三）五月、亀山院に恒明《つねあき》親王が誕生したため、尊治への愛情は、やがて恒明に移ったのである。

嘉元三年九月に、亀山院が恒明親王を皇嗣につけるよう遺言して亡くなり、これに後宇多院が反発したため、大覚寺統で御家騒動が生じたことは先に述べた。興味深いのは、このころから、後宇多が、それまで疎遠であった尊治との距離を縮めることである。

たとえば、徳治二年（一三〇七）の年頭の段階で、すでに尊治は後宇多の院御所である万里小路殿に同宿していた（『実躬卿記』徳治二年正月七日条）。これは、尊治を院御所に居住させることで、関係の緊密化をはかろうとする後宇多の意向であろう。また、同年正月七日、二条内裏で行われた白馬節会《あおうまのせちえ》に、尊治は公卿とともに出仕した。およそ鎌倉時代では、親王が節会に出仕することは稀であったから、この平安時代にさかのぼる旧儀復興は「末代の美談」と讃えられている（『白馬節会記（公秀公記）』）。

こうして、大覚寺統に生じた熾烈な抗争は、尊治親王の政治的地位を高める結果をもたらしたが、彼に期待されていたのは、あくまでも後二条天皇を支える役割に過ぎなかった。

後宇多院の譲状と尊治親王

さて、徳治三年（一三〇八）の花園天皇の践祚に伴い、尊治親王は、同年九月十九日に皇太子に立てられた。これに先立つ閏八月三日、後宇多院は、一通の譲状を作成し、知行国《ちぎょうこく》の讃岐《さぬき》・越前《えちぜん》・因幡《いなば》、八条院領をはじめとする所領群、万里小路殿などを尊治に譲与することを定めた（『鎌倉遺文』三〇―二三三六九）。見逃せないのは、尊治の権利が一期《いちご》分《ぶん》（一代限りの相続）に限られた点である。すなわち、後宇多は、尊治の死後、右の財産を皇孫の邦良親王（後二条天皇の皇子）に譲与するよう指示したのである。さらに後宇多は、譲状において、次のように付記した。

尊治親王の子孫が、賢明の器と済世の才を備えているならば、しばらく親王として朝廷に仕え天皇を補佐せよ。もし天下における評価が、虞舜《ぐしゅん》や夏禹《かう》（ともに中国古代の伝説上の天子）のようであるならば、皇祖のお計らいに任せて皇統をそれに伝えてよい。とはいえ、分を乱すような、よこしまな行為があってはならぬ。尊治は、後二条天皇の皇子を実子とみなし、くれぐれも保護せよ。孝行を心がけて、私の志を実現せよ。

ここで尊治親王とその子孫に期待されているのは、第一に朝廷を補佐する臣下としての立場である。後宇多は、尊治の子孫が優れた器量をもつと評価される場合には、その皇位継承もやぶさかではないとも記すが、後二条流を差し置いて、大覚寺統の正統を継承することを認めたわけではない。のちに嘉暦三年（一三二八）に持明院統が幕府に示した「御事書幷目安案」（森茂暁 一九八二）にも、「後醍醐天皇は、一代の主たるべきことが、先年に定められた」と記す。「一代の主」とは、一代限りの天皇を意味する。当時の尊治の政治的役割を、これほど端的に示した表現は、ほかに見当たらない（以上、村田正志 一九四九・一九五九）。

ただし、後宇多が、尊治の子孫が優れた器量を有した場合、その皇位継承もありえると述べたのは、尊治に一縷の望みを与えた。のちに南朝の重臣であった北畠親房《きたばたけちかふさ》は、『神皇正統記』において、邦良親王が正中三年（嘉暦元年、一三二六）に早世した結果、後醍醐天皇が「継体《けいたい》《けいてい》の正統《しょうとう》」（正統な皇位継承者）になったと記すが、これは後宇多の譲状を念頭に置いたうえでの主張であろう。執政後の後醍醐が、政務に全力で取り組み、善政の評価を得ることにつとめたのも、この譲状に示された条件を満たそうとするための、必死の努力であった（平田俊春　一九八四）。

尊治親王の野心

さて、「一代の主」たることを課せられた尊治親王は、むしろ自身の運命を切り開くべく、積極的な行動を取るようになる。すなわち、正和二年（一三一三）の秋、尊治は、西園寺《さいおんじ》実兼《さねかね》《さねかね》（関東申次《もうしつぎ》）の娘である禧子《きし》を密かに盗み取り、彼女と婚姻を結んだのである（『花園天皇日記』正和三年正月二十日条）。おそらく、禧子との婚姻を手掛かりとして、有力者である実兼の後ろ盾を得ようとしたのであろう（森茂暁　二〇〇〇）。

まもなく禧子は懐妊し、正和三年正月に着帯《ちゃくたい》の儀が行われる。禧子の安産を祈念すべく、多くの御《ご》産《さん》祈禱が行われた。その一つである如法愛染王法《にょほうあいぜんおうほう》の勤修中、大阿闍梨《だいあじゃり》をつとめる信忠僧正《しんちゅうそうじょう》のもとに、尊治親王の近臣である春宮亮《とうぐうのすけ》吉田《よしだ》隆長《たかなが》が訪れ、しばし雑談に興じた。隆長の話題は多岐にわたったが、そのなかに次のような話があった。次に、信忠の弟子にあたる栄海《ようかい》の『如愛記《にょあいき》　正和三年勧修寺《かじゅうじ》下《げ》抄《これをしょうす》レ之』（『東寺観智院金剛蔵聖教』二七〇―二五）からこれを示す。

亡き父経長が、かつて尊治親王の乳父《めのと》（養育者）になったときのことです。父は、一宮邦治《くにはる》親王（後二条天皇）と二宮尊治親王の御兄弟の御運勢を、珍円《ちんえん》という宿曜師《すくようじ》に占わせました。すると、珍円は、占いの結果を勘文《かんもん》にしたため、次のように言上したのです。「一宮が、早々に御運が開かれることはいうまでもありませんが、皇位を伝える「継体」の御運はすこぶる不審です。また二宮は、二十歳まで御運はまるで開きませんが、二十一歳で始めて御吉事があり、その後の御運は未来永々に際限がないでしょう」と。そこで、父は、「子孫のために二宮を管領申し上げよう」と述べました。そして、尊治親王は二十一歳で皇太子となられたのです。勘文は見事に的中しました。

この秘話は、青年期の尊治親王と、彼の支持者を考えるうえで、重要な内容を含んでいる。まず、吉田隆長やその兄弟の定房《さだふさ》・冬方《ふゆかた》らが尊治に忠勤を尽くしたことは知られているが（図72、松本周二・村田正志 一九四〇）、それは彼らの父経長が尊治の乳父であったことに由来していたのである。大覚寺統の重臣であった吉田経長による補佐は、不遇の尊治にとって心強いものがあったに違いない（坂口太郎 二〇二二）。

図72 吉田家略系図 人名左側の注記は日記名

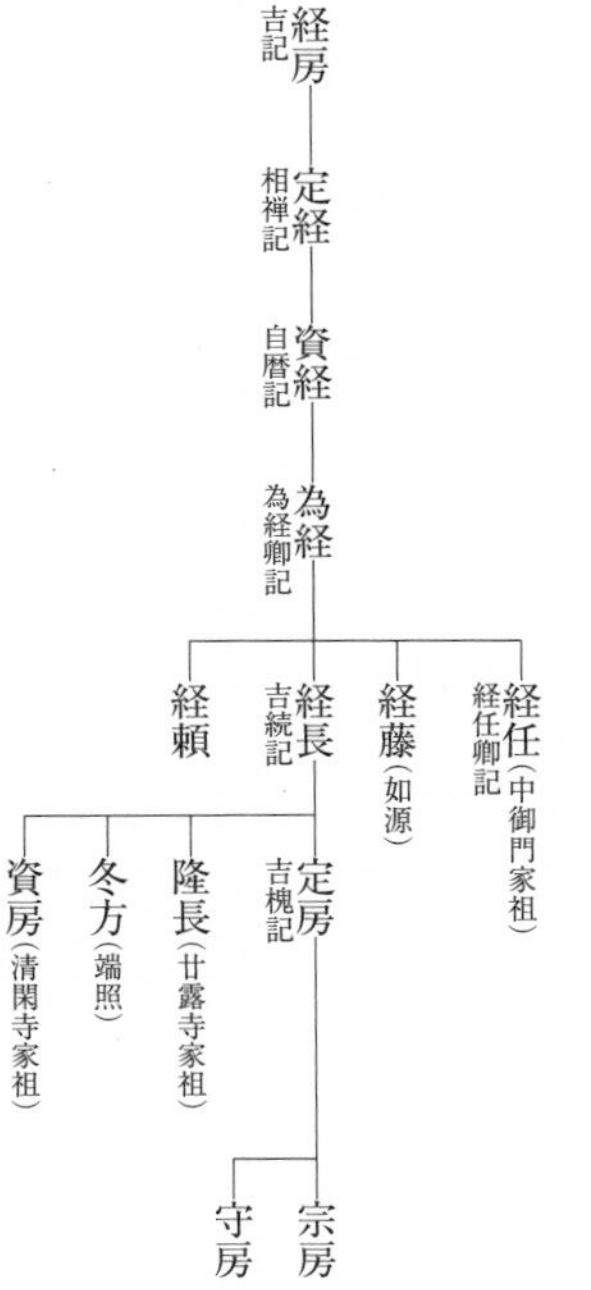

そして興味深いのは、禧子の出産を控えたこの時期に、吉田隆長が、後二条流による皇位継承の運に不審ありと

高言したことである。尊治の皇子が誕生する可能性もあるだけに、この隆長の発言は濃厚な政治性を帯びるといわねばならない。これは、隆長の仕える尊治が、大覚寺統の正嫡の座を狙っていたことを十分に示唆する。こうしてみると、禧子との婚姻に、後二条流に勝ち抜くための尊治の野心が潜んでいたことは、いよいよ確かであろう。

ところが、禧子が六月十三日に出産したのは皇女（諱《いみな》未詳）であった（『花園天皇日記』）。翌年の正和四年（一三一五）にも禧子は懐妊するが、この折も皇女の懽子《かんし》内親王（のちの宣政門院）が誕生した（誕生は十月十六日。『皇代暦（歴代皇紀）』第四）。尊治親王の期待は、いずれも裏切られたのである。尊治は、後宇多院との関係を良好に保ちつつ、践祚の到来を待つしかなかった。

第二次伏見院政と京極為兼の配流

さて、花園天皇の践祚によって、伏見院には二度目の治世が訪れた。延慶二年（一三〇九）三月から四月にかけて、伏見は、十五ヵ条にわたる政道興行の法を制定し、訴訟制度を整備した。とくに、担当奉行制についての立法を行うほか、庭中《ていちゅう》・越訴《おっそ》の式日を、各毎月三度と定め、庭中に伝奏《てんそう》が結番して着座することを規定した。のちに「延慶法《えんぎょうほう》」と称されるこの法は、次代の後伏見院政や、のちの北朝に大きな影響を与える（藤原良章 一九八五、森茂暁 一九八六・一九八七a）。

さらに、伏見院は、悲願であった勅撰集の撰集にも力を入れた。伏見の信頼する京極《きょうごく》為兼《ためかぬ》《ためかね》は、すでに赦免されて配流地の佐渡《さど》から帰京しており、為兼を中心に、撰集がなされる気配が生じる。為兼の配流後、伏見は、為兼の宿敵であった二条為世《にじょうためよ》を意識的に遠ざけており、為世は持明院統の内裏・仙洞歌壇から完全に排除されていた。そのため、焦燥する為世は大覚寺統に接近し、後宇多院の命を受けて嘉元元年（一三〇三）十二月に『新後撰和歌集』を撰進したのである。和歌の文化をめぐる対立は、すでに両統の抗争と一体化して久しかった（表6、井上宗雄 一九六五）。

為世は、為兼が撰者として適当でないことを伏見院に訴え、約半年ほど、為兼と為世の応酬が続く。これが歌壇史に名高い「延慶両卿訴陳《りょうきょうそちん》」である。結局、応長元年（一三一一）五月に、伏見院は鎌倉幕府の了解を得て、為兼を撰者として選んだ（次田香澄 一九六四、福田秀一 一九五七〜七〇、小川剛生 一九九九・二〇〇二b、井上宗雄 二〇〇六）。

やがて正和元年（一三一二）三月二十八日、為兼は『玉葉和歌集《ぎょくようわかしゅう》』を撰進した。自然美を味わい深くとらえた歌や、技巧表現に走らぬ心の尊重を重視する歌が多いのが、際立った特徴である（次田香澄 一九六四、岩佐美代子編 一九九六）。ただし、二条為世を中心とする二条派の歌人たちからは反発を買い、『歌苑連署事書《かえんれんしょことがき》』などで、強烈な批判を浴びることになる。

翌正和二年十月、伏見院は、政務を後伏見院に譲り、伏見殿九体堂《くたいどう》で出家を遂げた。股肱の臣である為兼も、これに殉じて出家している。ときに伏見は四十九歳、為兼は六十歳である。

さて、若い後伏見院は院政を布くこととなったが、一線を退いたはずの伏見院が、後伏見の政務にしばしば意見を差し挟んだ。これが後伏見にとって精神的な重荷となり、やがて正和三年五月に政務返上の意志を表明するに至った（『宸翰英華』一―一二一）。そして、後伏見は、伏見の近臣である為兼を、みずからを追い詰めた「佞臣」として憎む（『鎌倉遺文』三三―二五二〇八）。結局、後伏見の政務返

下命年月	成立年月	巻数	歌数	歌人数
宝治 2 年（1248） 7 月 25 日	（奏覧）建長 3 年（1251） 12 月 27 日	20	1425	422
正嘉 3 年（1259） 3 月 16 日 （撰者追加）弘長 2 年（1262）9 月	（奏覧）文永 2 年（1265） 12 月 26 日 （竟宴）文永 3 年（1266）3 月 12 日	20	1926	478
建治 2 年（1276） 7 月 22 日	（奏覧）弘安元年（1278） 12 月 27 日	20	1464	436
正安 3 年（1301） 11 月 23 日	（奏覧）嘉元元年（1303） 12 月 19 日	20	1617	506
応長元年（1311） 5 月 3 日	（奏覧）正和元年（1312）3 月 28 日 ※翌年まで改修を加える.	20	2818	762
文保 2 年（1318） 10 月 30 日 （撰集事始）同年 11 月 3 日	（四季部奏覧）文保 3 年（1319）4 月 19 日 （終功返納）元応 2 年（1320）7 月 25 日	20	2152	718
元亨 3 年（1323） 7 月 22 日 （撰集事始）同年 8 月 4 日 元亨 4 年（1324） 11 月 1 日 （撰集事始）同年 11 月 10 日	（四季部奏覧）正中 2 年（1325）12 月 18 日 （終功返納）嘉暦元年（1326）6 月 9 日	20	1355	559

睦夫『中世勅撰和歌集史の構想』（笠間書院，2005）第 1 編第 1 章参照.

表6　鎌倉後期の勅撰和歌集一覧

歌集名	撰集下命者	在位の天皇	皇統	政務	撰者
続後撰和歌集	後嵯峨院	後深草		院政	藤原為家
続古今和歌集	〃	亀山		院政	藤原為家 九条基家（追加） 衣笠家良（追加，中途で病没） 六条行家（追加） 真観（葉室光俊，追加）
続拾遺和歌集	亀山院	後宇多	大覚寺統	〃	二条為氏
新後撰和歌集	後宇多院	後二条	〃	〃	二条為世
玉葉和歌集	伏見院	花園	持明院統	〃	京極為兼
続千載和歌集	後宇多院	後醍醐	大覚寺統	〃	二条為世
続後拾遺和歌集	後醍醐天皇	〃	〃	親政	二条為藤（中途で病没） 二条為定

撰集下命者は，すべて当時の治天の君．

＊福田秀一 1967，後藤重郎編『勅撰和歌十三代集研究文献目録』（和泉書院，1980），深津

上はなかったが、持明院統の結束に深刻な亀裂が走ったのであった。

ここで暗躍するのが、為兼との関係が険悪化していた西園寺実兼である。実兼は、かねてより為兼を信任する伏見院と距離を置いており、為兼の政治生命を絶つべく、後伏見院に接近していた（辻彦三郎 一九六九）。さらに、為兼とその姉従二位《じゅにいい》為子《し》は、政道に容喙することが多く、これが持明院統の致命傷となる。鎌倉幕府が、持明院統の不和を問題視するばかりか、為兼らの政道口入を許すことを失政とみなしたのである。折しも、実兼による讒言《ざんげん》は、幕府の為兼への不快を募らせた。

伏見院は、これ以前から、頻繁に使者を幕府に派遣するなど、落ち度のない対応を心掛け、政治的関係を密にしていたつもりであった。しかし、一廷臣である為兼に過度の信頼を置きすぎたことが、思わぬ事態をもたらす。

正和四年（一三一五）十二月二十八日、関東より上洛した幕府の使者安東重綱《あんどうしげつな》らは、為兼を「政道巨害」とみなし、六波羅に拘引した（『二条殿秘説』。小川剛生 二〇〇三）。為兼は、翌正和五年正月十二日に土佐に配流され、こののち二度と京都の土を踏むことはなかった。伏見院は幕府に弁明するが、なお疑惑が収まらないことを懸念し、この年の十月に近臣の五辻基仲《もとなか》（禎覚）を使者として告文《こうもん》（誓紙）を関東に送る（八代國治 一九二五a）。しかし、この事件によって、持明院統が勢力を失墜させたことは紛れもなく、逆に大覚寺統に好餌《こうじ》を与えることとなった。京都の政局は、ここに旋回する。

文保の和談と伏見院の死

文保元年（一三一七）三月、幕府の意志はすでに大覚寺統に傾き、尊治親王を践祚させる動きが活発となった。四月七日、幕府の使者摂津親鑑《つのちかあき》が上洛し、新帝の践祚と次の皇太子について、両統で協議するように求めた（以下、『花園天皇日記』元亨元年十月十三日条。八代國治 一九二五a、辻善之助 一九四九b、羽下徳彦 一九八八a、森茂暁 二〇〇九）。

四月から五月にかけて、協議は難航した。そこで、親鑑は、皇太子の尊治親王が皇位についた後は、邦良親王（後二条天皇の皇子）を皇太子とし、その次の皇太子に量仁親王（後伏見院の皇子）を置くよう提案する。これは大覚寺統の後宇多院に都合のよい案であり、持明院統の伏見院は難色を示した。何よりも持明院統にとって痛手であったのは、先年の京極為兼の一件で、関東申次の西園寺実兼が離反したことである。後宇多は、実兼を抱き込むことで、大覚寺統が優位に立つことを企図した。

六月、伏見院は重病の床に臥し、九月三日にこの世を去った。享年五十三。持明院統は、伏見を喪ったことで、決定的な劣勢に追い込まれる。

文保二年正月に入り、後宇多院は、西園寺実兼を介して、花園天皇の譲位を持明院統に要求した。後伏見院は、あくまで量仁親王の皇太子就任に固執するが、実兼は、前年の幕府の意向を根拠に、尊治—邦良—量仁という順序は変えられないと主張して、後宇多に力添えした。正月二十二日、六波羅の使者が、両統の「勅書」を携えて関東に下った（『継塵記』文保二年二月二十一日条）。

二月二十日、大覚寺統の要求をすべてうけ容れる幕府の返事が、京都にもたらされた（『按察大納言公敏卿記』）。後宇多は会心の成果を勝ち取ったのである。そして、二十六日、花園天皇は譲位し、尊治親王が践祚を遂げた（後醍醐天皇）。

右に述べた皇位・治世の交替をめぐる一連の協議は、「文保《ぶんぽう》の和談」と称される。両統で交わされた覚書などは残されていないが、文保二年二月の段階で、次に示す二つの約束が結ばれたのは確かなようである。それは、

①皇位についた後醍醐天皇は一代限りで、その子孫に皇位を伝えることを認めない。

②今後、天皇の在位については十年限りとし、両統から交代で天皇を立てる。

というものであった。以上の事柄は、のちの嘉暦三年（一三二八）に持明院統が鎌倉幕府に示した「御事書并日安案」（森茂暁 一九八二）や、同年六月に後伏見院が日吉社《ひえしゃ》に奉納した告文（『宸翰英華』一―一一五）から推測できる（辻善之助 一九四九b）。

新帝が一代限りの天皇であることは両統の合意事項であり、それは幕府も承知するところであった。後醍醐は、このような不安定な立場から脱却することに、いっそう執念を燃やすことになる。

2 後宇多院政から後醍醐親政へ

第二次後宇多院政下の政道論議

皇位の交替とともに、後宇多院による第二次院政が始まった。大覚寺統は、亀山院以来、勧修寺流《かじゆうじりゅう》藤原氏に代表される、「名家《めいか》」という家格の実務官僚貴族を重用してきたが、この第二次後宇多院政でもその方針が継承されている。また、後

宇多の信任厚い花山院師信《かざんいんもろのぶ》・六条有房《ろくじょうありふさ》・坊城定資《ぼうじょうさだすけ》・中御門経継《なかみかどつねつぐ》・吉田定房・万里小路宣房《のぶふさ》らは、評定衆《ひょうじょうしゅう》と伝奏の重職を兼任した。評定衆に伝奏を兼任させることで、個別化しがちな奏事《そうじ》や雑訴沙汰《ざっそさた》を、院評定《いんのひょうじょう》で統括したのである（森茂暁 一九八六、市沢哲 二〇一一）。

この時期の政務については、万里小路宣房の日記『万一記《まんいつき》』（図73）が残っており、貴重である。次に、その一端を叙述しておく（以下、久米邦武 一九〇七、飯田久雄 一九六〇、稲葉伸道 二〇一四）。

まず、文保三年（元応元年、一三一九）正月十三日に、評定始《はじめ》が開催された。このとき、万里小路宣房は、八ヵ条に及ぶ建議を行い、政務全般についての持論を詳しく述べた。

とくに注目されるのは、任官において譜代《ふだい》の家格が尊重される現状を指摘したうえで、むしろ個人の徳行才能を尊重すべきことを説き、役務を怠る人物が多いことを批判した点である。加えて、院政の中枢にある評定衆と伝奏に「徳行の聞え」や「才庸の誉れ」がないと断言し、ふさわしい人物を任用すべきであると述べたのも革新的である。

翌元応二年（一三二〇）五月十四日の徳政評定でも、宣房は政道にかんして、持論の表明を憚らなかった。まず、既往の公家新制が実効性を欠いたことを強く批判するほか、評定衆と伝奏に、家柄がよいだけで無能な人物を任ずるのを痛烈に批判している。また、訴訟制度である庭中についても、後宇多と当番の公卿が出席して訴人の訴えを聞き、諸人の愁嘆を減ずるよう主張している。そのうえで、後宇多にたいして、四十余条に及ぶ政策目標の履行を求めたのである。

以上のように、後宇多の第二次院政は改革の気運にみなぎっていたが、どれほどの達成を収めたの

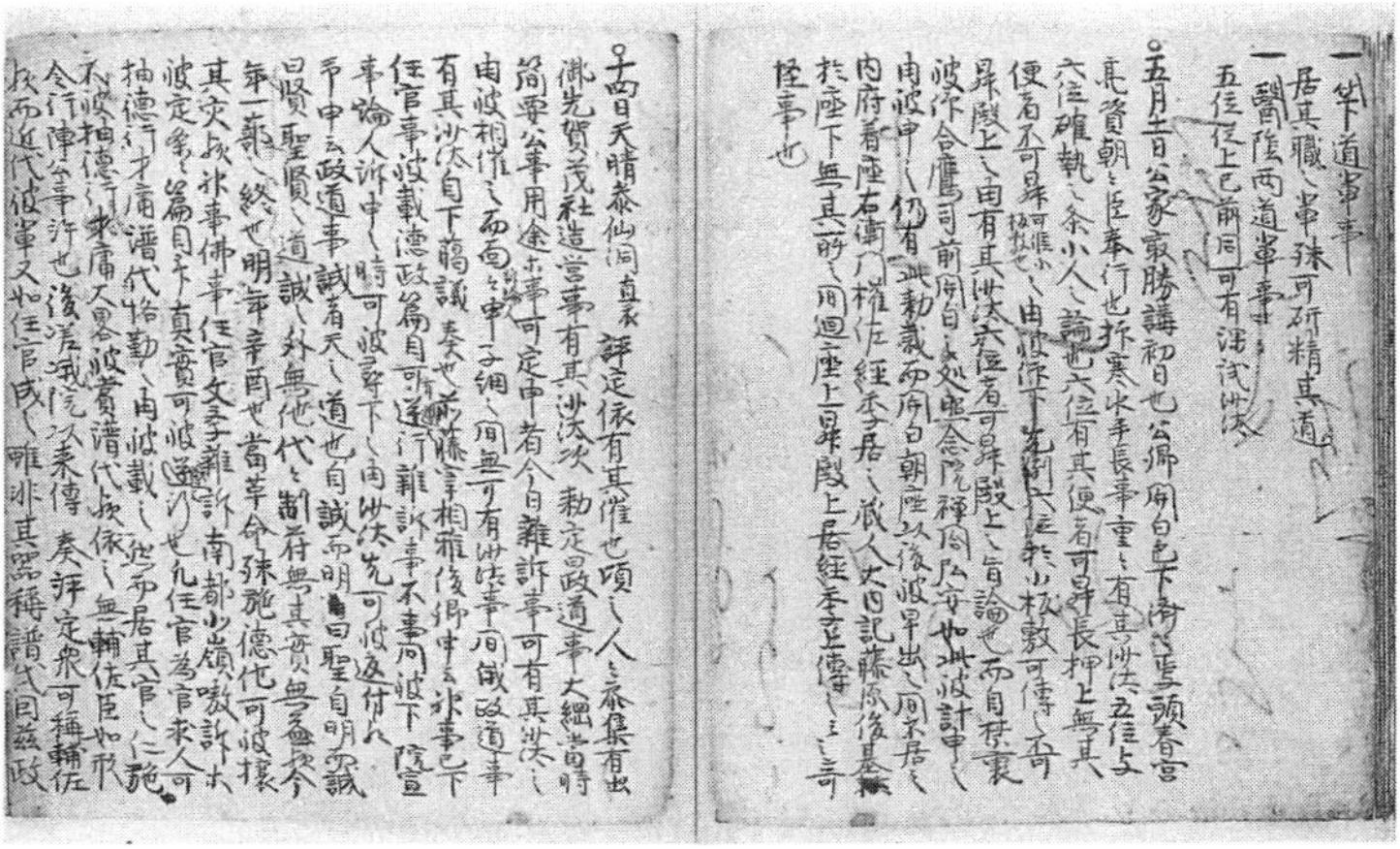

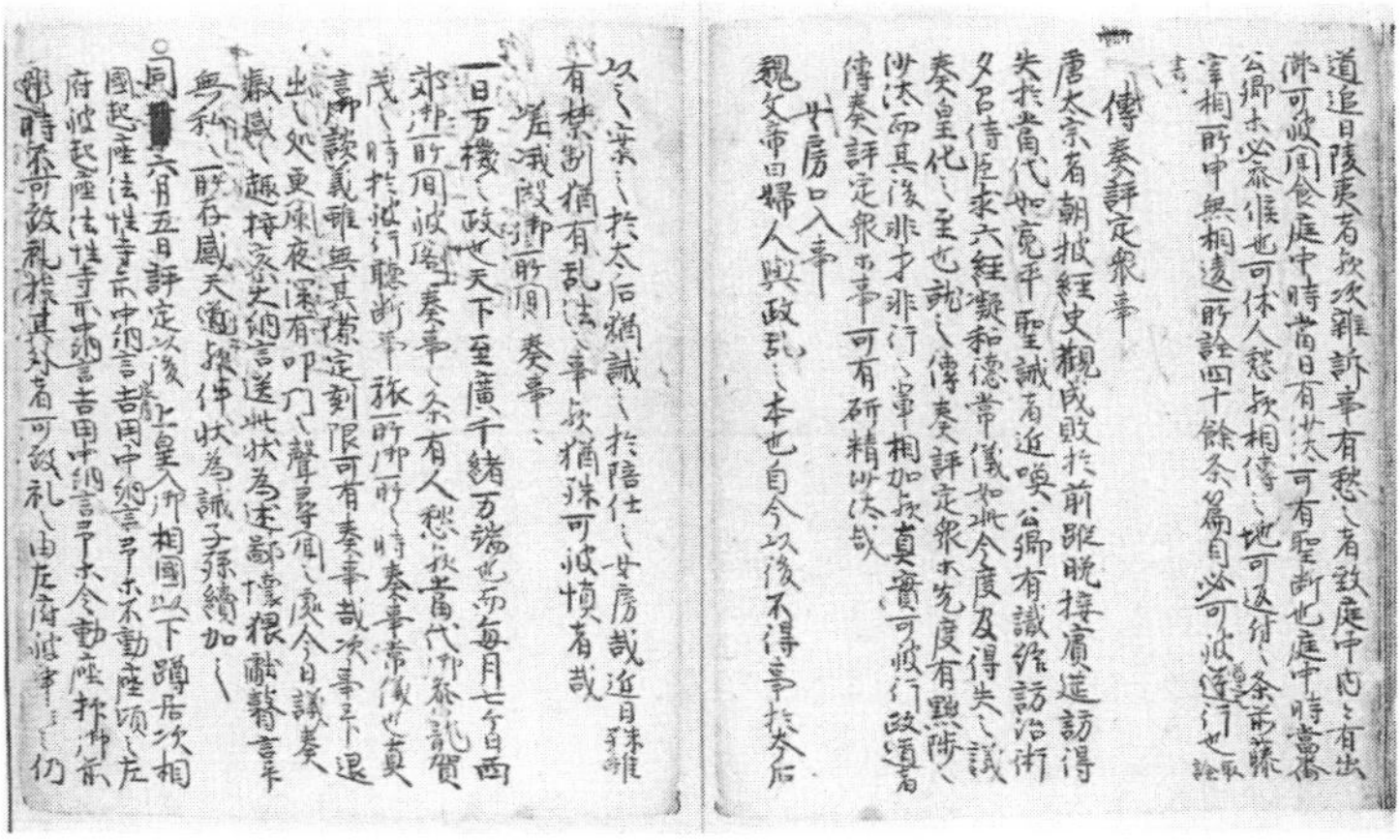

図 73 『万一記』元応 2 年 5 月 14 日条　個人所蔵『西園寺家文書』1-2　学習院大学史料館寄託

かは、意外に史料が少なく、よくわからない。元亨元年（一三二一）四月に祇園社感神院《ぎおんしゃかんじんいん》に下された官宣旨《かんせんじ》を見ると、伊勢神宮や南都《なんと》・北嶺《ほくれい》による訴訟への迅速な対応、訴訟制度の整備などが定められているが、これを含めて、わずかに寺社政策に痕跡を確認できる程度である。

　これとあわせて留意すべきは、この時期の後宇多が、政務全般への意欲を減退させていた事実である。右の万里小路宣房の献言では、後宇多にたいして庭中への出席を強く求めているし、のちに花園院も、善政の評判高かった第一次院政に比して、第二次院政は賄賂が横行するなど失点が多いことを惜しんでいる（『花園天皇日記』元亨四年六月二十五日条。筧雅博 一九八六）。その意味で、第二次後宇多院政の成果を過大に見積もるべきではなかろう（川添昭二 一九六八）。ただし、人材抜擢などの改革志向が、後続の後醍醐親政に引き継がれた面は認めてよい。

第二次後宇多院政の停止とその背景

元亨元年（一三二一）十月、後宇多院は政治の表舞台から引退する意思を示した。やがて十二月、後宇多は幕府の了承を得て、ただちに政務を後醍醐天皇に譲り、後醍醐による親政が開始される。

『増鏡』第十三「秋のみ山」によれば、後宇多は、大覚寺で真言密教の修行に専念すべく、院政の停止を発起したという。しかし、近年ではこの説を鵜呑みにせず、後醍醐が、後宇多に圧力をかけて院政を停止させ、治天の君の座を獲得したとする見解が有力である（村井章介 一九九七、森茂暁 二〇〇〇）。

　確かに、後醍醐が、一日も早く政務を掌握しようと考えていたことは十分にありうる。ただし、この当時の後醍醐が、父院の院政を停止させるほどの政治力を備えていたとは考えにくく、まずは確実な史料にもとづいて、当時の状況を適切に理解することが必要である。

この問題を解く鍵は、後宇多が死去直前に著した『御手印遺告《おていんゆいごう》』（武内孝善編 二〇〇七）の第一条である。ここで後宇多は、後醍醐の践祚に伴って、自身が再度の院政を執ることになった結果、密教を広める縁を失ったと述べ、政務に「厭却《えんきやく》の思い」を催した。そこで、幕府に諮って政務を後醍醐に移譲した、と明記する。これは、後宇多自身の告白として無視できない（村田正志 一九三九・一九七七）。

この点にかかわって注目すべきは、後宇多の密教への傾倒が、政務にたいする意欲減退と結び付いていた事実である。先に取り上げた、元応二年（一三二〇）五月十四日の徳政評定において、万里小路宣房は、後宇多が毎月七日間の嵯峨殿（亀山殿）滞在中に奏事を差し置いたことを批判し、「真言の御談義でゆとりがなくとも、刻限を定めて奏事をお聞きになるべきです」と進言している（図73、『万一記』）。この一件から、後宇多が密教にかまけて、政務への関心を薄めていたことがわかる（川添昭二 一九六八、坂口太郎 二〇〇八）。ゆえに、後宇多が政務からの解放を望んだことは明白である。

また、後宇多は、『御手印遺告』の第一条で自身の院政停止に触れた際、「私は耄碌《もうろく》して病気にも侵され、隠退するのはもっともだ」と記す。これによれば、後宇多に生じた老化と病気も、院政停止の要因であったようである（坂口太郎 二〇〇八）。

『花園天皇日記』によれば、後宇多は元亨元・二年（一三二一・二二）のころから、脚気《かつけ》のため起居が困難であったという。また、院政の停止からまもない元亨二年正月三日の朝覲行幸《ちようきんぎようこう》（天皇が太上天皇のもとに参って拝賀する儀式）において、後宇多は脇息《きょうそく》（座るときにひじを掛け、身体をもたせかけて休息するための道具）を座の傍らに置かせたという。これを耳にした花園院は、先例を聞かないが、前年に後宇多が腰痛を患ったことが原因であろう、と推測している。

おそらく、次第に衰弱を増す後宇多の肉体は、繁雑な政務処理に堪えうるものではなかったはずである。それに、後宇多には、皇太子の邦良親王の将来を見守る使命があっただけに、体調の回復は優先されなければならない。こうしてみると、院政の停止は、後宇多にとって、むしろ積極的な決断であったと考えるべきであろう。後宇多の晩年における密教への傾倒も、彼の悩む健康不安と無関係ではなかった。

なお、後醍醐による親政が開始されても、後宇多が依然政界に大きな影響力をもつことに変わりはなく、政務に介入できぬわけではない。それは、かつて伏見親政の時代に、後深草院が政務に容喙した事実を想起すれば、よく了解されよう。仮に、後醍醐が、親政を開始すべく何らかの政治工作を行ったとしても、それは後宇多の側の動向に便乗した程度に過ぎまい。また、後宇多院政の停止が、後醍醐による討幕計画の一ステップであったという見解もあるが（村井章介 一九九七）、その根拠とする「吉田定房奏状」の解釈に誤りがあるため、疑問が抱かれる（坂口太郎 二〇一二）。

後醍醐親政期の議定と記録所

後醍醐天皇とその政権については、これまで建武政権期を中心に、研究が進められてきた。ここでは、『旧記抜書《きゅうきぬきがき》 鬼間議定部類《おにのまぎじょうぶるい》』にもとづいて、後醍醐の親政が開始されたころの議定と、その構成員であった議定衆に注目してみたい。

まず、後醍醐親政下の議定は、元亨元年（一三二一）十二月二十五日（二十六日とも）を皮切りとして、活発に行われている。当初、議定衆のメンバーは、一条内経《いちじょううちつね》・久我通雄《こがみちお》・洞院実泰《とういんさねやす》・今出川兼季《いまでがわかねすえ》・西園寺実衡《さねひら》・吉田定房・近衛《このえ》実香《さねか》・万里小路宣房らであった。さらに、正月二十六日の議定から中御門経継が参仕する一方、二月十九日に日野資朝《ひのすけとも》、閏五月二十六日に吉田冬方が、ともに議定衆に加えられている。また、北畠親房《きたばたけちかふさ》も五月二十三日以前に議定衆となっている。

これらのうち、中御門経継は、皇太子の邦良親王を補佐する立場にあった。経継は、邦良の亡父後二条天皇を深く追慕しており、後二条の記憶を紐帯として、後宇多院と結びついていた（『拾遺現藻和歌集』巻第十　雑下・七七九、七八〇。小川剛生編　一九九六a）。経継が議定衆に任ぜられたのも、おそらく後宇多の意向によるものと考えられる。

一方、日野資朝・吉田冬方・北畠親房らの三人は、後醍醐が信頼を置く腹心たちであった。おそらく、後醍醐は、彼らを議定衆に加えることで、後宇多の意をうけた経継を牽制し、かつ政務の運営を円滑にしようと考えたのであろう。

後醍醐は、専制的な独裁者のイメージが強いが、重臣たちが後醍醐を支えた事実も軽視できない。とくに、親政が始まったばかりの時期には、議定の果たした役割は大きなものがあった。

さて、後醍醐親政の展開を考えるうえでは、元亨二年正月十日に発足した記録所も重要である。後宇多院政では、文殿《ふどの》が所務相論の裁許や所領安堵《あんど》などの実務を担ったが、親政の発足とともに、記録所が文殿の役割をうけ継いだ（古田（水戸部）正男　一九三八）。記録所は、洛中の商業・流通統制についても、一定の役割を果たす（森茂暁 一九七九）。

また、記録所の制度として注目すべきは、発足当初から庭中が設けられた点である。『旧記抜書 鬼間議定部類』によれば、元亨二年の二月十三日・三月二十三日・五月二十三日に、記録所庭中が行われたことが確認できる。

とくに、二月十三日の庭中で、後醍醐が伝奏を引き連れて臨席したのは興味深い。これは、かつて第一次後宇多院政期に、後宇多が文殿庭中に臨席した先例を意識したものであろう。『太平記《たいへいき》』巻第一や『増鏡』第十五「むら時雨《しぐれ》」は、後醍醐が記録所に出御して訴訟を裁許したことを記すが、これは庭中への臨席を指したものと考えられる。このような訴訟にたいする熱意ある取り組みが、後醍醐の初期親政に「徳政」（『歯長寺縁起』）という評価を与えることになる。

さらに、後醍醐は、有能な廷臣を積極的に抜擢していく。元亨三年六月に、大内記《だいないき》の日野俊基《としもと》を五位蔵人《くろうど》に補任《ぶにん》したのは、その好例である。俊基は、同じ後醍醐の近臣である吉田冬方らとともに儒学を鼓吹し、宮廷に新風を吹き込んでいた。一方で、身分の低い俊基を抜擢したことは、保守的な廷臣たちを刺激し、多くの批判を招いている（『花園天皇日記』元亨三年六月十七日条）。

しかし、大覚寺統の傍流であった後醍醐には、有能な側近を着実に増やすことで、親政の人的基盤を調える必要があった。すでに第二次後宇多院政で、器量優先主義と称すべき人事方針の必要が強く指摘されていたが、後醍醐はこれを徹底することで、みずからの権力強化をはかったのである。

後醍醐親政の都市政策

従来、後醍醐親政と都市京都の関係を考えるうえで重視されてきたのが、(a)神人公事《じにんくじ》停止令《ちょうじれい》ならびに(b)洛中酒鑪役賦《らくちゅうしゅろやくふ》課《か》令《れい》という政策である。これらは、いずれも元亨二年（一三二二）に発令されたと考えられている。

網野善彦氏によれば、(a)は、寺社権門（本所）が商業活動を展開する神人に課していた公事などの税や、商人の洛中での通行税を免除したもの、(b)は、寺社権門に神人として属する洛中の酒屋（酒鑪）に、恒常的な税を課したものという（造酒司《みきのつかさ》が徴収）。網野氏は、これらの政策と(b)に抵抗した神人への厳しい処置に注目して、洛中神人にたいする本所支配権を断ち切り、全神人を天皇直属の供御《くご》人《にん》に編成しようとする、後醍醐の専制的支配の意図を論じた（網野善彦 一九七七・一九七八a）。

近年では、網野説への批判も提起されている。すなわち、(a)については、発令時期は不明確で、その内容も洛中での通行税を免除した程度に過ぎないとする（渡邊歩 二〇一二）。また、(b)についても、すでに第二次後宇多院政期に酒鑪役が臨時課税として存在しているので、後醍醐は後宇多の経済政策を継続・発展させたに過ぎず、造酒司と蔵人所《くろうどどころ》・左右京職《きょうしき》による、前代からの徴収権の競合に決着を付けたのが実態であると、限定的に評価するのである（渡邊歩 二〇〇九、遠藤珠紀 二〇一五）。

しかし、南北朝期の二条良基《よしもと》が後光厳《ごこうごん》天皇に差し出した奏状には、「元亨例」に従って、諸道・諸業の課役を停止すべきであるとみえており、これが(a)を念頭に置いたことは明らかである（佐々木文昭 二〇〇二、小川剛生 二〇〇五）。後代に強く記憶された(a)が、たんなる通行税免除程度のはずがない。

次に、(b)についての批判は、ある程度首肯できるが、実は網野氏の壮年期における代表作『蒙古襲来』を確認すると、元亨以前から恒常的な洛中酒鑪役の賦課が行われていたとしている。さらに同書では、(b)を命じた後醍醐の綸旨が、三つの官司による徴収権の競合に決着を付けたところに趣旨があったとするなど、近年の研究を先取りする見解も、すでに提示されている（以上、網野 一九七四）。網野史学では、史的事象にたいする評価の力点が、時期によって微妙な変化を遂げることが少なくない。後学は、この点に十分な注意を払うべきであろう。

要するに、後醍醐が、全神人の供御人化を意図したとまでは考えられないが、寺社権門と神人の関係を分断し、神人の統制に意欲を燃やしたことは確かである。ゆえに、(a)については、積極的な都市政策として、その意義を認めて不都合ない。(b)についても、記録所における神人への糾問が峻厳であった点に、後宇多院政期と一線を画した専制性を見て取れるのである。

3 討幕前夜の政局

討幕運動の理念

後醍醐天皇が、いつ、いかなる経緯で鎌倉幕府の打倒を決意したのか。これは鎌倉時代の政治史を論ずるうえで重大な問題である。近年、河内祥輔氏は、いわゆる正中《しょうちゅう》の変（一三二四年）について論じた際、実はこの時期の後醍醐が討幕を構想しておらず、何者かが後醍醐を陥れようとして仕組んだという、大胆な通説批判を提起している（河内 二〇〇七）。

しかし、『後鳥羽院御霊託記《ごとばいんごれいたくき》』によれば、皇太子時代の後醍醐は、一日で頓写《とんしゃ》させた写経数部を、後鳥羽院の遺骨が葬られた大原法華堂《おおはらほっけどう》に奉納していた（中村直勝 一九三四）。承久の乱で敗れた後鳥羽を意識していたわけであり、早くから反幕的な志向を抱いていた可能性は、やはり否定できないものがある。もっとも、これが実際の討幕計画として具体化するには、引き金となる政治的動機がなければならない。この点を考えるうえでは、やはり皇位継承の問題が関係してくる。

後醍醐は、後宇多院から政務を譲られたものの、やがて皇太子の邦良親王に譲位することは避けられない。さらに、邦良の次には、持明院統の量仁親王（後伏見院の皇子）も控えている。そうなると、尊良《たかよし》親王や世良《よよし》親王ら、後醍醐の皇子が皇位につくことはとうてい不可能であり、尋常の公武交渉をもって解決をはかろうにも期待は薄い。ここに至って、後醍醐は、承久以来、皇位継承を規定してきた鎌倉幕府を打倒し、かつて専制的な権力を振るった歴代の院のように、皇位継承者を決定する「王の人事権」を掌握することを決意したのであろう（美川圭 二〇〇六・二〇一八）。この観点から見るとき、後醍醐が将来的に院政を布く構想を抱いた可能性さえある（坂口太郎 二〇〇八）。

また、『保暦間記《ほうりやくかんき》』によれば、後醍醐の近臣たちが、「関東ノ正体ナキ折節」を述べ、討幕による「公家一統」を進言したという。もはや幕府に朝廷の政道における理非曲直を正す資格はなく、むしろ朝廷が幕府の乱政を是正する番である。事実、討幕計画の急先鋒であった日野資朝らは、そう考えていたのである（『花園天皇日記』元亨四年（一三二四）九月十九日条裏書）。このたくましい自信は、ひとえに鎌倉後期の朝廷が歴代にわたって積み上げてきた、公家徳政の成果に裏打ちされたものであった。

討幕戦が本格化してまもない元弘二年（一三三二）八月二十七日、護良《もりよし》親王（後醍醐の皇子）は、いち

早く高野山《こうやさん》に挙兵を促した令旨《りょうじ》において、

伊豆国在庁であった北条四郎時政《ときまさ》九代の後胤たる高時相模入道《たかときさがみにゅうどう》一族の東夷らは、承久以来、四海を掌に採って、朝廷を蔑如《べつじょ》している。これは乱国の条、下剋上《げこくじょう》の至にほかならない。不埒であるので、速やかに朝敵を誅罰しようと決意されたのだ。

（『紀伊続風土記』高野山之部巻之五十・寺領沿革通紀之中所引）

と高らかに述べる（鷲尾順敬 一九三九）。承久の乱を「下剋上」と位置づけ、その反正を宣言したことは、政治思想史的に注目に値するといえよう。ここには、乱脈な幕府を糺そうとする討幕運動の理念が、明確にうたわれているのである。後醍醐が討幕を決意した時期は、厳密に確定しがたいが、おそらく親政開始後まもなくと考えられる。

後宇多院の死と討幕計画の進行

さて、後醍醐に政務を譲った後宇多院は、大覚寺において病を養う日々を送っていた。ちょうどこのころから、後宇多と後醍醐の間で、次第に不和が募る。詳しい事情は定かではないが、後宇多の近臣の任官をめぐって、後醍醐の意に染まないことがあったためという。加えて、後醍醐と皇太子邦良親王の間柄が円満を欠き、後宇多が孫の邦良に肩入れしたことが、後宇多と後醍醐の関係悪化に拍車をかけた（以上、『花園天皇日記』元亨四年六月二十五日条）。かくして、大覚寺統の分裂は決定的なものとなる。

元亨三年（一三二三）正月、後宇多は、腰痛の再発によって、これまで以上に病苦に悩まされた（『重受記《ちょうじゅき》』「遍智院宮御灌頂事」）。後宇多は平癒を期待したが、病状は一向に改善することなく、翌元亨四年五月二十五日、ついにこの世を去る。享年五十八。

この少し前から、後醍醐は、水面下で周到に討幕計画を進めていた。『増鏡』第十四「春の別れ」は、後醍醐による武力掌握の手だてとして、日野資朝が山伏に姿をやつして東国に下り、あるいは日野俊基も紀伊国《きいのくに》に湯浴《ゆあみ》に下ると称して頻繁に田舎歩きをした、と伝える。そして、『太平記』巻第一によれば、土岐《とき》氏・多治見《たじみ》氏（ともに美濃源氏《みののげんじ》）、錦織《にしごり》氏（近江《おうみ》源氏か）、足助《あすけ》氏（三河《みかわ》源氏）のほか、南都・北嶺の衆徒《しゅと》で応ずる者がいたという。

右の土岐氏・多治見氏は、六波羅の指揮下にいた在京人《ざいきょうにん》と考えられるが、彼ら以外の在京人（吏僚的な存在も含めて）にも、後醍醐による調略の手が伸びていた節がある（森幸夫 二〇二一）。ここで筆者が新たに注目したいのは、元亨四年三月二十三日に、後醍醐が石清水八幡宮寺《いわしみずはちまんぐうじ》に行幸した際の供奉人《ぐぶにん》を記した「石清水行幸供奉人散状《さんじょう》」（『田中穣氏旧蔵典籍古文書』）である。

この文書を見ると、行列の前陣に、建武政権の武者所《むしゃどころ》職員となる左兵衛少尉《さひょうえしょうじょう》小串秀信《おぐしひでのぶ》（篝屋守護《かがりやしゅご》人《にん》）や、護良親王に従って吉野山で討死する左近衛将監石垣宗秀《さこのえしょうげんいしがきむねひで》（紀伊湯浅《ゆあさ》党。上山本『湯浅氏系図』）らがいる。また後陣にも、赤松則村《あかまつのりむら》による六波羅攻めに参陣した頓宮《とんぐう》氏（備前《びぜん》）の一族とおぼしき、右《う》衛門《えもん》少尉頓宮義重《よししげ》がいる。彼らの同族は、いずれも在京人と考えられている人々である（五味文彦 一九七四、外岡慎一郎 一九八四）。在京人には、承久の乱以前から朝廷や貴族に奉公していた武士もおり、その自立度は高かった（木村英一 二〇二二）。後醍醐やその近臣たちは、このような在京人に注目し、行幸などの行事の場で調略していたのではないか。

また、討幕計画との関係で見逃せないのは、元亨四年九月七日に、後醍醐が後院《ごいん》を設置したことである（『弁官補任』。八代國治 一九〇四、坂口太郎 二〇〇八）。伏見親政期のくだりで述べたように、天皇の家政機関たる後院庁《ごいんのちょう》は、やがて到来する院政下の院庁の前身というべき性格を帯び、後院領などの資産を管理する役割を担う。筆者は、後醍醐による後院の設置が、討幕後における院政を見越した布石であったと考えるが、おそらく、後醍醐は、その一環として、これまで後宇多院が保有していた院領を後院領として位置づけ直し、これらの掌握を企図したのであろう。

その意味で興味深いのが、『太平記』巻第四で、後醍醐方の武士として颯爽《さっそう》と登場し、中国故事をもって後醍醐を励ます児島三郎高徳《こじまさぶろうたかのり》（古写本の西源院本《せいげんいんぼん》では今木《いまぎ》三郎高徳）である。高徳は、『太平記』に否定的な明治期の学界でその実在が疑われたが、大正期に中世史家として活躍した八代國治《やしろくにじ》氏（図74・75）は、高徳の一族の苗字地から彼を備前国豊原荘《びぜんのくにとよはらのしょう》（現岡山県瀬戸内市邑久町）の武士と推定した（八代 一九二二）。この見解は、児島氏の一族と考えられる今木氏・大富《おおどみ》氏（ともに後醍醐方の武士）が、豊原荘のある邑久《おおく》郡周辺で活動していたことを解明した、藤井駿《ふじいしゅん》氏の考証によって補強されている（藤井 一九四二）。

図74 八代國治氏 『国史叢説』（吉川弘文館，1925）

そして、八代氏が注目した豊原荘とは、実は、後院領の由緒をもつ肥沃で広大な荘園であった（高橋一樹 二〇〇〇、橋本道範 二〇〇六）。児島高徳の実在についてはなお議論を要するかもしれないが、後醍醐が右の武士たちと接点を結んだのは、元亨四年に改めて後院領となったと考えられる、豊原荘を媒介とした可能性が高い。実に、後醍醐の武力編成は、さまざまな手立てを用いて進められていた。

図75　八代國治氏の墨跡
自筆稿本『北畠顕能』大正9年2月1日識語より
筆者所蔵

後醍醐は、無礼講《ぶれいこう》（破仏講《はぶつこう》とも）と称する会合を開き、そこには日野資朝・俊基らをはじめとする、多くの僧俗が参加していた。『花園天皇日記』元亨四年十一月朔日《ついたち》条や『太平記』巻第一によれば、彼らは、衣冠を着さず、ほとんど裸形同然の体であったという。ここで討幕の謀議が凝らされた。

土岐騒動

元亨四年（正中元年、一三二四）の討幕計画における第一の標的は、六波羅であった。九月二十三日の北野祭の騒ぎに乗じて六波羅を急襲し、北方探題北条範貞《のりさだ》を誅殺する。その後に山門・南都の衆徒が宇治・勢多《せた》を固めるという手はずが整った（『花園天皇日記』元亨四年九月十九日条裏書）。十六日、美濃から土岐十郎が手勢を率いて上洛した（図76、『内山御所毎日抄』）。十郎以外にも、土岐一族の多くが陰謀に加担した可能性が指摘されている（佐々木紀一 二〇一三）。

ところが、十郎と同じ日に上洛した土岐左近《さこん》蔵人の密告によって、事は露顕した。十九日の早朝、十郎と多治見国長《くになが》が滞在する四条坊門・三条高倉の宿所は、六波羅の討手による急襲をうけ、激闘の末に十郎と国長は自害する。洛中では、恐怖で色を失った人々が、「承久以来、このような珍事はな

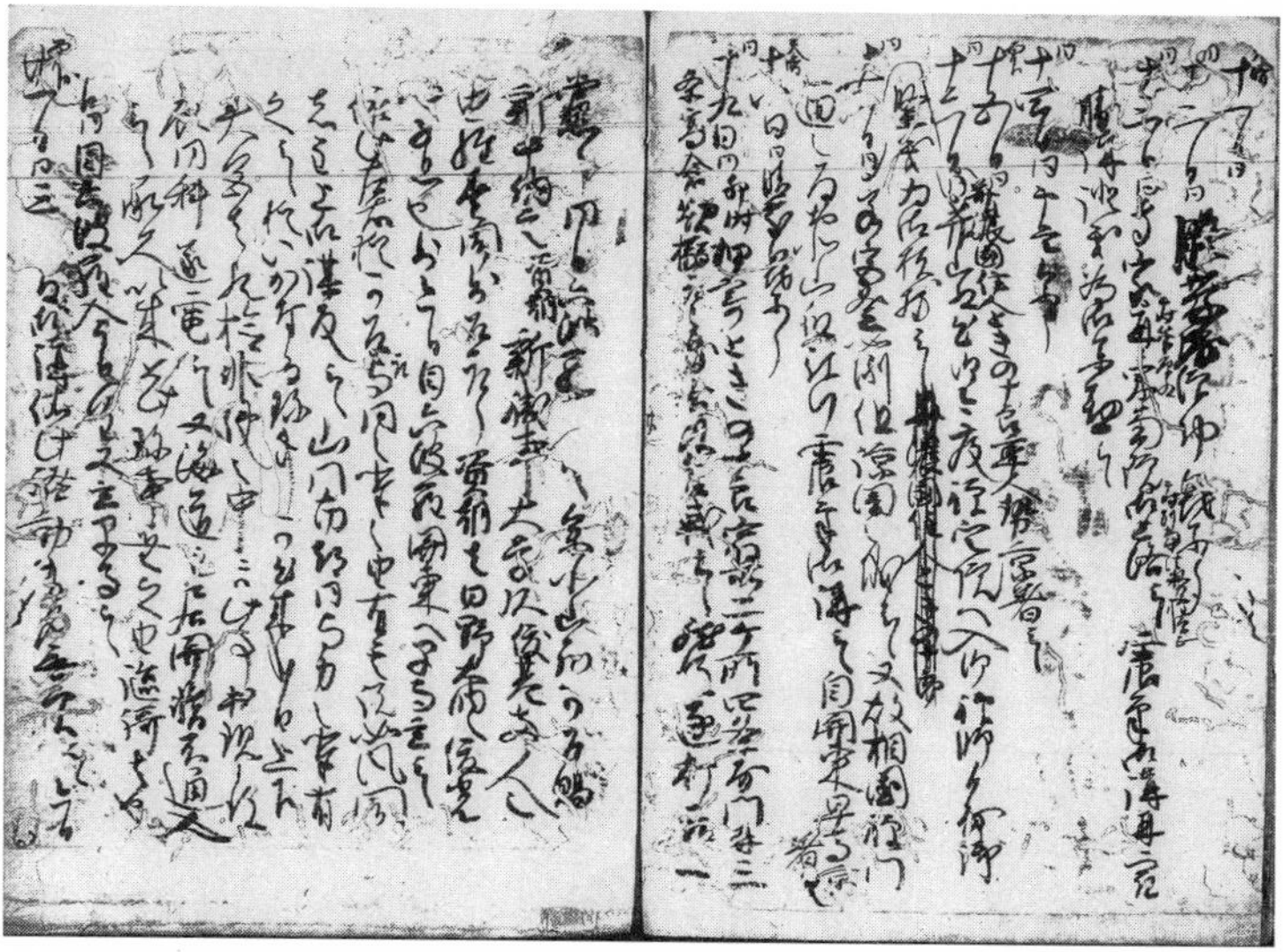

図76　『内山御所毎日抄』元亨4年9月11〜21日条　国立公文書館所蔵大乗院文書

かった」と取り沙汰したという（図76、『内山御所毎日抄』）。六波羅は、畿内近国の御家人を召集し、鎌倉に早馬を打った。

おりしも後醍醐は、二年前に亡くなった西園寺実兼の追善仏事に出席すべく、西園寺家の北山《きたやま》邸に行幸中であったが、事件の報に接して狼狽を禁じえず、六波羅による日野資朝・俊基の引き渡しの要求にたいしても、返答が前後で相違したほどであった。その晩、資朝らは六波羅に出頭し、身柄を拘束された。

この事件については、一般に「正中の変」と称される。しかし、事件の段階でまだ年号は「元亨」であるし（「正中」への改元は十二月九日）、何よりも当時の人々は、首謀者の土岐十郎にちなんで「土岐騒動」と称していた（『鎌倉遺文』四二一―三二八二八、

『元徳二年三月日吉社並叡山行幸記』律六など）。およそ鎌倉後期では、流血を伴う政治事件を、「二月騒動」や「霜月《しもつき》騒動」のように称することが多い。ゆえに、この事件についても、「土岐騒動」という呼称こそ、ふさわしいのではあるまいか。

さて、後醍醐は、九月二十三日に万里小路宣房を勅使として、鎌倉に派遣した。宣房は必死に陳弁につとめ、十月二十二日に帰京した。後醍醐への糾明はなかったが、日野資朝・俊基とその関係者らが鎌倉に送られ、翌年の正月末まで詮議が行われる。やがて資朝は佐渡に流され、俊基は釈放されて帰京した。

土岐騒動にたいする幕府の処置は、実に穏便に過ぎるほどであった。この背景には、得宗北条高時とその実弟泰家《やすいえ》の対立という、政治不安を抱える幕府の事情が関係していた（筧雅博　二〇〇九）。また、後醍醐の責任追及を徹底することで、反幕分子の暴発など予想外の変事が生ずるのを、幕府は警戒したとも考えられる。

万里小路宣房が帰京する少し前の十月十三日、邦良親王の使者として鎌倉に下向していた六条有忠《ろくじょうありただ》が上洛し、「御吉事」すなわち邦良践祚が実現する見込みがあることを言上した（『花園天皇日記』）。幕府が後醍醐に退位を迫ることはなかったが、後醍醐にとって油断できない状況は続く。

土岐騒動による討幕計画の失敗と、対立する党派の猛烈な攻勢。このような状況下にあっても、後醍醐の討幕運動への決意は、いささかの揺らぎも見せなかった。かくして、鎌倉幕府の終焉は目前に迫り、京都をめぐる時代の動きは新たな段階を迎えるのである。

九　七条町の殷賑

1　京都七条町の成立

武器・武具の供給地

「七条町」とは平安京において、左京八条三坊の町尻小路《まちじり》と七条大路の交差する地点を意味するのだが、研究上は「三条町」や「四条町」と同様に、その周辺を含む町屋《まちや》商工業区として概念化されている。ちなみに、平安京では七条大路と八条大路の間の東西の空間を八条と呼ぶので、七条町といっても八条（左京八条）に属することになる。現在のJR京都駅北側の一帯がその中心ということになる（山田邦和 二〇〇九、堀内明博 二〇〇九）。

もともと、この北西に隣接するあたりには平安京の公設の市場である東市《ひがしのいち》が置かれていた。『延喜式《えんぎしき》』によると、東市の専売品には太刀《たち》・弓・箭《や》・鐙《あぶみ》などの武具・馬具や金属加工品があり、平安中期以降、この周辺にはこれら金属製品の生産者が集住するようになって、私的に品物を売る屋舎を営むようになったらしい。

こうして成立した七条町の発展に拍車をかけたのは、十一世紀後半ごろから周辺に続々と有力権門の邸宅が構えられたことである。まず、白河《しらかわ》院の院御所として中院《なかのいん》・六条院が置かれ、その周辺には院近臣《いんのきんしん》のみならず河内《かわち》源氏・摂津《せっつ》源氏など、武士（軍事貴族）の亭も構えられるようになる。院御所の警固《けいご》という職務上の要請とともに、武器・武具の供給の利便があったためと思われる（野口実 二〇一〇）。

洛外の六波羅《ろくはら》を本拠とした平家が洛中の西八条に進出した理由の一つも、この七条町の存在に求めることができるだろう。平家一門の六波羅から西八条への進出は、平治の乱以降における、その政治的地位の上昇を前提とするものであるが、平家の軍事権門的性格と日宋《にっそう》貿易への積極的介入も、その背景として看過しえない。すなわち、前述のように、東市は武器・馬具を専売品としており、その生産・販売が七条町に継承されたと考えられるからである。それは考古学的な調査によっても確認されており、八条三坊二町（現、新京都センタービル敷地）の発掘調査では、生産時期が平安末期から鎌倉中期と想定される刀装金具の鋳型《いがた》が検出されている。このことから、七条町が平家一門の軍事力を支える武器の供給地としての機能を有していたことはほぼ間違いあるまい。ちなみに、『吾妻鏡《あずまかがみ》』文治二年（一一八六）二月二十五日条には、「或いは不善の者、北条《ほうじょう》殿の下知《げち》と称し、七条細工の鐙《あぶみ》を押し取らんと欲す」とあり、十二世紀末の七条町で馬具の製造も行われていたことが知られる。

一方、日宋貿易とのかかわりにおいても、七条町は重要な役割を果たしたものとみられる。『新古《しんこ》今和《きんわ》歌集《かしゅう》』の撰者に選ばれながら、撰集にあずかることなく入寂した寂蓮《じゃくれん》の歌集（『寂蓮法師集』）には、次のような詞書がみえる。

隆房《たかふさ》卿別当《べっとう》のとき、都の政みなむかしにあらためられけるとき、七条の市のたちけるを追はせければ、上の三条四条のあせたりけるに、もとのごとくむらがりわたりければ、よみて遣しける

藤原隆房が別当（検非違使《けびいし》別当）となったのは、平家滅亡から二年以上経った文治三年（一一八七）九月のことであるから、ここでいう「むかし」とは平家政権以前のことと判断される。とすれば、平家政権の時代、京都の経済は七条の市町《いちまち》に集中し、それによって三条・四条は「あせたりける」（衰微してしまった）ありさまであったことになろう。

平家は仁安三年（一一六八）七月、平時忠《ときただ》がはじめて別当に就任して以来、治承五年（一一八一）五月に時忠《ときただ》が母の喪《も》に服するまでの間、一門で検非違使別当の地位を独占し、京都における貨幣経済・商品流通の統制をはかっていたから、七条町への都市経済の集中は政策的措置にもとづくものとみてよい。そして、その背景として日宋貿易の積極的展開が存在したのである。周辺の発掘調査の結果、鎌倉時代前半の地層から、放棄された大量の輸入陶磁器が検出されており、これはその状況証拠といえるであろう。

八条院の空間

さらに十二世紀後半、鳥羽《とば》上皇の皇女で後白河《ごしらかわ》院の異母妹にあたる八条院暲子《はちじょういんしょうし》内親王が、八条三坊に御所・院庁《いんのちょう》・御倉町《みくらまち》を置いていたことは、七条町の殷賑を決定的なものとした。ここはまさに、現在の京都駅の周辺に位置する。

暲子内親王は、二百三十ヵ所にも及ぶ王家領の荘園を伝領し、当時最大の荘園領主であった。彼女の御所は八条三坊十三町、家政機関の置かれた八条院庁は十一町、諸国の荘園から貢上された品々を

貯蔵する倉や工房の置かれた「御倉」は十四町にあり、八条院領として八条二坊十二町・三坊四町・六町・十五町・四坊二〜五町が付属していた。さらに、周辺には院の別当であった平頼盛《よりもり》など、彼女に奉仕する貴族たちの亭が立ち並んでいたから、八条東洞院《ひがしのとういん》を中心とする一帯は、あたかも八条院の都市といってもよいほどの空間を作り上げていたのである（第一章1の図3参照）。なお、八条院の御所や政庁・御倉町などの置かれた土地＝「八条院領」は、鎌倉時代の末に至って東寺《とうじ》に寄進され、その後は「八条院町」と呼ばれるようになった（鋤柄俊夫 二〇〇八、山本雅和 二〇〇六）。

さて、七条町の発展を加速させた要因としては、ほかに、七条の末（七条大路を東に鴨川《かもがわ》を越えたところ）に後白河院（八条院の兄）の院御所法住寺殿《ほうじゆうじどの》が造営されたことも加えることができるだろう。また、法住寺殿の北に隣接する平家の本拠地六波羅も、七条町で生産された武器や経済活動に大きく依存したはずである（野口実 二〇〇六）。

七条仏所

寄木造《よせぎ》りで有名な定朝《じようちよう》の門弟（子とも）寛助《かんじよ》の子院助《いんじよ》（長勢《ちようせい》の子とも）によって、七条大《おお》宮《みや》に仏所《ぶつしよ》が開かれたのは、この地に金属工が多く、仏具の飾り金具の入手に利便があったからであろう。定朝系の仏師は院派《いんぱ》と呼ばれたが、十二世紀末ごろの院派京仏師の中心人物は院《いん》尊《そん》と院実《いんじつ》で、彼らは平家の南都《なんと》焼き討ちで焼失した興福寺《こうふくじ》の造仏など、大寺院の再建修理に追われた。こうした需要を背景に奈良仏師の慶派《けいは》も京都に進出して七条東洞院に仏所を開くに至る。文治三年（一一八七）十月、院派の仏師弁忠《べんちゆう》が左京八条一坊十六町（塩小路櫛笥《しおこうじくしげ》）内の土地を、蓮華王院《れんげおういん》（三十三間堂《さんじゆうさんげんどう》）の千体の観音像のうち中破した二十体の御仏の修理料として入手したことが知られる。弁忠が修理料としてこの土地を手に入れたのは、仏所の近くに住宅と工房を求めたことによるのであろう（戸田芳実 一九七四）。

七条仏所の仏師をはじめ、特殊な技術をもつ手工業者、当時の言葉でいえば「道々の細工」こそが、このころの七条町の主人公であった。彼らは官衙《かんが》や権門貴族の家政機関に所属して生産活動に従事したのである。

茨城県古河《こが》市小堤《こづつみ》の円満寺《えんまんじ》には、平安時代末期の金銅独鈷《とっこ》杵《しょ》と金銅五鈷《ごこ》杵が伝えられている。ともに密教の法具で、京都から将来されたものという（内山俊身 二〇〇五）。とすると、その製作地の第一候補はいうまでもなく七条町ということになるであろう。『新猿楽記《しんさるがっき》』にも、この地で「香炉《こうろ》・独鈷・三鈷《さんこ》・五鈷・鈴・大鐘」など、寺院で用いる金属製品が生産されたことが記されている。

一方、京都七条町の工人が地方に出かけ、技術指導をして製造されたと考えられる遺物も存在する。平泉志羅《ひらいずみしら》山《やま》遺跡から出土した「鉄鴛鴦文銅象嵌鏡轡《てつえんおうもんどうぞうがんかがみぐつわ》」と、京都東山区法住寺殿跡から出土した「鉄鶴文銅象嵌金銀鍍鏡

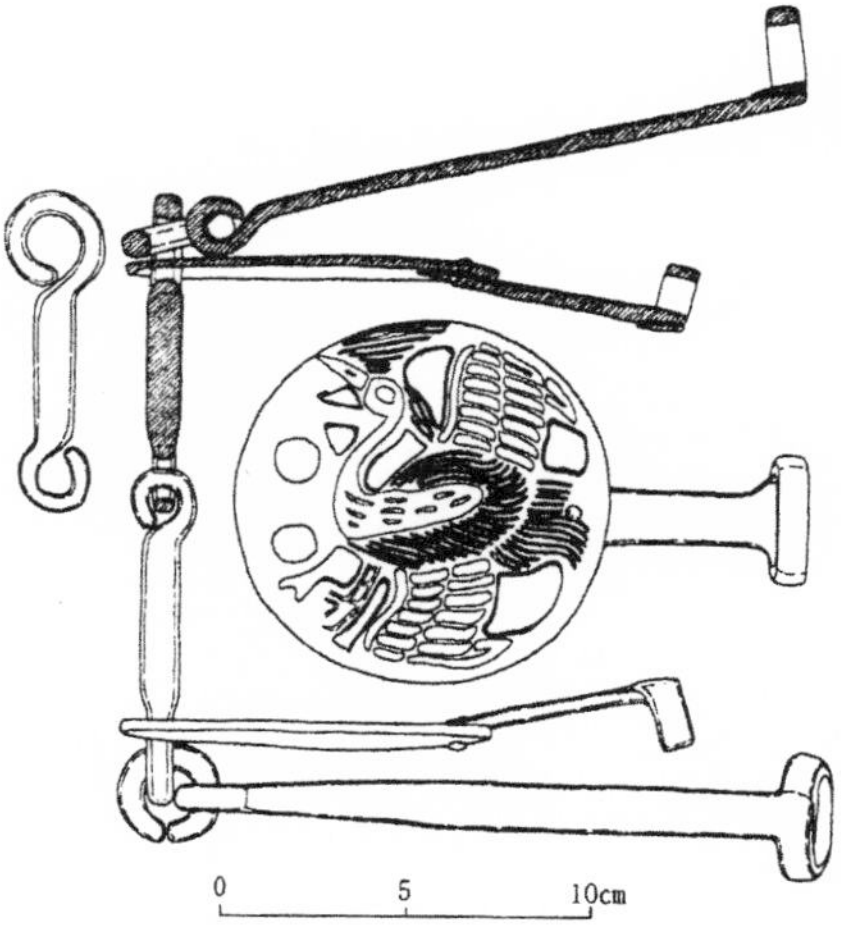

図77　法住寺殿跡出土の轡復元図
寺島孝一・片岡肇『平安京跡研究調査報告　第13輯　法住寺殿跡』古代学協会，1984年より

轡」（口絵参照）は、ともに十二世紀後半の作で、形式も文様表現の技法も極似する。しかし、鍛造・象嵌の技法において両者には相当の懸隔があるので、同じ工房で製作されたものとは見なしがたい。したがって、「志羅山轡」は平泉で製作された可能性がきわめて高く、平泉の金工工房には、平安京工房から来た工人と在地の工人の両者が存在したと考えられる。おそらく、京都七条町の熟練工人の招聘には、院や摂関家《せっかんけ》など京都権門と太いパイプを有していた平泉藤原氏が直接かかわっていたはずである（久保智康 二〇〇〇）。

2　金融街としての七条町

平家が滅亡し、八条院の御所も荒廃してしまった十三世紀以後も、七条町は商工業者、とくに土倉《どそう》（金融業者）の集住地として殷賑をきわめていたようである。藤原（広橋《ひろはし》・勘解由小路《かでのこうじ》）経光《つねみつ》という貴族の日記『民経記《みんけいき》』の寛喜三年（一二三一）六月三日条には、次のようにある。

「商賈充満」

夜半、塩小路西洞院《にしのとういん》辺りに炎上ありと云々、□町に至るまで焼失すと云々。件の町、頗る潤屋と云々。所謂《いわゆる》、金源三某を号する者の余流等、此所に居住すと云々。群盗囲み来たるのところ、その隙を得ず、相戦うの間、空しく逐電《ちくでん》の後、放火す。□もっとも恐るべし恐るべし。此の間、炎上隙なし。これを如何《いかん》せん。

まさに七条町のエリアに属する塩小路西洞院あたりで群盗による火災が発生したが、このあたりの町は「頗る潤屋（富裕な家）」が多く、ここの住人たちは「金源三」なる者の余流と称していたのだという。さらに、藤原定家《さだいえ》の『明月記《めいげつき》』天福二年（一二三四）八月五日条にはこうある。

一昨日の火事の実説は、烏丸《からすま》西、油小路《あぶらのこうじ》東、七条坊門南、八条坊門北、地を払い焼亡す。土倉員数を知らず。商賈充満し、海内の財貨ただ其の所に在りと云々。黄金の中務《なかつかさ》を其の最となす。翌日より皆造作すと云々。商賈富有の同類相訪わば、山岳のごとく積み置く。まず大路を隔てて、おのおの幔《まん》を引き、其の中の境《さかい》に居る。飯酒肴あげて計うべからず。

この記事によると、七条町には「海内の財貨」を貯蔵した裕福な土倉が多く、なかには「黄金の中務」というニックネームをもつものもあり、火災に遭遇しても翌日から「造作」に取りかかるほどの豊かさであったことを知ることができる（野口実　一九九五）。

女商人の活躍

中世の京都において女性の商人が活躍したことは、すでに指摘されていることであるが、この七条町ではそれがとくに目立つようである。たとえば、国宝『白氏詩《はくしし》巻《かん》』の跋文《ばつぶん》には、保延六年（一一四〇）十月二十二日の朝、能書で知られた貴族の藤原定信《さだのぶ》の亭に二つの巻子本《かんすぼん》を売りにきた女がいたが、彼女は塩小路北・町尻西に住む「経師《きようじ》」の妻で、しばしば定信の亭に美術品を商いにきていたらしく、定信の先祖にあたる行成《ゆきなり》の筆になるこの『白氏詩巻』を売りつけるのに成功して、喜色満面で帰っていったことが記されている。きわめつけなのが、十二世紀に成立した『病草紙《やまいのそうし》』に見える肥満の借上《かしあげ》（金融業者）の女で（口絵参照）、その詞書には、

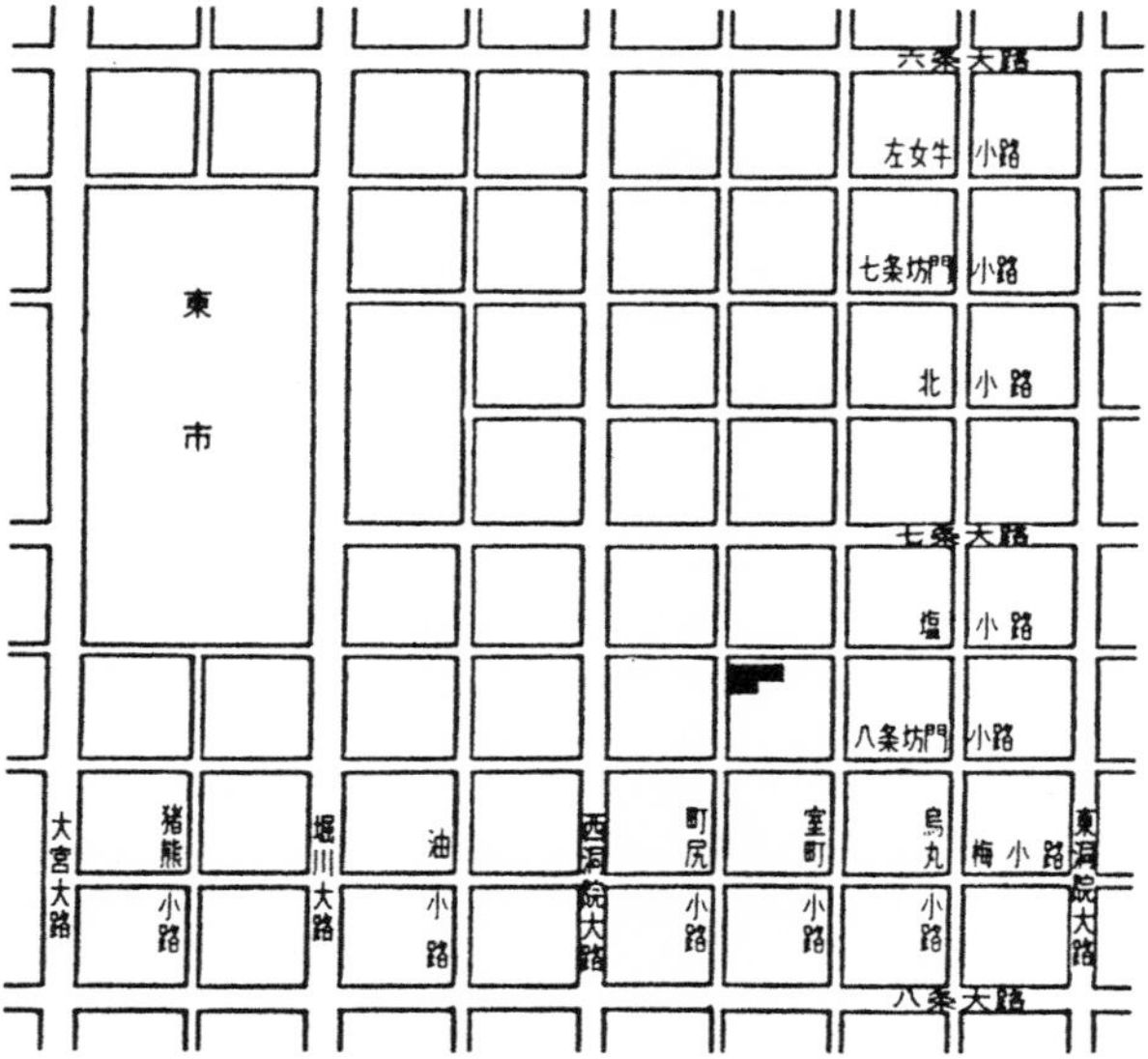

図 78　左京八条三坊七町周辺図（黒印が調査地点）
鈴木忠司編『平安京左京八条三坊七町—京都市下京区塩小路町—京都文化博物館（仮称）調査報告』一，1988 年より

　ちかごろ、七条わたりにかしあげ《借上》する女あり。いゑとみ《家富》、食ゆたかなるがゆへに、身こへ、しゝ《肉》、あまりて、行歩たやすからず。

とある。つまり、七条のあたりに借上を営む女がいて、裕福なために美味いものばかり食べた結果、肥満となって歩くことも困難になった、という次第。もちろん、これはフィクションではあるけれども、当時そういう女性が七条町に住んでいたと考えてもおかしくない状況が現実にあったゆえの設定なのである。

七条町の終焉

　一九八七年の二〜六月の間に(財)京都文化財団によって実施された関

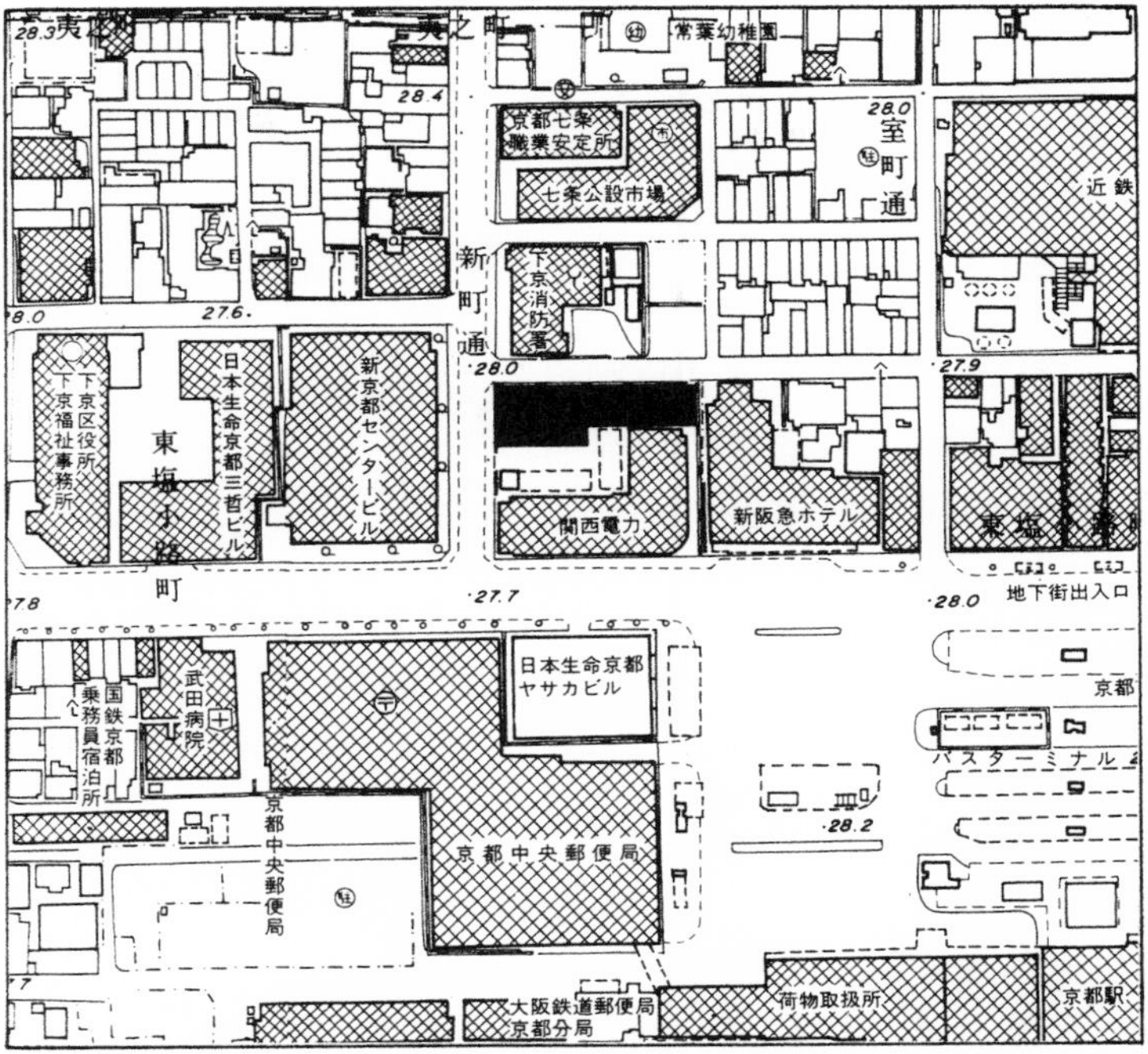

図 79　遺跡の位置（黒印）と周辺の調査地（地図情報は調査時点）
鈴木忠司編『平安京左京八条三坊七町―京都市下京区塩小路町―京都文化博物館（仮称）調査報告』一，1988 年より

西電力京都支店構内（左京八条三坊七町）の発掘調査は京都文化財団歴史研究室に所属する考古学者である鈴木忠司氏と山下秀樹氏が担当されたが、私も文献史学の立場から調査員に加えていただいたので、やや詳しく述べておきたい（野口実一九八八a・b）。

遺跡は、現代の住所表示に従えば、京都市下京区塩小路通烏丸西入東塩小路五七九。京都駅北口前を東西に通る塩小路通と、南北方向の新町《しんまち》通とに接する関西電力京都支店の構内で、東《ひが》

図80　出土した埋納銭
山田邦和編『京都・激動の中世—帝と将軍と町衆と—』（京都文化博物館展覧会図録，1996年）より

本願寺《しほんがんじ》から南に一五〇《メートル》に位置しており、七条町のエリアでは西南の端のあたりに相当する。

前述のように、この地は平安京東市の周縁部にあたるが、平安初期の段階では条坊とは無関係に幅一〇《メートル》前後の自然流路が幾筋か走っており、八条三坊二町の溝下層からは人面墨書土器《じんめんぼくしょどき》などが出土していることから祭祀の場であったと考えられ、調査地の井戸底からも土馬《どば》が見つかっている。

その後、都市整備が進み、東市が消費経済の拠点となったことから、このあたりは貴賤の往来がはげしく、庶民的な雰囲気も漂う活況を呈した地域となる。さらに律令官制外の手工業者が台頭するようになると、彼らは町《まち》尻《じり》小路（町小路とも。現在の新町通）に沿って店舗を構えるようになり、ここがメインストリートとなっていく。

十世紀を降ると、左京八条にも貴族の邸宅が営まれるようになり、十二世紀になるとそれが急激に増加し、白河院の近臣や鳥羽院の寵姫美福門院《びふくもんいん》（藤原得子《とくし》）の御所などが立ち並ぶようになる。先に触れた八条院御所（居亭）は美福門院から継承したものである。

このころ、七条町に住んだ商工業者を文献からうかがうと、鍛冶・鋳物師《いもじ》・銀金の細工・薄打《はくうち》・経師・銅細工などが所見する。これを前提に仏所が開かれたり、武器・武具の工房が設けられたことは前に述べたとおりで、あたかもコンビナートのような手工業空間が現出したのである。

七条町が金融街として発展を遂げたことは、『病草紙』に描かれた「借上の女」や、『明月記』などの記録にみえる「金源三」や「黄金の中務」からうかがい知れるが、それを明確に示す遺物が発掘調査によって検出されている。

それは、二つの土壙から検出された三万千四百十五枚に及ぶ大量の埋納銭である。十四世紀の半ば、六波羅探題の滅亡から南北朝動乱の過程で、七条町周辺は幾度か戦塵に見舞われている。発見された大量の銅銭《どうせん》の埋納時期はちょうどこのころと推定されるから、居住者が戦乱から私財を守るために一時的に埋め隠したものが、そのままにされたものなのかもしれない。銭は曲物《まげもの》に収められ、九十七枚ずつの緡銭《びんせん》（さしぜに）の状態で見つかった。これは「省百法《せいひやくほう》」といって、一緡は百文として扱われるきまりになっていたのである。

この時代を過ぎると七条町は荒廃したらしく、土師皿《はじざら》集積壙や集石にみられるように祭祀や墳墓地に転換する。十五世紀半ばまでの間に一部で金属加工や鋳造が行われ、ある時期には一定程度の町屋が塩小路ないしは町通りに面して存在したことがうかがわれるものの、応仁《おうにん》・文明《ぶんめい》の大乱ののち、洛中の南限は五条となり、七条は市街からはずれ、洛外となってしまうのである。調査地においても十六世紀以降の遺構はまったく検出されなかった。

コラム5　描かれた京

中世の京都を描いた絵は数多い。宮廷貴族の雅やかな生活ぶり、四季折々の風景、参詣の人々で賑わう寺社。しかし、中世日本最大の都市としての京都の息吹を伝えるのは、なんといっても躍動的な民衆の姿であろう。

図81　『年中行事絵巻』の一場面　個人蔵

井戸のまわりに集まる女たちを描いた『扇面古写経《せんめんこしゃきょう》』（十二世紀後半）、官祭《かんさい》から都市民を主人公とする祭礼に発展した祇園会《ぎおんえ》や稲荷祭《いなりまつり》を描く『年中《ねんちゅう》行事《ぎょうじ》絵《え》巻《まき》』（十二世紀末）。『年中行事絵巻』には、商工業者の住む町屋《まちや》も描かれており、ある家では魚を売る女性が手をかざして毬杖《ぎっちょう》で遊ぶ子どもたちをながめている様子も見られる。

鎌倉時代につくられた絵巻物には、この時代の京都市民の暮らしぶりがきわめてリアルに活写されており、文献史料では知ることのできない日常的な部分まで、いろいろな情報を得ることができる。そうしたなかで、民衆という観点からもっとも注目されるのは『一遍上人絵伝《いっぺんしょうにんえでん》（一遍聖絵《ひじりえ》）』（十三世紀末）であろう（カバー写真参照）。

この絵巻には、四条橋や貴賤の群衆で賑わう四条京極《きょうごく》の時宗《じしゅう》道場（金蓮寺《こんれんじ》）、六波羅探題による京都市中の支配を具体的にうかがわせる篝屋《かがりや》（楯を並べた番所《ばんしょ》と、少し離れたところに立つ櫓が一体となっているらしい）、筏《いかだ》に組んだ材木を流している堀川《ほりかわ》、踊り念仏の熱狂に身を委ねる市屋道場（金光寺《こんこうじ》）の聖たちなど、鎌倉時代の京都の活況と民衆の躍動をうかがうに足る場面がふんだんに展開されている。しかし、この絵巻の最大の特徴は、中世後期以降、卑賤視の対象とされた非人《ひにん》・癩者《らいしゃ》や乞食が多くの場面に登場し、しかも彼らにたいする差別的な視線が感じられないことである。

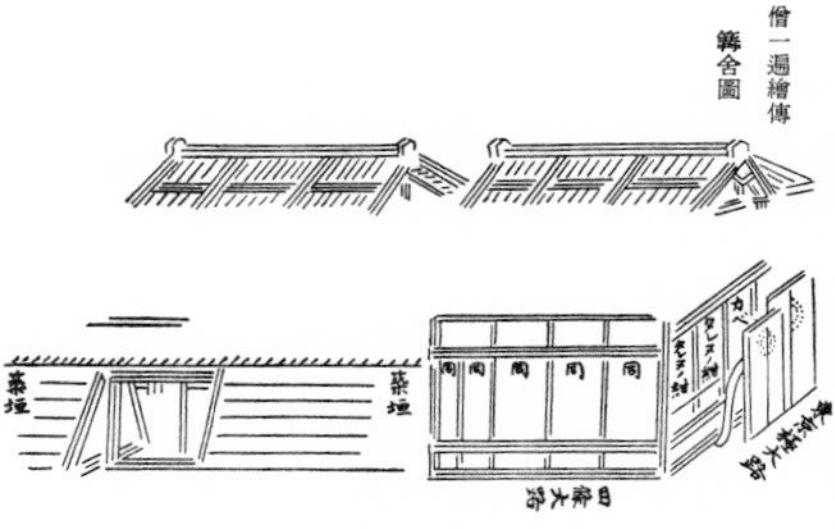

図82　篝屋（篝舎）
『大内裏図考証』巻第一之下付載の「僧一遍絵伝篝舎図」（『新訂増補故実叢書』より）

図83　『餓鬼草紙』の一場面　京都国立博物館所蔵，ColBase より

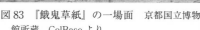

これは同様に中世後期以降、徐々に社会的地位を低下させていった女性にもいえることで、一人旅をする女性が描かれていることなどから、当時の女性のあり方をうかがうことができる。

一方、多くの人々の集住した京都には深刻な「都市問題」や公害が発生する。通りの一角が庶民の排泄の場と化してしまったり、疫病《えきびょう》の流行や飢饉《ききん》による大量の餓死者の発生は京都を連年のように苛んだが、地方からの窮民が集まった鴨の河原や、鳥部野《とりべの》などの葬地に現出した地獄のような光景を伝えてくれるのが『餓鬼草紙《がきぞうし》』（鎌倉初期）である。

鎌倉時代の京都を知るための資料は、なにも文献史料や考古学的成果にのみ求められるのではない。この時代に描かれた数多くの絵画作品からは、人々のすがたやしぐさからも、さまざまな情報を読み取ることができるのである（黒田日出男 一九八六）。

中世都市への変貌——エピローグ

「鎌倉時代」像の再検討

歴史的画期として、鎌倉に源頼朝政権（鎌倉幕府）が成立したことは、かつて想定していたほど重要ではなく、院政期の方にこそ大きな意義が見いだされる——という理解は、最近の研究成果に共有されるところである。たしかに院政下に成立した軍事・警察体制は一時、後白河《ごしらかわ》院政の下で混乱したものの、鎌倉幕府の成立によって安定したし、荘園公《こう》領《りよう》制も守護・地頭制のもとで安定を得た。

これまでの鎌倉時代の通史は、「中世」を体現する鎌倉幕府が王朝政府を克服してゆくという見方に立って、幕府の政治史の枠組みでとらえられてきた。だから源頼茂《よりもち》の事件のように、実は朝廷内の政争で生じたとみられるような事件も、幕府の問題としてとらえてしまうようなこともあったのではないだろうか。承久《じようきゆう》の乱の評価についても、頼朝死後に発生した幕府内における権力闘争の清算という側面はあまり強調される必要はない。

かつて、都市論でも中世前期における都市の典型は鎌倉や平泉《ひらいずみ》に求められていた。しかし、研究の進展に伴い、実はそのモデルプランが中世都市として変貌した京都、すなわち平安京域の周辺に造成された王家の白河《しらかわ》・鳥羽《とば》・法住寺殿《ほうじゆうじどの》、摂関家《せつかんけ》の宇治《うじ》、あるいは武家の六波羅《ろくはら》にあったことが明らかにされてきたのである（野口実 二〇〇六・二〇〇九）。

宗教にたいする理解も同様である。かつては旧仏教（南都六宗《なんとりくしゅう》と天台《てんだい》宗・真言《しんごん》宗＝顕密《けんみつ》仏教）を古代仏教、浄土真《じょうどしん》宗・日蓮《にちれん》宗などのいわゆる鎌倉新仏教を中世仏教という枠組みでとらえてきたが、実際は顕密仏教も中世的な変貌を遂げつつ、社会のあらゆる領域に影響力を与えながら多数派を占め続けており、浄土真宗や日蓮宗などが発展するのは戦国時代になってからのことだったのである（平雅行 二〇〇七・二〇〇八）。京都は顕密仏教の中心であり、鎌倉新仏教と呼ばれるものでさえ、その成立・存立は京都なくしては考えられない。なお、寺院がたんに宗教上の存在ではなく、巨大な消費集団であるとともに、荘園領主として、その支配を支える機構を有する存在であったことも忘れてはなるまい（井上満郎 一九八二）。

中世京都の明暗

こうした宗教勢力の空間も含めて、この時代の京都の市街地面積は鎌倉の五〜七倍、人口は二〜三倍はあった（山田邦和編 一九九六）。家地《やち》などの取引は米よりも銭《ぜに》で行われるのが一般で、こうした貨幣流通の進展は、急速な商業発展を示すものといえる。その空間的な中心は室町・西洞院《にしのとういん》間の帯状の地域で、とりわけ三条町・四条町・七条町といった町（町尻《まちじり》）小路と東西の大路との交差点は殷賑を極めたのであった（林屋辰三郎編 一九七二）。これらの地域はその繁栄のゆえに火災が頻発したり、群盗の襲撃をうけることもあったが、『病草紙《やまいのそうし》』に描かれた借上《かしあげ》の女のように、身をもって富裕を体現するような人たちが活動していたのである（口絵参照）。

しかし、その七条町から東へ数百《メートル》しか離れていない鴨川《かもがわ》の河原には、『餓鬼草紙《がきぞうし》』にみられるような地獄の風景が現出することもあった。とくに寛喜《かんぎ》の飢饉《ききん》に際しての惨状は、まさに都市としての京都の脆弱さを露呈させるものであった。河原はまた被差別民の住むところであり、そこは王都の聖性を維持するために排出された穢《けがれ》を引き受ける場でもあった。まさに京都には、中世の明と暗が交錯していたのである。

公武権力のせめぎあい

この時代、京都を中心とする畿内《きない》近国は、伝統的な勢力と新興勢力がせめぎあっていて、あらゆる局面において支配の難しい地域であり、為政者にとって、それらの利害調整をはかるのは容易なことではなかった。寺院内紛争、寺社同士の抗争、寺家・武家・公家のさまざまな争いが噴出してくる状況のなかで、承久の乱後の幕府（武家）は、すべてにおいてその矢面に立つことを余儀なくされていった。幕府が勢力を拡大すればするほど、幕府への風圧は強くなり、ついに崩壊に至ることとなるのである。

承久の乱に勝利した結果、幕府は公家政権にたいする影響力を格段に強くしたが、分裂した王家の対立抗争への対応に苦慮することとなった。こうした政治的な問題と文化状況は即応するものがあり、和歌の世界では、勅撰集撰集への幕府（および鎌倉武士）の関与がみられたり、二条派と京極《きょうごく》派の対立を生じさせている（小川剛生 二〇一七）。一方、モンゴル襲来による神国思想の勃興は、後宇多《ごうだ》院による密教受法、伏見《ふしみ》天皇による即位灌頂《かんじょう》の創始にみられるように、王権（天皇制）と仏教の一体化をも促進させたのである。

承久の乱後、公家と武家の協調は深められたが、後宇多・伏見という治天《ちてん》の君《きみ》たちのもつ政治的個性、廷臣たち（たとえば吉田定房《よしださだふさ》）の政治思想・実力は、鎌倉後期史を考えるうえで重要である。とくに後宇多の場合、幕府の意向を確認せずに西園寺公衡《さいおんじきんひら》を勅勘するような専制的な一面をもっていた。王家が大覚寺《だいかくじ》・持明院《じみょういん》の両統に分立したことにもとづく公家徳政《とくせい》の展開が、承久の乱で敗北した公家政権に自信をもたせ、後醍醐《ごだいご》天皇に討幕を決意させる背景となった。天皇による討幕は、承久のリベンジという意味をもっていたのである。そして、鎌倉幕府（北条《ほうじょう》氏得宗《とくそう》家）が全国的に掌握していた権力が滅ぼされたことで、京都の存在感はさらに上昇することとなった。

「武家」の還京

「鎌倉元のごとく柳営《りゅうえい》たるべきか、他所たるべきや否やの事」（『建武式目』）――鎌倉幕府に叛旗を翻し、さらに建武《けんむ》政権を倒した足利尊氏《あしかがたかうじ》にとって、幕府開設の場所を鎌倉にするかどうかということは、もっとも重大な問題であった。尊氏からの諮問に応えて是円《ぜえん》房道昭《ぼうどうしょう》（中原章賢《なかはらのりかた》）ら法曹吏僚は「衆人の情（望むところ）」に従うべしとした。

尊氏が現実の状況を踏まえ、あえて幕府を京都に定めたことは、新しい幕府が、もはや鎌倉幕府のように、二つの政権が地理的にも政治的にも一定の距離を置いて、協調と競合を繰り返しながら、国家権力を相互補完する体制を目指すのではなく、公家・寺社権門をその支配の下に置こうとする方向に向かったことを意味した（京都文化博物館学芸第二課編　一九八八）。

その結果、武家の所在地が京都に戻されることによって両者は空間を共有することとなり、一種の「徳政」が実現したのだが、それはかつてのように武家が朝廷に従属する権門としての形ではなく、政治の主導権は武家が掌握して、王朝政府は武家の庇護のもとに、その伝統的権威をもって武家を荘厳するような立場に変化を遂げてゆくという方向においてのことであった（本郷恵子 二〇〇八）。

そして、京都に本拠を置いた新たな武家＝「室町幕府」は、宗教面において顕密と禅律の統治モデルを鎌倉幕府から継承し、顕密体制は、公武融合政権のもとで顕密仏教と禅律が併存する体制へと移行していくことになる（平雅行 二〇一七）。

参考文献

プロローグ

網野善彦・石井進・上横手雅敬・大隅和雄・勝俣鎭夫　一九八八　『日本中世史像の再検討』山川出版社
上横手雅敬　一九九一　『鎌倉時代政治史研究』吉川弘文館
髙橋昌明　一九九九　『武士の成立　武士像の創出』東京大学出版会
長村祥知　二〇一五　『中世公武関係と承久の乱』吉川弘文館
長村祥知　二〇一八　「中世前期の在京武力と公武権力」（『日本史研究』六六六）
貫　達人　一九六九　「鎌倉幕府成立時期論」（『青山史学』創刊号）
貫　達人　一九九六　『鶴岡八幡宮寺―鎌倉の廃寺―』有隣堂
野口　実　二〇〇四　「源頼朝のイメージと王権」（『歴史評論』六四九）
藪本勝治　二〇一六　「『吾妻鏡』冒頭部の構成とレトリック」（京都女子大学宗教・文化研究所ゼミナール『紫苑』一四）

一章（末尾に＊を付したものは、とくに本章全体を通して参考にした文献）

青山幹哉　一九八五　「王朝官職からみる鎌倉幕府の秩序」（『年報中世史研究』一〇）
岩田慎平　二〇一五　「実朝室周辺の人々をめぐって」（京都女子大学宗教・文化研究所ゼミナール『紫苑』一三）
上杉和彦　二〇〇五　『大江広元』吉川弘文館＊
上村和直　二〇〇四　「法住寺殿の成立と展開」（京都市埋蔵文化財研究所『研究紀要』九）
上横手雅敬　一九九四　『鎌倉時代　その光と影』吉川弘文館＊

上横手雅敬　二〇〇九「式子内親王をめぐる呪詛と託宣」(『権力と仏教の中世史―文化と政治的状況―』法蔵館)
木内正広　一九七七「頼朝上洛「御亭」をめぐる一申請―文治三年四月の申請について―」(『文化史学』三三)
久保智康　二〇〇〇「鴛鴦文銅象嵌鏡轡について―法住寺殿跡出土轡との比較を中心に―」(『志羅山遺跡第四六・六六・七四次発掘調査報告書―一関遊水地事業関連遺跡発掘調査―』岩手県文化振興事業団埋蔵文化財調査報告書三一二)
五味文彦　一九八五「卿二位と尼二位―女人入眼―」(『女性文化資料館報』六)
米谷豊之祐　一九九三『院政期軍事・警察史拾遺』近代文藝社
斉賀万智　二〇一四「後白河院説話の周辺に関する一考察―六条西洞院とその周辺の人々の関係性から―」(『国文学研究ノート』五三)
佐伯智広　二〇〇六「一条能保と鎌倉初期公武関係」(『古代文化』五八―一)
坂井孝一　二〇一四『源実朝―「東国の王権」を夢見た将軍―』講談社＊
佐々木紀一　二〇〇四「源頼茂謀反の政治的事件背景について」(『山形県立米沢女子短期大学附属生活文化研究所報告』三一)
塩原　浩　二〇一二「三左衛門事件と一条家」(『立命館文学』六二四)
白井克浩　二〇〇四「承久の乱再考―北条義時追討宣旨をめぐって―」(『ヒストリア』一八九)
関口崇史　二〇一〇「実朝の疱瘡」(『ぶい&ぶい』一二)
平　雅行編　二〇一四『中世の人物　京・鎌倉の時代編　第三巻　公武権力の変容と仏教界』清文堂出版＊
髙橋昌明　二〇一三『平家と六波羅幕府』東京大学出版会
寺島孝一・片岡　肇編　一九八四『平安京跡研究調査報告第一三輯　法住寺殿跡』古代学協会
中野良信　二〇一四「栄西―日本禅宗の原型―」(野口実編『中世の人物　京・鎌倉の時代編　第二巻　治承〜文治の内乱と鎌倉幕府の成立』清文堂出版)

西井芳子　一九九三「山科御所と御影堂」（古代学協会編『後白河院―動乱期の天皇―』吉川弘文館）
野口晶子　二〇〇二「消えた洛中寺院・大勧進長福寺」（京都造形芸術大学大学院芸術学研究科『二〇〇一年度作品・論文集』）
野口孝子　二〇〇三「平安宮内の道―馳道・置路・壇葛―」（『古代文化』五五―七）
野口　実　一九九四a「法住寺殿と武将の墓」（『朝日百科　日本の歴史別冊　歴史を読みなおす八　武士とは何だろうか』朝日新聞社）
野口　実　一九九四b『武家の棟梁の条件―中世武士を見なおす―』（中公新書）中央公論社
野口　実　一九九八『武家の棟梁源氏はなぜ滅んだのか』新人物往来社
野口　実編　二〇一四『中世の人物　京・鎌倉の時代編　第二巻　治承～文治の内乱と鎌倉幕府の成立』清文堂出版＊
橋本義彦　一九九二『源通親』吉川弘文館＊
花田卓司　二〇二〇「鎌倉初期の足利氏と北条氏―足利義兼女と水無瀬親兼の婚姻を手がかりに―」（元木泰雄編『日本中世の政治と制度』吉川弘文館）
平岡　豊　一九八六「後鳥羽院上北面について」（『国史学』一三〇）
藤本元啓　一九八一「京都守護」（『藝林』三〇―二）
保立道久　二〇〇四『義経の登場―王権論の視座から―』日本放送出版協会
松薗　斉　一九九七「武家平氏の公卿化について」（『九州史学』一一八・一一九合併号）
美川　圭　二〇〇六『院政―もうひとつの天皇制―』中央公論新社＊
村井康彦　二〇〇二『藤原定家『明月記』の世界』岩波書店＊
目崎徳衛　二〇〇一『史伝後鳥羽院』吉川弘文館＊
元木泰雄　一九九七「五位中将考」（大山喬平教授退官記念会編『日本国家の史的特質　古代・中世』思文閣出版）
元木泰雄　二〇〇四『保元・平治の乱を読みなおす』日本放送出版協会

二章

上杉和彦　二〇一五「鎌倉将軍上洛とその周辺」（同『鎌倉幕府統治構造の研究』校倉書房）
小野一之　一九九一「聖徳太子墓の展開と叡福寺の成立」（『日本史研究』三四二）
熊谷隆之　二〇〇四「六波羅探題考」（『史学雑誌』一一三―七）
小林一彦　二〇〇二「宇都宮歌壇―京文化への回路　塩谷朝業と実朝」（『国文学　解釈と鑑賞』六七―一一）
佐々木紀一　一九九九「北条時家略伝」（『米沢史学』一五）
杉橋隆夫　一九九四「牧の方の出身と政治的位置」（上横手雅敬監修『古代・中世の政治と文化』思文閣出版）
角田文衞　一九七八『平家後抄―落日後の平家―』朝日新聞社
野口　実　二〇一〇「東国出身僧の在京活動と入宋・渡元―武士論の視点から―」（『鎌倉遺文研究』二五）
野口　実　二〇一一「鎌倉時代における下総千葉寺由縁の学僧たちの活動―了行・道源に関する訂正と補遺―」（京都女子大学宗教・文化研究所『研究紀要』二四）
野口　実　二〇一三「下野宇都宮氏の成立と、その平家政権下における存在形態」（京都女子大学宗教・文化研究所『研究紀要』二六）
野口　実　二〇一四a「千葉常胤―列島を転戦した清盛・西行と同い年の東国武士―」（同編『中世の人物　京・鎌倉の時代編　第二巻　治承～文治の内乱と鎌倉幕府の成立』清文堂出版）
野口　実　二〇一四b「宇都宮頼綱―京都で活躍した東国武士―」（平雅行編『中世の人物　京・鎌倉の時代編　第三巻　公武権力の変容と仏教界』清文堂出版）
野口　実　二〇一五「京都のなかの鎌倉―空間構造と東国武士の活動」（福田豊彦・関幸彦編『「鎌倉」の時代』山川出版社）
野口　実　二〇一九「笠間時朝と京都」（笠間市教育委員会『笠間時朝とは何者か？』かさまブックレット二）
野口　実　二〇二一『増補改訂　中世東国武士団の研究』戎光祥出版

細川重男　二〇〇〇『鎌倉北条氏の神話と歴史―権威と権力―』日本史史料研究会
三島義教　二〇〇〇『初代問注所執事三善康信―鎌倉幕府の組織者―』新風書房
村田正志　一九八三『村田正志著作集　三　續々南北朝史論』思文閣出版
村田正志　一九八五「諸方に伝存する慈円文書」（『村田正志著作集　五　国史学論説』思文閣出版）
元木泰雄　二〇〇七『源義経』吉川弘文館
元木泰雄　二〇一九『源頼朝―武家政治の創始者―』中央公論新社
森　幸夫　二〇〇九「頼朝挙兵時の相模国目代について」（『ぶい＆ぶい』九）
山本隆志　二〇〇六「関東武士の在京活動―宇都宮頼綱を中心に―」（『史潮』新六〇）
山本みなみ　二〇二〇「慈円書状をめぐる諸問題」（元木泰雄編『日本中世の政治と制度』吉川弘文館）

三章

飯淵康一　二〇〇四『平安時代貴族住宅の研究』中央公論美術出版
上村和直　二〇〇四「法住寺殿の成立と展開」（京都市埋蔵文化財研究所『研究紀要』九）
海老名尚・福田豊彦　一九九二「『田中穣氏旧蔵古典籍文書』「六条八幡宮造営注文」について」（『国立歴史民俗博物館研究報告』四五）
木内正広　一九七七「頼朝上洛「御亭」をめぐる一申請―文治三年四月の申請について―」（『文化史学』三三）
金　永　二〇〇一「摂家将軍期における源氏将軍観と北条氏」（『ヒストリア』一七四）
金　永　二〇〇二「摂家将軍家の「家」の形成と妻たち」（『ヒストリア』一七八）
木村英一　二〇〇二a「六波羅探題の成立と公家政権」（『ヒストリア』一七八）
木村英一　二〇〇二b「鎌倉幕府京都大番役の勤仕先について」（『待兼山論叢』三六）
熊谷隆之　二〇〇四「六波羅探題考」（『史学雑誌』一一三―七）

黒田紘一郎　一九九六　『中世都市京都の研究』校倉書房
五味克夫　一九六三　「在京人と篝屋」（『金沢文庫研究』九三・九四）
佐々木紀一　一九九九　「北条時家略伝」（『米沢史学』一五）
杉本　宏　二〇〇五　「権門都市宇治の成立」（『佛教藝術』二七九）
杉本　宏　二〇〇六　『宇治遺跡群―藤原氏が残した平安王朝遺跡―』同成社
高橋慎一朗　一九九六　『中世の都市と武士』吉川弘文館
髙橋昌明　一九九八　「平氏の館―六波羅・西八条・九条末―」（『神戸大学史学年報』一三）
塚本とも子　一九七七　「鎌倉時代篝屋制度の研究」（『ヒストリア』七六）
中町美香子　二〇〇五　「平安時代中後期の里内裏空間」（『史林』八八―四）
西井芳子　一九九三　「山科御所と御影堂」（古代学協会編『後白河院―動乱期の天皇―』吉川弘文館）
野口晶子　二〇〇二　「消えた洛中寺院・大勧進長福寺」（京都造形芸術大学大学院芸術学研究科『二〇〇一年度作品・論文集』）
野口孝子　二〇〇四　「閑院内裏の空間領域」（『日本歴史』六七四）
野口孝子　二〇〇五ａ　「花の御所」室町殿と裏築地」（『学生会館・寒梅館地点発掘調査報告書』同志社大学歴史資料館）
野口孝子　二〇〇五ｂ　「仁和寺本『系図』に描かれた閑院内裏の陣中」（『仁和寺研究』五）
野口孝子　二〇〇六　「閑院内裏の空間構造―王家の内裏―」（髙橋昌明編『院政期の内裏・大内裏と院御所』文理閣）
野口　実　一九八八　「京都七条町の中世的展開」（『京都文化博物館研究紀要『朱雀』一）
野口　実　一九九八　『武家の棟梁源氏はなぜ滅んだのか』新人物往来社
野口　実　二〇〇四　「「女の都市」と遍照心院の成立」（大通寺報『ふかみくさ』二〇）
野口　実　二〇〇五　「仁和寺本『系図』収録「平安京図」に見える篝屋の設置地点について」（『仁和寺研究』五）

野口　実　二〇〇六a　「法住寺殿造営の前提としての六波羅」（髙橋昌明編『院政期の内裏・大内裏と院御所』文理閣）
野口　実　二〇〇六b　「中世前期の権力と都市―院御所・内裏・六波羅―」（髙橋康夫編『中世都市研究一二　中世のなかの「京都」』新人物往来社）
野口　実　二〇〇七　「閑院内裏と『武家』」（『古代文化』五九―三）
野口　実　二〇一二　「将軍の六波羅邸」『武門源氏の血脈―為義から義経まで―』中央公論新社
野口　実　二〇一五　「京都のなかの鎌倉―空間構造と東国武士の活動―」（福田豊彦・関幸彦編『「鎌倉」の時代』山川出版社）
東島　誠　二〇〇〇　「隔壁の誕生―中世神泉苑と不可視のシステム―」（『公共圏の歴史的創造　江湖の思想へ』東京大学出版会）
平岡　豊　一九八八　「後鳥羽院西面について」（『日本史研究』三一六）
美川　圭　二〇〇二　「京・白河・鳥羽　院政期の都市」（元木泰雄編『日本の時代史7　院政の展開と内乱』吉川弘文館）
村井康彦・瀧浪貞子　一九九六　「解説」（『陽明叢書　記録文書篇　別輯　宮城図』思文閣出版）
元木泰雄　一九九九　「王権守護の武力」（薗田香融編『日本仏教の史的展開』塙書房）
元木泰雄　二〇〇〇　『藤原忠実』吉川弘文館
元木泰雄　二〇〇四　『保元・平治の乱を読みなおす』日本放送出版協会
桃崎有一郎　二〇〇四a　「中世里内裏陣中の構造と空間的特質について―公家社会の意識と「宮中」の治安―」（『史学』七三―二・三）
桃崎有一郎　二〇〇四b　桃崎有一郎「「裏築地」に見る室町期公家社会の身分秩序―治天・室町殿と名家の消長―」（『日本史研究』五〇八）

山田邦和　一九九八　「中世都市京都の成立―工人町の発達と中世都市―」（古代都城制研究集会第三回報告集『古代都市の構造と展開』奈良国立文化財研究所）
山田邦和　二〇〇五　「院政王権都市嵯峨の成立と展開」（吉井敏幸・百瀬正恒編『中世の都市と寺院』高志書院）

四章・五章

青山幹哉　一九八三　「鎌倉幕府将軍権力試論」（『年報中世史研究』八）
石井　進　一九六五　『日本の歴史　七　鎌倉幕府』中央公論社
市沢　哲　二〇一一　『日本中世公家政治史の研究』校倉書房
井上幸治　二〇〇八　「九条道家政権の政策」（『立命館文学』六〇五）
井上幸治　二〇一四　「九条道家」（平雅行編『中世の人物　京・鎌倉の時代編　三』清文堂出版）
井上幸治　二〇一四　「承久の乱後の京都と近衛家実」（『年報中世史研究』三九）
岩田慎平　二〇〇九　「九条頼経上洛をめぐる政治構造―近衛兼経の宇治入りを関連させて―」（『紫苑』七）
岩田慎平　二〇一六　「牧氏事件・伊賀氏事件と鎌倉殿」（『紫苑』一四）
上横手雅敬　一九七〇　『日本中世政治史研究』塙書房
上横手雅敬　一九九一　『鎌倉時代政治史研究』吉川弘文館
上横手雅敬　一九九四　『日本中世国家史論考』塙書房
上横手雅敬・元木泰雄・勝山清次　二〇〇二　『院政と平氏、鎌倉政権』（『日本の中世』八、中央公論新社）
上横手雅敬　二〇〇八　「「建永の法難」について」（同編『鎌倉時代の権力と制度』思文閣出版）
上横手雅敬　二〇〇九　『権力と仏教の中世史』法蔵館
岡田智行　一九八六　「院評定制の成立―殿下評定試論―」（『年報中世史研究』一一）
岡野友彦　二〇〇二　『中世久我家と久我家領荘園』続群書類従完成会

岡野友彦　二〇一三　『院政とは何だったか』ＰＨＰ研究所
尾上陽介　二〇〇一　「賀茂別雷神社所蔵『賀茂神主経久記』について」（『東京大学史料編纂所研究年報』一一）
小山田義夫　二〇〇八　『一国平均役と中世社会』岩田書院
金澤正大　二〇一六　「寛元四年政変は「宮騒動」と何故に称されたのか」（『政治経済史学』五九〇）
川合　康　二〇〇四　『鎌倉幕府成立史の研究』校倉書房
木村英一　二〇一六　『鎌倉時代公武関係と六波羅探題』清文堂出版
久保木圭一　二〇一七　「関東申次の成立」（神田裕理編・日本史史料研究会監修『伝奏と呼ばれた人々　公武交渉人の七百年史』ミネルヴァ書房）
黒田俊雄　一九七五　『日本中世の国家と宗教』岩波書店
近藤成一　二〇一六　『鎌倉幕府と朝廷』（『日本中世史』二、岩波書店）
佐伯智広　二〇一五　『中世前期の政治構造と王家』東京大学出版会
坂井孝一　二〇一四　『曽我物語の史的研究』吉川弘文館
坂井孝一　二〇一八　『承久の乱』中央公論新社
塩原　浩　二〇〇三　「頼宗公孫一条家の消長」（中野栄夫編『日本中世の政治と社会』吉川弘文館）
白根靖大　二〇〇〇　『中世の王朝社会と院政』吉川弘文館
曽我部愛　二〇〇九　「後高倉王家の政治的位置—後堀河親政期における北白河院の動向を中心に—」（『ヒストリア』二一七）
高島哲彦　一九八七　「鎌倉時代の貴族の一側面—「関東祗候廷臣」についての一考察—」（『史友』一九）
高橋秀樹　二〇一五　『三浦一族の中世』吉川弘文館
田中　稔　一九九一　『鎌倉幕府御家人制度の研究』吉川弘文館
塚本とも子　一九七七　「鎌倉時代篝屋制度の研究」（『ヒストリア』七六）

辻　浩和　二〇一七　『中世の〈遊女〉』京都大学学術出版会
富田正弘　二〇一二　『中世公家政治文書論』吉川弘文館
長村祥知　二〇〇九　「後鳥羽院と公家衆」（鈴木彰・樋口州男編『後鳥羽院のすべて』新人物往来社）
長村祥知　二〇一四a　「藤原秀康」（平雅行編『中世の人物　京・鎌倉の時代編　三』清文堂出版）
長村祥知　二〇一四b　「西遷した武士団　中国方面」「西遷した武士団　鎮西方面」（関幸彦編『武蔵武士団』吉川弘文館）
長村祥知　二〇一五　『中世公武関係と承久の乱』吉川弘文館
長村祥知　二〇一六　「研究展望『承久記』（二〇一〇年九月以前）」（『軍記と語り物』五二）
長村祥知　二〇一七　「西遷する相模武士団」（関幸彦編『相模武士団』吉川弘文館）
長村祥知　二〇一八　「中世前期の在京武力と公武権力」（『日本史研究』六六六）
長村祥知　二〇一九　「『平安通志』と『承久軍物語』」（野口実編『承久の乱の構造と展開』戎光祥出版）
長村祥知　二〇二〇　「承久の乱と歴史叙述」（松尾葦江編『軍記物語講座　一　武者の世が始まる』花鳥社）
野口華世　二〇一〇　「中世前期公家社会の変容」（『歴史学研究』八七二）
野口　実　一九九四　『中世東国武士団の研究』高科書店
野口　実　二〇〇五　「仁和寺本『系図』収録「平安京図」に見える篝屋の設置地点について」（『仁和寺研究』五）
野口　実　二〇一一　「鎌倉時代における下総由縁の学僧たちの活動―了行・道源に関する訂正と補遺―」（『京都女子大学　宗教・文化研究所　研究紀要』二四）
野口　実編　二〇一九　『承久の乱の構造と展開』戎光祥出版
橋本義彦　一九七六　『平安貴族社会の研究』吉川弘文館
橋本義彦　一九八六　『平安貴族』平凡社
樋口健太郎　二〇一一　『中世摂関家の家と権力』校倉書房

平岡　豊　一九九一　「藤原秀康について」（『日本歴史』五一六）
本郷和人　一九九五　『中世朝廷訴訟の研究』東京大学出版会
牧野和夫　二〇〇八　「十二世紀後末期の日本船載大蔵経から奝然将来大蔵経をのぞむ」（吉原浩人・王勇編『海を渡る天台文化』勉誠出版）
三浦周行　一九八二　『鎌倉時代史』（同『日本史の研究　新輯一』岩波書店。初版一九〇七年。改版一九一六年）
美川　圭　一九九六　『院政の研究』臨川書店
美川　圭　二〇〇六　『院政　もうひとつの天皇制』中央公論新社
村井章介　二〇〇五　『中世の国家と在地社会』校倉書房
元木泰雄　一九九四　『武士の成立』吉川弘文館
森　茂暁　一九九一　『鎌倉時代の朝幕関係』思文閣出版
森　幸夫　二〇一七　「歌人源具親とその周辺」（『鎌倉遺文研究』四〇）
山岡　瞳　二〇一四　「西園寺公経」（平雅行編『中世の人物　京・鎌倉の時代編　三』清文堂出版）
山本みなみ　二〇二〇　「北条義時の死と前後の政情」（『鎌倉市教育委員会文化財部調査研究紀要』二）
弓削　繁　二〇〇三　『六代勝事記の成立と展開』風間書房
龍　粛　一九五七　『鎌倉時代　下（京都　貴族政治の動向と公武の交渉）』春秋社

六章・七章・八章（末尾に＊を付したものは、とくに本章全体を通して参考にした文献）

相田二郎　一九五八　『蒙古襲来の研究　増補版』吉川弘文館、一九八二年
阿尾あすか　二〇一二　「歌の家の継承と実践」（錦仁編『中世文学と隣接諸学6　中世詩歌の本質と連関』竹林舎）
青柳隆志　一九九三　「天皇家と朗詠」（『日本朗詠史　研究篇』笠間書院、一九九九年）
網野善彦　一九七四　『網野善彦著作集五　蒙古襲来』岩波書店、二〇〇八年＊

網野善彦　一九七七「元亨の神人公事停止令について」（『網野善彦著作集一三　中世都市論』岩波書店、二〇〇七年）
網野善彦　一九七八ａ「造酒司酒麴役の成立」（前掲『網野善彦著作集一三　中世都市論』）
網野善彦　一九七八ｂ『網野善彦著作集二　中世東寺と東寺領荘園』岩波書店、二〇〇七年
網野善彦　一九八六「異形の王権」（『網野善彦著作集六　転換期としての鎌倉末・南北朝期』岩波書店、二〇〇七年）
飯田久雄　一九六〇「万一記に見える政道論」（『史学研究』七七・七八・七九）
飯沼賢司　一九九二「後家の力」（峰岸純夫編『中世を考える　家族と女性』吉川弘文館）
石井正敏　二〇一三「『武家外交』の誕生」（『石井正敏著作集四　通史と史料の間で』勉誠出版、二〇一八年）
市沢　哲　一九八八「鎌倉後期公家社会の構造と「治天の君」」（『日本中世公家政治史の研究』校倉書房、二〇一一年）
市沢　哲　一九九二「鎌倉後期の公家政権の構造と展開」（前掲『日本中世公家政治史の研究』）
市沢　哲　二〇一一「建武新政の歴史的性格」（前掲『日本中世公家政治史の研究』）
稲葉伸道　一九八七ａ「新制の研究」（大石直正・柳原敏昭編『展望日本歴史九　中世社会の成立』東京堂出版、二〇〇一年）
稲葉伸道　一九八七ｂ「中世の訴訟と裁判」（朝尾直弘ほか編『日本の社会史五　裁判と規範』岩波書店）
稲葉伸道　二〇一四「鎌倉末期の王朝の寺社政策」（『日本中世の王朝・幕府と寺社』吉川弘文館、二〇一九年）
井上宗雄　一九六五『中世歌壇史の研究　南北朝期　改訂新版』明治書院、一九八七年＊
井上宗雄　二〇〇六『京極為兼』（人物叢書）吉川弘文館
岩佐美代子　一九七四『京極派歌人の研究　改訂新装版』笠間書院、二〇〇七年
岩佐美代子　一九八四「『花園院宸記』」（『宮廷に生きる』笠間書院、一九九七年）
岩佐美代子編　一九九六『玉葉和歌集全注釈』全四巻（笠間注釈叢刊）笠間書院
岩佐美代子　一九九七「伏見院宮廷の源氏物語」（『京極派と女房』笠間書院、二〇一七年）

岩橋小弥太　一九六二『花園天皇』（人物叢書）吉川弘文館
上島理恵子　二〇一二「平安貴族社会における政務執行体制の一側面」（『立命館文学』六二四）
臼井信義　一九六九「治世の交替と廷臣所領の転変」（『日本歴史』二五三）
上横手雅敬　一九八七「鎌倉・室町幕府と朝廷」（『日本中世国家史論考』塙書房、一九九四年）＊
遠藤珠紀　二〇一五「造酒司酒麴役の成立過程」（『鎌倉遺文研究』三六）
遠藤基郎　一九九一「鎌倉後期の知行国制」（『国史談話会雑誌』三二）
岡　邦信　一九八六「鎌倉幕府後期における訴訟制度の一考察」（『中世武家の法と支配』信山社、二〇〇五年）
岡見正雄校注　一九七五『太平記（一）』（角川文庫）角川書店
小川剛生編　一九九六a『拾遺現藻和歌集』三弥井書店
小川剛生　一九九六b「六条有房について」（『国語と国文学』七三―八）
小川剛生校注・解題　一九九九「為兼卿和歌抄」「延慶両卿訴陳状」（佐々木孝浩ほか校注『歌論歌学集成　十』三弥井書店）
小川剛生　二〇〇二a「北朝蹴鞠御会について」（『二条良基研究』笠間書院、二〇〇五年）
小川剛生　二〇〇二b「歌道家の人々と公家政権」（『中世和歌史の研究』塙書房、二〇一七年）
小川剛生　二〇〇三「京極為兼と公家政権」（『文学』四―六）
小川剛生　二〇〇五「伝記考証　康安・貞治（一三六〇―一三六九）」（前掲『二条良基研究』）
海津一朗　一九九八a『蒙古襲来』（歴史文化ライブラリー）吉川弘文館
海津一朗　一九九八b「鎌倉後期の国家権力と悪党」（悪党研究会編『悪党の中世』岩田書院、一九九八年）
筧　雅博　一九八六「饗応と賄」（朝尾直弘ほか編『日本の社会史四　負担と贈与』岩波書店）
筧　雅博　一九九二「鎌倉幕府掌論」（『三浦古文化』五〇）
筧　雅博　二〇〇一『日本の歴史10　蒙古襲来と徳政令』（講談社学術文庫）講談社、二〇〇九年＊

筧　雅博　二〇〇九「正中の変前後の情勢をめぐって」（『金沢文庫研究』三二二）
笠松宏至　一九七六「中世の政治社会思想」（『日本中世法史論』東京大学出版会、一九七九年）＊
金井静香　二〇〇七「鎌倉後期〜南北朝期における荘園領主の変容」（『日本史研究』五三五）
苅米一志　一九九一「東山太子堂の開山は忍性か」（『鎌倉』六七）
川添昭二　一九六八『建武政権論（元弘以前における後醍醐天皇の親政）』（九州大学国史学講義教案。福岡大学図書館川添昭二文庫研究用ファイル二二二四「後宇多院政・前期後醍醐天皇親政ノート」）＊
川添昭二　二〇〇一『北条時宗』（人物叢書）吉川弘文館
木村英一　二〇〇八「鎌倉時代の寺社紛争と六波羅探題」（『鎌倉時代公武関係と六波羅探題』清文堂出版、二〇一六年）
木村英一　二〇一二「中世前期における京都の武士社会と鎌倉幕府」（『歴史科学』二四五）
京都国立博物館編　二〇〇五『京都国立博物館蔵　宸翰』京都国立博物館
宮内庁書陵部編　一九八〇『皇室制度史料　太上天皇三』吉川弘文館＊
久保田収　一九三六「蒙古襲来と武家社会」（『史学雑誌』四七―一〇）
久米邦武　一九〇七『日本時代史　南北朝時代史』早稲田大学出版部、一九二七年＊
栗山圭子　一九九八「後院からみた中世王家の成立」（『中世王家の成立と院政』吉川弘文館、二〇一二年）
河内祥輔　二〇〇七「後醍醐天皇の倒幕運動について」（『日本中世の朝廷・幕府体制』吉川弘文館）
五味文彦　一九七四「在京人とその位置」（『史学雑誌』八三―八）
近藤成一編　二〇〇三『日本の時代史9　モンゴルの襲来』吉川弘文館＊
近藤成一　二〇一六『シリーズ日本中世史②　鎌倉幕府と朝廷』（岩波新書）岩波書店＊
佐伯弘次　二〇〇三『日本の中世9　モンゴル襲来の衝撃』中央公論新社
佐伯智広　二〇一九『皇位継承の中世史』（歴史文化ライブラリー）吉川弘文館

坂口太郎・芳澤　元　二〇〇七「花園天皇関係史料・研究文献目録稿」（『花園大学国際禅学研究所論叢』二）＊
坂口太郎　二〇〇八「建武新政・南朝と院政」（『人間・環境学』一七）
坂口太郎　二〇一〇「持明院統の石清水御幸」（『花園大学国際禅学研究所論叢』五）
坂口太郎編　二〇一二〜一三「後宇多院関係史料・研究文献目録稿（上）（下）」（『高野山大学密教文化研究所紀要』二五・二六）＊
坂口太郎　二〇一三「鎌倉後期・建武政権期の大覚寺統と大覚寺門跡」（『史学雑誌』一二二―四）
坂口太郎　二〇一四「鎌倉後期宮廷の密教儀礼と王家重宝」（『日本史研究』六二〇）
坂口太郎　二〇二二「「吉田定房奏状」再考」（『立命館文学』六七七）
桜井景雄　一九四〇『南禅寺史　上』法蔵館、一九七七年
佐々木紀一　二〇一三「『渋川系図』伝本補遺、附土岐頼貞一族考証（下）」（『山形県立米沢女子短期大学附属生活文化研究所報告』四〇）
佐々木文昭　二〇〇二「南北朝期の公家新制」（『中世公武新制の研究』吉川弘文館、二〇〇八年）
佐藤進一　一九八三『日本の中世国家』（岩波文庫）岩波書店、二〇二〇年
佐藤泰弘　二〇〇八「権門と聖断」（『鎌倉遺文研究』二二）
清水英恵　一九九二「興福寺による放氏をめぐる一考察」（『ヒストリア』一三五）
白根靖大　二〇〇〇「鎌倉後期の公家社会と治天」（『中世の王朝社会と院政』吉川弘文館）
関　周一　二〇一〇「鎌倉時代の外交と朝幕関係」（阿部猛編『中世政治史の研究』日本史史料研究会）
平　雅行　二〇〇四「青蓮院の門跡相論と鎌倉幕府」（河音能平・福田榮次郎編『延暦寺と中世社会』法藏館）
平　雅行　二〇〇九「鎌倉寺門派の成立と展開」（『大阪大学大学院文学研究科紀要』四九）
高橋一樹　二〇〇〇「王家領荘園の立荘」（『中世荘園制と鎌倉幕府』塙書房、二〇〇四年）
高橋一樹　二〇〇四「重層的領有体系の成立と鎌倉幕府」（前掲『中世荘園制と鎌倉幕府』）

高橋典幸　一九九八「武家政権と本所一円地」(『鎌倉幕府軍制と御家人制』吉川弘文館、二〇〇八年)
高橋典幸　二〇〇一「武家政権と戦争・軍役」(前掲『鎌倉幕府軍制と御家人制』)
多賀宗隼　一九四〇「秋田城介安達泰盛」(『論集　中世文化史上　公家武家篇』法蔵館、一九八五年)
武内孝善編　二〇〇七『詳解　後宇多法皇宸翰御手印遺告』大本山大覚寺
張　東翼　二〇〇五「一二六九年「大蒙古国」中書省牒と日本側の対応」(『モンゴル帝国期の北東アジア』汲古書院、二〇一六年)
次田香澄　一九六四「玉葉集の形成」(次田香澄著・岩佐美代子責任編集『玉葉集　風雅集攷』笠間書院、二〇〇四年)
辻善之助　一九四九a『日本仏教史三　中世篇之二』岩波書店
辻善之助　一九四九b『日本文化史四　吉野室町時代・安土桃山時代』春秋社
辻彦三郎　一九六九「後伏見上皇院政謙退申出の波紋」(『藤原定家明月記の研究』吉川弘文館、一九七七年)
帝国学士院編　一九四四『宸翰英華　一』紀元二千六百年奉祝会＊
外岡慎一郎　一九八四「六波羅探題と西国守護」(『武家権力と使節遵行』同成社、二〇一五年)
富田正弘　一九七八「中世公家政治文書の再検討」(『中世公家政治文書論』吉川弘文館、二〇一二年)
中井裕子　二〇一九「鎌倉後期の叙位・除目と公家政権」(『ヒストリア』二七七)
永島福太郎　一九四七『国民生活記録叢書　春日社家日記』高桐書院
中村健史　二〇一五・二〇一七「伏見院歌出典考」(『雪を聴く』和泉書院、二〇二一年)
中村健史　二〇一七「誡太子書箋釈」(前掲『雪を聴く』)
中村直勝　一九二二『日本文化史（南北朝時代）』(『中村直勝著作集一　社会文化史』淡交社、一九七八年)＊
中村直勝　一九三四『天皇と国史の進展』(『中村直勝著作集六　歴代天皇紀』淡交社、一九七八年)
永村　眞　一九九三「「公家」と密教法流」(『中世醍醐寺の仏法と院家』吉川弘文館、二〇二〇年)

西谷正浩　一九九八「鎌倉時代における貴族社会の変容」（『日本中世の所有構造』塙書房、二〇〇六年）
西谷正浩　二〇〇六「公家権門における家産体制の変容」（前掲『日本中世の所有構造』塙書房）
新田英治　一九八五「蒙古襲来と鎌倉政権の動揺」「鎌倉幕府の倒壊」（井上光貞ほか編『日本歴史大系　普及版四　武家政権の形成』山川出版社、一九九六年）＊
納冨常天　一九八八「東山太子堂白毫寺と忍性供養塔」（『金沢文庫資料の研究　稀覯資料篇』法藏館、一九九五年）
野村育世　一九九一「中世における後家相続」（『家族史としての女院論』校倉書房、二〇〇六年）
羽下徳彦　一九八八ａ「『花園天皇宸記』と文保御和談」（『点景の中世』吉川弘文館、一九九七年）
羽下徳彦　一九八八ｂ「家と一族」（朝尾直弘ほか編『日本の社会史六　社会的諸集団』岩波書店）
橋本道範　二〇〇六「王家領備前国豊原庄の基礎的研究」（『日本中世の環境と村落』思文閣出版、二〇一五年）
橋本義彦　一九七〇「院評定制について」（『平安貴族社会の研究』吉川弘文館、一九七六年）＊
服部英雄　二〇一四『蒙古襲来』山川出版社
服部英雄　二〇一七『蒙古襲来と神風』（中公新書）中央公論新社
林　幹彌　一九七二『太子信仰』評論社
林　幹彌　一九八〇「律僧らと太子堂」（『太子信仰の研究』吉川弘文館）
原田正俊著・大本山南禅寺編　二〇一六『鎌倉時代の南禅寺と一山国師』大本山南禅寺
伴瀬明美　一九九三「院政期〜鎌倉期における女院領について」（『日本史研究』三七四）
伴瀬明美　一九九八「後院の御教書について」（近藤成一研究代表『綸旨・院宣の網羅的収集による帰納的研究』科学研究費補助金研究成果報告書）
平泉紀房　二〇〇九「鎌倉後期の神社御幸と「治天の君」」（『皇学館論叢』四二—六）
平田俊春　一九八四「後醍醐天皇討幕の御志の由来」（『南朝史論考』錦正社、一九九四年）
廣澤洋子　一九八七「南北朝期の公家庭中について」（『国史談話会雑誌』二八）

福島金治　一九九五「鎌倉極楽寺真言院長老禅意とその教学」（『金沢北条氏と称名寺』吉川弘文館、一九九七年）
福島金治　二〇〇六『安達泰盛と鎌倉幕府』（有隣新書）有隣堂
福田秀一　一九五七〜七〇「玉葉集の撰者をめぐる論争」（『中世和歌史の研究』角川書店、一九七二年）
福田秀一　一九五七〜七二「野守鏡についての考察」（前掲『中世和歌史の研究』）
福田秀一　一九六七「中世勅撰和歌集の成立過程」（『中世和歌史の研究　続篇』私家版、二〇〇七年）＊
藤井　駿　一九四二「児島高徳の一党たる今木・大富両氏について」（『吉備地方史の研究』法蔵館、一九七一年）
藤井雅子　二〇〇八「後宇多法皇と聖俗社会」（『中世醍醐寺と真言密教』勉誠出版）
藤原良章　一九八五「公家庭中の成立と奉行」（『中世的思惟とその社会』吉川弘文館、一九九七年）
船田善之　二〇〇九「日本宛外交文書からみた大モンゴル国の文書形式の展開」（『史淵』一四六）
古田（水戸部）正男　一九三八「鎌倉時代の記録所に就いて」（『史潮』八―一）
本郷和人　一九九五『中世朝廷訴訟の研究』東京大学出版会
本郷恵子　一九九五「鎌倉期の朝廷財政について」（『歴史学研究』六七七）
本郷恵子　一九九八「公家政権存立の構造とその変質」（『中世公家政権の研究』東京大学出版会）
真木隆行　一九九八「後宇多天皇の密教受法」（大阪大学文学部日本史研究室編『古代中世の社会と国家』清文堂出版）
松薗　斉　二〇〇六「王朝日記の展開」（『王朝日記論』法政大学出版局）
松本周二　一九三九「後醍醐天皇御践祚前の御事蹟」（建武義会編『後醍醐天皇奉賛論文集』至文堂）
松本周二・村田正志　一九四〇『吉田定房事蹟』（『村田正志著作集三　続々南北朝史論』思文閣出版、一九八三年）
三浦周行　一九〇六「鎌倉時代の朝幕関係」（『日本史の研究　一輯上』岩波書店、一九八一年）＊
三浦周行　一九〇七『鎌倉時代史』（『日本史の研究　新輯一』岩波書店、一九八二年）＊
三浦周行　一九〇九「元寇」（『日本史の研究　一輯下』岩波書店、一九八一年）

三浦周行　一九二四「両統問題の一波瀾」（『日本史の研究　二輯上』岩波書店、一九八一年）
美川　圭　一九九一「院政をめぐる公卿議定制の展開」（『院政の研究』臨川書店、一九九六年）
美川　圭　二〇〇六『院政　増補版』（中公新書）中央公論新社、二〇二一年＊
美川　圭　二〇一八『公卿会議』（中公新書）中央公論新社＊
村井章介　一九七八「蒙古襲来と鎮西探題の成立」（『アジアのなかの中世日本』校倉書房、一九八八年）
村井章介　一九八八「安達泰盛の政治的立場」（『中世の国家と在地社会』校倉書房、二〇〇五年）
村井章介　一九九七「吉田定房奏状はいつ書かれたか」（前掲『中世の国家と在地社会』）
村井章介　二〇〇一『北条時宗と蒙古襲来』（ＮＨＫブックス）日本放送出版協会＊
村田正志　一九三九「後醍醐天皇御事歴」（『村田正志著作集一　増補南北朝史論』思文閣出版、一九八三年）
村田正志　一九四九「南朝正統の歴史的批判」（前掲『村田正志著作集一　増補南北朝史論』）
村田正志　一九五二「京極為兼と玉葉和歌集の成立」（『村田正志著作集五　国史学論説』思文閣出版、一九八五年）
村田正志　一九五九『南北朝論』（前掲『村田正志著作集三　続々南北朝史論』）＊
村田正志　一九七七「後醍醐天皇」（『村田正志著作集二　続南北朝史論』思文閣出版、一九八三年）
村田正志編　一九八六『村田正志著作集七　風塵録』思文閣出版＊
村田正志編　一九九五『花園天皇遺芳』楊岐寺
村松　剛　一九七八『帝王後醍醐』（中公文庫）中央公論社、一九八一年
百瀬今朝雄　二〇〇〇「弘安書札礼の意義」（『弘安書札礼の研究』東京大学出版会）
森　茂暁　一九七九「後醍醐天皇前期親政期の記録所」（『増補改訂　南北朝期公武関係史の研究』思文閣出版、二〇〇八年）
森　茂暁　一九八二「鎌倉後期の朝幕関係」（前掲『増補改訂　南北朝期公武関係史の研究』）
森　茂暁　一九八六「鎌倉後期における公家訴訟制度の展開」（『鎌倉時代の朝幕関係』思文閣出版、一九九一年）

森　茂暁　一九八七a　「「延慶法」の紹介」（前掲『鎌倉時代の朝幕関係』）
森　茂暁　一九八七b　「皇統の対立と幕府の対応」（前掲『鎌倉時代の朝幕関係』）
森　茂暁　一九九一　「蒙古襲来と朝幕交渉」（前掲『鎌倉時代の朝幕関係』）
森　茂暁　二〇〇〇　『後醍醐天皇』（中公新書）中央公論新社
森　茂暁　二〇〇五　『南朝全史』（講談社学術文庫）講談社、二〇二〇年＊
森　茂暁　二〇〇九　「文保の和談の経緯とその政治的背景」（『日本歴史』七三九）
森　幸夫　一九九四　「平頼綱と公家政権」（『三浦古文化』五四）
森　幸夫　二〇〇一　「平頼綱」（『歴史読本』四六―六）
森　幸夫　二〇二一　『六波羅探題』（歴史文化ライブラリー）吉川弘文館
八代國治　一九〇四　「後院の考」（『国史叢説』吉川弘文館、一九二五年）
八代國治　一九一八　「蒙古襲来に就ての研究」（前掲『国史叢説』）
八代國治　一九二二　「児島高徳」（前掲『国史叢説』）
八代國治　一九二五a　「長講堂領の研究」（前掲『国史叢説』）＊
八代國治　一九二五b　「伏見御領の研究」（前掲『国史叢説』）
山田英雄　一九五三　「鎌倉時代における時代区分観」（『〔新潟大学人文学部〕人文科学研究』五）
湯山　学　一九八一　「隆弁とその門流」（『南関東中世史論集四　鶴岡八幡宮の中世的世界』私家版、一九九五年）
横内裕人　一九九八　「仁和寺と大覚寺」（『日本中世の仏教と東アジア』塙書房、二〇〇八年）
横山和弘　二〇〇七　「後宇多王権による空海「聖跡」の興隆」（『京都文化博物館研究紀要　朱雀』一九）
龍　粛　一九一八　「弘安の御願に就いて」（『鎌倉時代　下巻〔京都〕』春秋社、一九五七年）
龍　粛　一九二八　『大日本史講座　鎌倉時代史』雄山閣＊
龍　粛　一九五七　「後嵯峨院の素意と関東申次」（前掲『鎌倉時代　下巻〔京都〕』）＊

鷲尾順敬　一九三九『後醍醐天皇と高野山』総本山金剛峯寺
渡邊　歩　二〇〇九「後醍醐親政初期の洛中酒鑪役賦課令をめぐって」（『アジア文化史研究』九）
渡邊　歩　二〇一一「後醍醐親政初期の神人公事停止令再考」（『アジア文化史研究』一一）
和田英松　一九二〇「万葉集に関する史料」（『国史国文之研究』雄山閣、一九二六年）

九章

内山俊身　二〇〇五「鎌倉街道に沿って―関戸の中世―」（『総和町史通史編　原始・古代・中世』）
久保智康　二〇〇〇「鴛鴦文銅象嵌鏡轡について―法住寺殿跡出土轡との比較を中心に―」（『志羅山遺跡第四六・六六・七四次発掘調査報告書―一関遊水地事業関連遺跡発掘調査―』岩手県文化振興事業団埋蔵文化財調査報告書三一二）
黒田日出男　一九八六『姿としぐさの中世史―絵図と絵巻の風景から―』平凡社
鋤柄俊夫　二〇〇八『中世京都の軌跡―道長と義満をつなぐ首都のかたち―』雄山閣
戸田芳実　一九七四「仏師辨忠と塩小路櫛笥の地」（『鎌倉遺文　古文書編6』月報6）
野口　実　一九八八a「文献史料を中心にみた変遷」（鈴木忠司編『平安京左京八条三坊七町―京都市下京区塩小路町―京都文化博物館（仮称）調査研究報告』一）
野口　実　一九八八b「京都七条町の中世的展開」（京都文化博物館（仮称）研究紀要『朱雀』一）
野口　実　一九九五「京都七条町に生きた人々」（伏見稲荷大社『朱』三八）
野口　実　二〇〇六「法住寺殿造営の前提としての六波羅」（髙橋昌明編『院政期の内裏・大内裏と院御所』文理閣）
野口　実　二〇一〇「京都七条町から列島諸地域へ―武士と生産・流通―」（入間田宣夫編『兵たちの時代Ⅱ　兵たちの生活文化』高志書院）
堀内明博　二〇〇九『日本古代都市史研究―古代王権の展開と変容―』思文閣出版

山田邦和　二〇〇九　『京都都市史の研究』吉川弘文館
山本雅和　二〇〇六　「八条院町の生産」（小野正敏・萩原三雄『鎌倉時代の考古学』高志書院）

エピローグ

井上満郎　一九八二　「中世都市京都の成立」（『歴史公論』八―一二）
小川剛生　二〇一七　『中世和歌史の研究―撰歌と歌人社会―』塙書房
京都文化博物館学芸第二課編　一九八八　『京都の歴史と文化―京都文化博物館歴史展示案内―』京都府京都文化博物館
平　雅行　二〇〇七・二〇〇八　「中世史像の変化と鎌倉仏教（一）・（二）」（『じっきょう　地歴・公民科資料』六五・六六）
平　雅行　二〇一七　『鎌倉仏教と専修念仏』法藏館
野口　実　二〇〇六　「中世前期の権力と都市―院御所・内裏・六波羅―」（髙橋康夫編『中世都市研究一二　中世のなかの「京都」』新人物往来社）
野口　実　二〇〇九　「中世前期における宇治の軍事機能について」（京都女子大学宗教・文化研究所『研究紀要』二二）
林屋辰三郎編　一九七一　『京都の歴史二　中世の明暗』學藝書林
本郷恵子　二〇〇八　『全集日本の歴史第六巻　京・鎌倉　ふたつの王権』小学館
山田邦和編　一九九六　『京都・激動の中世―帝と将軍と町衆と―』京都文化博物館

略年表

西暦	和暦	事項
一一九二	建久三	3 後白河院没（66）。7 源頼朝、征夷大将軍となる。
一一九三	建久四	4 幕府の奏請により備前・播磨が東大寺造営料国となる。
一一九四	建久五	7 朝廷、下野国府の訴えにより宇都宮朝綱を配流する。
一一九五	建久六	3 頼朝、政子・大姫らを伴い上洛。
一一九六	建久七	11 九条兼実、関白を罷免。
一一九七	建久八	7 大姫没。10 一条能保没（51）。
一一九八	建久九	1 後鳥羽、皇子為仁に譲位（土御門天皇）。
一一九九	正治元	1 源頼朝没（53）。2 乱を企てた疑いにより、後藤基清・中原政経・小野義成らを捕らえる（三左衛門の変）。4 幕府、有力御家人十三人を定め、その数名による合議に基づいて、鎌倉殿が聴断する体制をとる。
一二〇〇	正治二	1 上洛を企てた梶原景時が駿河国清見関で討たれる。
一二〇一	建仁元	1 城長茂が三条東洞院を襲撃、「関東」追討の院宣を請うも許されず、翌月吉野で誅せられる。
一二〇二	建仁二	7 源頼家、征夷大将軍に補任される。10 源通親没（54）。この年、栄西、将軍頼家の外護により建仁寺を創建。
一二〇三	建仁三	9 北条時政、比企能員を謀殺しその一族を滅ぼす。実朝、三代将軍となる。10 平賀朝雅、京都守護として上洛。
一二〇四	元久元	7 源頼家（23）、伊豆修禅寺で殺される。
一二〇五	元久二	6 北条時政、畠山重忠（42）を討つ。閏7 北条時政・牧の方、娘婿の平賀朝雅を将軍に擁立しようとして失敗、朝雅は自害する。同月、北条義時執権に就任。

西暦	和暦	事項
一二〇六	建永元	6 重源没(86)。
一二〇七	承元元	2 法然・親鸞が配流される。6 幕府、和泉・紀伊の守護を停め、院のはからいとする。
一二〇九	承元三	8 藤原定家、源実朝の和歌を添削し、詠歌口伝一巻とともに送る。
一二一〇	承元四	11 土御門天皇、順徳に譲位。
一二一一	建暦元	6 八条院没(75)。11 春華門院没(17)。
一二一二	建暦二	7 賀茂川堤の修理が幕府に命じられる。
一二一三	建保元	5 和田義盛、挙兵するも失敗して敗死(67)。この年、閑院内裏再建。
一二一四	建保二	11 源頼家の子栄実(14)が京都で捕らえられる。
一二一五	建保三	1 北条時政没(78)。
一二一六	建保四	閏6 鴨長明没(64)。
一二一七	建保五	9 源頼家の子公暁が鶴岡八幡宮寺の別当となる。
一二一八	建保六	2 北条政子、上洛。12 源実朝、右大臣となる。
一二一九	承久元	1 源実朝(28)、甥公暁に暗殺される。6 九条道家の子三寅(のちの頼経)、鎌倉に下向。7 後鳥羽院、大内守護源頼茂(41)を追討、その際に大内裏の殿舎が炎上。
一二二〇	承久二	3 造内裏木作始が行われ、大内裏再建に着手。10 大内裏諸門殿舎が上棟。
一二二一	承久三	5 後鳥羽院、京で伊賀光季を追討、北条義時追討の官宣旨・院宣発給。同月、鎌倉から東海道・東山道・北陸道に向けて軍勢上洛。6 京から東山道・北陸道に軍勢を派遣。同月、美濃・尾張さらに越中で京方敗北。京から宇治・勢多・淀などに軍勢派遣するも京方敗北し、京に鎌倉方が入る(承久の乱)。7 仲恭天皇、廃位。後堀河天皇、践祚。後鳥羽院隠岐に、順徳院佐渡に流される。8 後堀河天皇の父に太上天皇の尊号を奉る(後高倉院)。閏10 土御門院、土佐に流される。

一二二三	貞応二	5 後高倉院没(45)。このころ『六代勝事記』書かれるか。
一二二四	貞応三	6 北条義時没(62)、北条泰時、執権に就任。閏7 伊賀氏の変。
一二二五	嘉禄元	7 北条政子没(69)。12 幕府、評定衆設置。
一二二六	嘉禄二	1 藤原頼経、将軍となる。6 近衛家実の女長子、後堀河天皇のもとに入内。
一二二七	安貞元	6 尊長、京で捕縛、殺害される。
一二二八	安貞二	12 近衛家実、関白をやめ、かわって九条道家が就任。
一二二九	寛喜元	11 九条道家の女竴子、後堀河天皇のもとに入内。
一二三〇	寛喜二	このころ寛喜の大飢饉起こる。
一二三一	寛喜三	7 九条道家、男教実に関白を譲る。10 土御門院没(37)。11 寛喜の新制発布。
一二三二	貞永元	8 『御成敗式目』制定。10 四条天皇、践祚。
一二三三	天福元	5 九条道家、官位と訴訟につき奏状を提出。
一二三四	文暦元	5 仲恭廃帝没(17)。8 後堀河院没(23)。
一二三五	文暦二	3 円実(九条道家男)、興福寺別当に就任。九条道家・教実、幕府に後鳥羽と順徳の帰洛を求める。九条教実没(26)。九条道家、摂政となる。5 石清水八幡宮領薪庄と興福寺領大住庄の用水相論問題化。
一二三六	嘉禎二	4 九条道家、東福寺の創建を発願。8 後藤基綱、鎌倉より上洛し、興福寺衆徒の蜂起を鎮める。
一二三七	嘉禎三	3 九条道家、摂政をやめ、女婿近衛兼経が就任。5 道慶(九条道家の弟)、園城寺長吏に就任。
一二三八	嘉禎四	2 将軍頼経、北条泰時らを従え上洛。閏2 慈源(九条道家男)、天台座主に就任。4 福王(九条道家男、法助)、仁和寺道深法親王に入室。九条道家、出家。6 幕府、洛中警固のため篝屋を設置。10 北白河院没(66)。

西暦	和暦	事項
一二三九	延応元	2 後鳥羽院没（60）。5 故院に顕徳院の諡号を奉る。12 三浦義村没。
一二四〇	延応二	1 北条時房没（66）。
一二四二	仁治三	1 四条天皇没（12）。後嵯峨天皇、践祚。6 姞子（西園寺実氏女、大宮院）、後嵯峨天皇のもとに入内。北条泰時死去（60）。北条経時、執権に就任。7 顕徳院を改めて後鳥羽院と追号。
		9 順徳院死去（46）。
一二四三	寛元元	6 皇子久仁（後深草天皇）誕生。
一二四四	寛元二	4 藤原頼嗣、鎌倉将軍に就任。8 西園寺公経没（74）。
一二四六	寛元四	1 後嵯峨天皇、久仁（後深草天皇）に譲位、院政を開始。3 北条時頼、執権に就任。5・6 宮騒動起こる。7 幕府、頼経を鎌倉から京へ送還。9 九条道家、西山に籠居。10 北条時頼、京にたいして、西園寺実氏を関東申次に指名し、徳政を求め、篝屋の停止を申し入れる。
一二四七	宝治元	6 北条時頼、三浦泰村（64）らの一族を滅ぼす（宝治合戦）。
一二五一	建長三	12 千葉氏一族の了行らが謀叛を企て処刑される（建長の政変）。
一二五二	建長四	2 幕府、将軍頼嗣を廃し、京都に送還。九条道家没（60）。4 宗尊親王、第六代将軍に就任。
一二五六	康元元	8 藤原頼経没（39）。9 藤原頼嗣没（18）。11 後深草天皇のもとに公子（西園寺実氏女、東二条院）が入内。
一二五八	正嘉二	8 恒仁親王、立太子。
一二五九	正元元	3 西園寺一切経供養。亀山天皇、後嵯峨・後深草両院臨幸。5 閑院内裏焼亡。11 後嵯峨院、後深草天皇に命じて弟の恒仁親王（亀山天皇）に譲位させる。
一二六〇	文応元	12 亀山天皇のもとへ女御佶子（洞院実雄女、京極院）入内。
一二六一	弘長元	2 女御佶子を中宮とする。6 亀山天皇のもとへ女御嬉子（西園寺公相女、今出河院）入内。8 中宮佶子を皇后、女御嬉子を中宮とする。

一二六三	弘長三	8 公家新制四十一ヵ条を定める（弘長新制）。11 北条時頼没（37）。
一二六六	文永三	4 蓮華王院供養。亀山天皇、後嵯峨・後深草両院臨幸。7 宗尊親王、将軍を廃され帰洛。惟康親王、第七代将軍に就任。
一二六七	文永四	10 後嵯峨院、長講堂領を後深草院に渡す。同月、西園寺公相没（45）。
一二六八	文永五	1 モンゴル・高麗より使節が派遣される。2 朝廷、モンゴルへの対応を議する。3 北条時宗、執権に就任。8 世仁親王、立太子。10 後嵯峨院、出家。
一二六九	文永六	2 モンゴルより使節が派遣される。4 院評定で、モンゴルへの対応を議する。6 西園寺実氏没（76）。その孫実兼、関東申次となる。9 高麗より使節が派遣される。
一二七一	文永八	9 モンゴルに反乱を起こしていた高麗の三別抄より使節が派遣され、援軍と兵糧を請われる。同月、モンゴルより趙良弼が使節として派遣される。11 クビライ、国号を「大元」と定める。
一二七二	文永九	2 北条時宗、鎌倉で名越一族を、京都の六波羅で異母兄の時輔（25）を討たせる（二月騒動）。同月、後嵯峨院没（53）。生前に所領譲渡の処分状を作成し、治天の君の決定を幕府に委任。4 故後嵯峨院の処分状が公にされる。幕府の推戴によって、亀山天皇が治天の君となり、親政を布く。6 内裏で鬼間議定が行われる。
一二七三	文永一〇	3 モンゴルの使節趙良弼、大宰府に到着。4 三別抄が平定される。5 後院庁始。8 洞院実雄没（57）。
一二七四	文永一一	1 世仁親王、践祚（後宇多天皇）。亀山院政始まる。8 宗尊親王没（33）。10 元軍が対馬・壱岐を破り、博多を襲撃。まもなく撤退（文永の役）。11 幕府、安芸国の御家人および本所一円地の住人に、軍事動員をかける。
一二七五	建治元	4 後深草院、太上天皇の尊号を辞退する意思を表明。同月、元の使節杜世忠、長門室津に到着。9 杜世忠らが鎌倉の龍口で斬首される。10 幕府の使者が上洛し、立太子・摂政の件とともに、所々の荘園の押領について朝廷に奏上。11 熙仁親王（後深草院の皇子）、立太子（両統

西暦	和暦	事項
		迭立の始まり）。12 幕府、高麗出兵を計画。
一二七七	建治三	10 幕府、兵粮料所および在京武士拝領の所々を、京都の本所・領家に返付することを決定。
一二七八	弘安元	5 園城寺金堂供養。延暦寺の衆徒、これを妨げて嗷訴。6 興福寺の衆徒が強訴の動きをみせる。7 朝廷、興福寺の要求をうけて葉室頼親を安芸に流す。
一二七九	弘安二	5 奏事の手続きが整備される。7 幕府、元の使節周福を博多で斬らせる。12 二条為氏、『続拾遺和歌集』を撰進。
一二八〇	弘安三	8 元、征収日本行中書省（征東行省）を設ける。
一二八一	弘安四	5 元軍、対馬・壱岐を攻略。6 元軍、博多湾に進出。閏7 暴風雨により、元軍が壊滅的被害をうける（弘安の役）。
一二八二	弘安五	8 円助法親王没（47）。
一二八三	弘安六	9 安嘉門院（邦子内親王、後高倉院の皇女）没（75）。室町院（暉子内親王、後堀河院の皇女）、その遺領を継ぐ。11 亀山院、幕府の承認を得て、室町院のいったん相伝した安嘉門院領を継承。
一二八四	弘安七	4 北条時宗没（34）。貞時、執権に就任。
一二八五	弘安八	11 亀山院、公家新制二十ヵ条を定める（弘安新制）。同月、安達泰盛（55）らが平頼綱に滅ぼされる（霜月騒動）。12 亀山院、路頭・書札・院中などの諸礼式を定める。
一二八六	弘安九	12 亀山院、院評定を徳政沙汰と雑訴沙汰に分け、前者の定日を一・十一・二十一日とし、後者を毎月六度開くこととする。
一二八七	弘安一〇	1 朝廷、宣旨を発して、諸権門に「諸家所領、僧家門跡・諸社・諸寺領等」に関する裁判を公正に行うよう求める。10 後宇多天皇、熙仁親王（伏見天皇）に譲位。後深草院政始まる。
一二八八	正応元	1 幕府の使者が上洛。持明院統に七ヵ条の事書を奏上し、朝政へ介入する。8 女御鏱子（西

		園寺実兼女、永福門院）を中宮とする。11 後宇多院の皇子尊治（のちの後醍醐天皇）、誕生。
一二八九	正応二	4 胤仁親王（伏見天皇の皇子）、立太子。9 亀山院、禅林寺松下殿の南禅院で出家。9 惟康親王、将軍を廃され、上洛して出家。10 久明親王、第八代将軍に就任。
一二九〇	正応三	2 後深草院、亀山殿で出家。3 浅原為頼父子三人が宮中へ乱入して自害（浅原事件）。4 幕府の使者が上洛し、浅原事件の詮議を行う。7 後深草院、伏見天皇に政務を譲る（伏見親政）。8 議定始。
一二九一	正応四	5 律僧禅空、朝廷・幕府によって譴責される（禅空失脚事件）。
一二九二	正応五	9 大宮院姞子没（68）。12 幕府、高麗から届いた元への朝貢を勧める国書（牒状）を朝廷に奏上。
一二九三	永仁元	4 鎌倉大地震。平頼綱父子、北条貞時の命により誅殺される（平禅門の乱）。6 伏見天皇、訴訟制度の改革を行う。雑訴議定・記録所庭中を設ける。7 伏見天皇、京極為兼を公卿勅使として伊勢神宮に派遣。8 伏見天皇、二条為世・京極為兼らに勅撰集について下問。
一二九四	永仁二	6 後宇多院、遊義門院（姈子内親王、後深草院の皇女）を后とする。
一二九五	永仁三	9 『野守鏡』成立。
一二九六	永仁四	5 京極為兼、政道への口入を問題視され、辞官籠居。
一二九七	永仁五	3 永仁の徳政令。7 伏見天皇の皇子富仁（のちの花園天皇）、誕生。
一二九八	永仁六	1 京極為兼、六波羅に拘引される。3 為兼、佐渡に配流される。7 伏見天皇、胤仁親王（後伏見天皇）に譲位。第一次伏見院政始まる。8 邦治親王（後宇多院の皇子）、立太子。
一二九九	正安元	6 西園寺実兼、出家。嗣子公衡、関東申次となる。
一三〇〇	正安二	5 室町院没（73）。やがて遺領をめぐり両統の相論が起こる。
一三〇一	正安三	1 西園寺瑛子（実兼女、昭訓門院）、亀山法皇の後宮に入る。1 後伏見天皇、邦治親王（後二条天皇）に譲位。第一次後宇多院政始まる。8 富仁親王、立太子。

西暦	和暦	事項
一三〇二	乾元元	2 亀山殿で後嵯峨院法華八講が行われる。持明院統の後深草・伏見・後伏見、大覚寺統の亀山・後宇多、計五人の院が臨席。12 遊義門院、伏見殿で後深草院六十歳の賀を行う。後深草のほか、亀山・後宇多・伏見、計四人の院が臨席。
一三〇三	嘉元元	閏4 京極為兼、赦免されて佐渡より帰京。5 亀山院の皇子恒明誕生。12 二条為世、『新後撰和歌集』を撰進。
一三〇四	嘉元二	1 東二条院没(73)。7 後深草院没(62)。
一三〇五	嘉元三	7 亀山院、恒明親王の立太子を後宇多院に嘱する。9 亀山院没(57)。閏12 後宇多院、西園寺公衡に勅勘を加える。
一三〇六	徳治元	1 昭訓門院、葉室頼藤を鎌倉に派遣。2 後宇多院、幕府の奏請によって西園寺公衡の勅勘を免ずる。4 後宇多院、吉田定房を鎌倉に派遣。
一三〇七	徳治二	1 尊治親王、二条内裏で行われた白馬節会に出仕。2 伏見院、平経親を鎌倉に派遣し、皇位・治世の更迭を幕府に求める。7 遊義門院没(38)。後宇多院出家。
一三〇八	延慶元	5 後宇多院、大覚寺の整備を開始。8 久明親王、将軍を廃され帰洛。守邦親王、第九代将軍に就任。後二条天皇没(24)。花園天皇、践祚。第二次伏見院政始まる。閏8 後宇多院、知行国・所領群・邸宅などを、尊治親王に一期分として譲与。9 尊治親王、立太子。
一三〇九	延慶二	3・4 伏見院、十五ヵ条にわたる政道興行の法(「延慶法」)を制定し、訴訟制度を整備。
一三一一	応長元	5 伏見院、鎌倉幕府の了解を得て、京極為兼に勅撰集撰進を下命。10 北条貞時没(41)。
一三一二	正和元	3 京極為兼、『玉葉和歌集』を撰進。12 伏見院、所領の処分を行う。
一三一三	正和二	7 後伏見院の皇子量仁(のちの光厳天皇)、誕生。秋、尊治親王、西園寺禧子(実兼女、礼成門院)と婚姻を結ぶ。10 伏見院、政務を後伏見院に譲り、出家。京極為兼らも出家。
一三一五	正和四	9 西園寺公衡没(52)。その父実兼、関東申次となる。12 幕府の使者安東重綱ら、京極為兼

一三一六	正和五	を六波羅に拘引。 1 京極為兼、土佐に配流される。7 北条高時、執権に就任。10 伏見院、幕府に告文を送り弁明。
一三一七	文保元	4 幕府、践祚・立坊は両統の協議によるべきことを奏上。両統間の協議始まる（文保の和談）。花園天皇、新造の二条富小路内裏に遷幸。9 伏見院没（53）。
一三一八	文保二	2 花園天皇、尊治親王（後醍醐天皇）に譲位。第二次後宇多院政始まる。3 邦良親王（後二条天皇の皇子）、立太子。
一三一九	元応元	1 評定始。万里小路宣房、政務について建議。11 談天門院忠子（後醍醐天皇の母）没（52）。
一三二〇	元応二	8 二条為世、『続千載和歌集』を撰進。
一三二一	元亨元	12 後宇多院、政務を後醍醐天皇に譲る（後醍醐親政）。同月、奏事始、議定始。
一三二二	元亨二	1 記録所始。9 西園寺実兼没（74）。その孫実衡、関東申次となる。この年、神人公事停止令・洛中酒鑪役賦課令が発される。
一三二四	正中元	5 後宇多院没（58）。9 後醍醐天皇、後院を設置。同月、後醍醐、討幕を計画するが露顕。六波羅の急襲により、土岐十郎・多治見国長ら自害。日野資朝・同俊基が捕えられる（正中の変〈土岐騒動〉）。万里小路宣房、勅使として関東に下り弁明。幕府、軍勢を上京させる。
一三二五	正中二	1 後伏見・花園両院、量仁親王の立太子を幕府に諮る。閏1 皇太子邦良親王、六条有忠を幕府に遣して即位を謀る。8 幕府、日野資朝を佐渡に流し、同俊基を赦免する。12 二条為定、『続後拾遺和歌集』を撰進。
一三二六	嘉暦元	3 北条高時、病により出家。金沢貞顕、執権に就任するも、ただちに辞職。皇太子邦良親王没（27）。4 赤橋守時、執権に就任。7 量仁親王、立太子。11 西園寺実衡没（37）。嗣子公宗、関東申次となる。
一三二七	嘉暦二	12 尊雲法親王（のちの護良親王）、天台座主となる。

西暦	和暦	事項
一三三〇	元徳二	2 花園院、皇太子量仁親王に『誡太子書』を授ける。3 後醍醐天皇、春日社・東大寺・興福寺に行幸。同月、日吉社・延暦寺に行幸。大講堂供養、尊雲法親王を二品に叙す。6 後醍醐天皇、洛中の米価・酒価を公定。同月、吉田定房、後醍醐天皇に討幕を諫言(「吉田定房奏状」)。
一三三一	元弘元	4 吉田定房、討幕計画を幕府に密告。5 幕府、日野俊基・文観・円観らを捕える。8 後醍醐天皇、奈良に潜幸し、笠置山に籠城(元弘の乱)。9 量仁親王が践祚する(光厳天皇)。第二次後伏見院政始まる。同月、楠木正成、河内赤坂に挙兵。同月、笠置陥落し、後醍醐天皇が捕らえられる。11 康仁親王(邦良親王の王子)、立太子。
一三三二	正慶元・元弘二	3 幕府、後醍醐天皇を隠岐に配流。同月、京極為兼没(79)。6 幕府、日野資朝(43)・同俊基らを処刑。11 護良親王、吉野に、楠木正成、河内千早に挙兵。
一三三三	正慶二・元弘三	1 赤松則村、播磨に挙兵。閏2 吉野陥落。同月、後醍醐天皇、隠岐を脱出し、伯耆船上山に拠る。4 足利高氏、幕府に叛く。5 六波羅探題・鎌倉幕府・鎮西探題あいついで滅亡。北条高時自刃(31)。同月、後醍醐天皇、光厳天皇を廃し、後伏見院政を停止。年号を元弘に復する(元弘一統)。6 後醍醐天皇、京都に還幸。

あとがき

京都は、摂関〜院政期はもとより、南北朝〜室町・戦国時代も日本史叙述の中で空間的にその主役を占めている。ところが、十二世紀末の治承・寿永内乱から承久の乱の直前までの三十年ほどの間と、承久の乱の後、後醍醐天皇が登場するころまでの約一世紀の間、その座を鎌倉に譲っている。

鎌倉幕府の成立を古代から中世への転機としてとらえ、歴史の主役が都の貴族から草深い東国に成長した武士に移行するという見方からすれば、鎌倉こそ新時代の首都であり、武家政権の展開こそが日本史叙述の対象ということになるだろう。だから「鎌倉時代」なのである。

日本の歴史や文化をわがもののように考えている多くの京都人たちも、それには異論がないようで、この時代のことはあまり語らない。どうも、平家が都落ちをして木曽義仲が入京して以来、京都は東国の武士勢力によって制圧され、歴史の潮流に抗って武家に戦いを挑んだ後鳥羽院が隠岐に流されてしまうと、政治も文化もすっかり鎌倉に持って行かれてしまったような理解が罷り通っているようである。

一九八八年の秋に開館した京都府京都文化博物館は、初めて平安京〜京都の通史展示を試みた施設であった。私は、すでに決まっていたプランに従う形でこの博物館の創設に加わり、歴史展示室に設けられた中世（テーマは「武者の世に」）を担当した（その後、この展示プランは放棄され、現在はまったく別のものになっている）。関東育ちで坂東武士を研究テーマとし、鎌倉で学芸員実習を受けた私にとって、京都の中世は一から学ばなければならないものであった。

予想はしていたものの、実際に取り組んでみて驚いたのは、展示がほとんど空白な状態の鎌倉時代においても、史料（情報）が質量共にとんでもないほど多いことであった。にもかかわらず、それがほとんど関心の対象にならず、それぞれジャンルを異にする一部の研究者にのみ知られるばかりで、通史に還元されていないことに慄然としたのである。新時代の旗手である武士は地方から生まれ、退廃した古代貴族を駆逐する形で社会は進歩したという歴史理解がそうさせたのであろう。

しかし、その後の研究で武士の位置づけは大きく変わった。中世前期の武士は王権守護をアイデンティティとして、その職能を遂行するために、生産・流通を基盤にして成立する都市的存在であったことが明らかにされたからである。武士であるからには在京活動が基本であり、一族間の地方（在地）支配との分業のあり方も論じられた。そして武家政権の首長が貴族の最上層の公卿であることが再確認されたことにより、幕府も基本的には権門貴族の家政機関であること、そこに祇候する御家人も諸大夫《しょたいふ》・侍《さむらい》という王朝身分秩序に対応する存在であることも踏まえられたことにより、鎌倉幕府の成立によって政治体制が急転直下の変化をみせたというような歴史理解は成り立たなくなってしまったのである。これは当然、文化的営為の理解にも連動する。貴族と武士の異質性も相対化され、それによって地方における武士の文化の見直しがはかられるようになり、京都と地方との交流の実態も具体的に語られるようになってきた。もう、十三世紀から十四世紀初頭までのほとんどの期間の歴史を鎌倉幕府の政治史に還元することはできなくなったのである。

京都の歴史を語る啓蒙書は次々と刊行されている。脇田修・脇田晴子『物語 京都の歴史』（中公新書、二〇〇八年）と髙橋昌明『京都〈千年の都〉の歴史』（岩波新書、二〇一八年）は、近年におけるその代表作といえる。しかし、これらにおいても鎌倉時代の扱いは小さいと思う。二〇一四年、元木泰雄・平雅行氏とともに中世前期の人物を扱ったシリーズの編者をつとめた際、これを「京・鎌倉の時代編」として、在来の時代区分に異議を呈してみたことがある。本書では、これをさらに進めて、公武関係の協調する面にも目を向けることによって、この時代の通史理解における京都の復権を異図した。

以上、プロローグに書いたことのくり返しのような、「あとがき」に相応しからぬ御託を並べてしまった。私が京都文化博物館の展示に関わって以来、心中にわだかまっていたことの表白（吐露）としてご寛恕いただきたい。

本書は三名による共著である。加わっていただいた長村祥知・坂口太郎氏は、本シリーズ企画編集委員代表をつとめる元木泰雄氏に京都大学の大学院で薫陶を受けた気鋭の研究者たちである。お二人は、京都女子大学宗教・文化研究所で私の主宰するゼミの活動に参加あるいは協力してくれてもいたので、気心も知れる関係にある。共著の本を出すということは、私にとって、定年を迎えて引退する記念のイベントのような感もあった。

一書をなすにあたって、当初は、三人で定期的に研究会を開いて情報の交換とともに意思の疎通をはかり、全体の筋立てを整える計画であった。それぞれの事情で時間のとれないことが多かったが、坂口氏が調整役をかって出てくださり、拙宅や大阪駅近くで三回ほど会合することができた。ようやく軌道に乗るかに見えたとき、その継続を断念せざるを得なくしたのは、いうまでもなくコロナ禍である。とくに、アナログ世代の私は、定年後も出講していた複数の大学で、異なる方法によるオンライン授業への対応を余儀なくされるなどしたために、研究・執筆活動などはまったくお手上げの状態に陥ってしまったのである。

そうこうしているうちに、本シリーズの通史の巻の中で、刊行がもっとも遅れてしまったことは遺憾きわまりなく（早くに原稿を提出された章では、この一、二年の最新の研究が反映されていない部分もある）、この巻を担当した企画編集委員としてお詫び申し上げなければならない。

最後に謝辞を申し述べさせていただきたい。

第一に御礼を申しあげたいのは上横手雅敬先生である。プロローグで述べたように、上横手先生は、「幕府政治史ではない鎌倉時代政治史の構築」を提唱された。本巻最大の意図はそこにあり、その過程で多くの学恩を被っているからである。とくに、私を除く執筆者はその学統に属し、直接の御指導も得ていた。その意味からすると、本書は上横手先生に提出すべき宿題なのかもしれない。果たしてどんなご評価をいただけるだろうか。

畏友というより師と呼ぶべき存在である元木泰雄氏は、東国武士の研究でしか実績のない私を登用してくださった。京都文化博物館に勤務して以来、中世前期の京都の都市史や貴族社会に対する研究を評価してくださったのだと思う。その都市史（都市社会史）を学ぶにあたっては髙橋昌明氏のご教導が忘れがたく、美川圭氏の提示された「権門都市」概念は大きな羅針盤になった。また、考古学サイドの情報は京都文化博物館で同僚だった山田邦和氏から親しく学ばせていただいた。さらに、里内裏や陣中など、京都の空間構造については、身内ながら、野口孝子から教えられることが多かった。加えて、右に述べた私の主宰するゼミに、学内のみならず関西各地の大学から参加してくれた諸姉兄や、同志社や立命館の大学院で担当した演習に参加してくれた方たちからもたくさんの刺激をいただいた。研究室や教室での楽しい語らいを懐かしく思い出しつつ感謝する次第である。

二〇二二年四月三十日

野口　実

著者略歴／主要著書・論文

野口　実（のぐち　みのる）　　　　プロローグ・第一章〜第三章・第九章・エピローグ
一九五一年　千葉県に生まれる
一九七三年　青山学院大学文学部卒業
一九八一年　青山学院大学大学院文学研究科博士課程修了
現在　京都女子大学名誉教授、同大学宗教・文化研究所客員研究員、文学博士
『列島を翔ける平安武士　九州・京都・東国』（歴史文化ライブラリー、吉川弘文館、二〇一七年）
『源氏の血脈　武家の棟梁への道』（講談社学術文庫、二〇二二年）

長村祥知（ながむら　よしとも）　　　　第四章・第五章
一九八二年　京都府に生まれる
二〇〇四年　同志社大学文学部卒業
二〇一一年　京都大学大学院人間・環境学研究科博士後期課程修了
現在　富山大学学術研究部人文科学系講師、博士（人間・環境学）
『中世公武関係と承久の乱』（吉川弘文館、二〇一五年）
『京都観音めぐり　洛陽三十三所の寺宝』（編著、勉誠出版、二〇一九年）

坂口太郎（さかぐち　たろう）　　　　第六章〜第八章
一九八二年　大阪府に生まれる
二〇〇四年　龍谷大学文学部卒業
二〇一四年　京都大学大学院人間・環境学研究科博士後期課程修了
現在　高野山大学文学部准教授、博士（人間・環境学）
「鎌倉後期・建武政権期の大覚寺統と大覚寺門跡」（『史学雑誌』一二二―四、二〇一三年）
「『愚管抄』成立の歴史的前提」（元木泰雄編『日本中世の政治と制度』吉川弘文館、二〇二〇年）

京都の中世史

京都の中世史3

公武政権の競合と協調

二〇二二年（令和四）七月十日　第一刷発行

著　者　野《の》口《ぐち》実《みのる》

長《なが》村《むら》祥《よし》知《とも》

坂《さか》口《ぐち》太《た》郎《ろう》

発行者　吉川道郎

発行所　株式会社　吉川弘文館

郵便番号一一三—〇〇三三

東京都文京区本郷七丁目二番八号

電話〇三—三八一三—九一五一〈代表〉

振替口座〇〇一〇〇—五—二四四

http://www.yoshikawa-k.co.jp/

印刷＝株式会社　三秀舎

製本＝誠製本株式会社

装幀＝河村　誠

ISBN978-4-642-06862-8